SWOT

分析を活用した
［根拠ある経営計画書］
事例集2

嶋田利広・**奥村　啓**・**田中健太郎**
㈱RE-経営 代表取締役　奥村啓税理士事務所　i-consulting office 代表

鎌田真行・**星野裕司**・**小宮　建**
社会保険労務士法人とよひら　城南コンサルティング㈱　小宮社会保険労務士事務所
代表社員　　　　　　　　　代表取締役

マネジメント社

「社長、その経営計画書の内容どおり、本当に実行できるんですか？」

「一昨年まではコロナが原因だと言ってましたが、その後も同じように計画未達が続いていますよね」

「今回の経営計画書が本当に達成できる根拠って、何ですか？」

経営者・経営幹部が作成する「経営計画書」の信憑性が問われる時代です。それが金融機関からの今後の支援にも影響するのは当然ですが、じつは、それ以上に「従業員が経営計画書を信じているか」が重要になっているのです。これからは今まで以上に「社員が総力を挙げて経営計画達成に向けた努力」が必要だからです。

計画未達が続く経営計画書を作成する中小企業の多くは、外部環境の影響が大きいといいます。コロナ、戦争によるインフレ、円安による輸入とエネルギーコストの増、賃上げ圧力、中国経済減速と政治リスク……取り上げればきりがないくらい、外部環境はVUCA【Volatility（変動性）、Uncertainty（不確実性）、Complexity（複雑性）、Ambiguity（曖昧性）】の時代といわれるように問題だらけです。

しかし、これらの業績不振の原因を他責にするのは「経営者の逃げ」にほかなりません。天変地異や何かがあったとしても、会社経営の全責任は経営者にあります。危機に際して"逃げる経営者"のもとでは、「社長、一緒に頑張りましょう」という社員は集まりません。そして、金融機関もまた、経営計画未達が続けば消極的な支援態度になってしまいます。

今経営者が真剣に考え、取り組むべきは「自社の強みを活かし、チャンスを深掘りした経営戦略」であり、その独自の経営戦略に沿った「根拠ある経営計画書」こそ、社員も金融機関も求めているのです。

本書はそのメソッドとして、基本的な戦略フレームで「クロスSWOT分析」を使っています。

私はこれまで、SWOT分析を活用してさまざまな中小企業の経営改善計画をサポートし、また中小企業を支援するコンサルタントや会計事務所スタッフの教育を担ってきました。この38年間の経営コンサルタント経験と400の事業所を超え

る「中小企業SWOT分析＆戦略構築」で、いくつかの法則を見つけました。

それは、「今ある強みを活かした独自の経営戦略とそれに沿った根拠ある経営計画書があれば、社員も銀行も経営者を信用してくれる」ということです。

ヒトも企業も「苦手」「弱み」「不得意」はそうそう簡単に克服できないものです。諦めるわけではありませんが、「弱みの克服」にかける時間とエネルギー、精神的負担は重いものです。しかし、その割には報われないことを多くの経営者も経験則でわかっているものです。

ところが、実際の経営計画には「弱み改善」「苦手克服」が羅列され、その結果多くの中小企業で「経営計画未達」が続いているのです。「強み維持」そして「弱み改善、苦手克服」というつまらないバランス経営から脱皮して、「強み特化型経営」にシフトしないと、社員は離れ、金融機関からは見放されていきます。

本書は「クロスSWOT分析を活用した根拠ある経営計画書」の指導事例として5名の共著者と共に1年かけて、実際のコンサルティングを行ったドキュメントです。2020年2月に出版した前作の続編になりますが、この4年間でコンサルティングのプロセスとメソッドも進化しているので、前作を読まれた方も進化したプロセスとメソッド、それに新たな実例を学んでいただければと思います。

本書共著者の5名は、弊社が主宰するコンサルタント、士業専門のコンサル技術習得専門研修「RE嶋田塾」のメンバーの中で、最上位となる「マスターコース」を受講し、私の特訓を受けてきた方々です。そして本書は、この執筆メンバーが実際の中小企業の経営者に「クロスSWOT分析を活用した根拠ある経営計画書」作成のコンサルティングを行い、経営者から評価された実例をドキュメントスタイルで紹介したものです。

本書の執筆メンバーは以下のとおりです。

● 奥村　啓（第5章 事例❶担当）：**餃子専門店チェーン経営者、税理士**

事例では自社の経営改善計画書を作成しました。この事例を見ると、コロナ禍で苦境に立たされた飲食店の復活の仕掛けがよくわかります。本業の強みをさらに深くすることで、商材や業態開発の展開が可能だということを証明しています。

● 田中健太郎（第5章 事例❷担当）：**中小企業診断士、ITストラテジスト**

大手IT企業出身で、中小企業のシステム支援では高い知見と経験があります。事例はWeb制作の企業で、その「強み」を深掘りして、今後どのように事業展開を図るかをロジカルに整理しています。特に、小規模企業におけるSWOT分析に

おける「顧客資源の深掘り」からのアプローチは大変参考になります。

　鎌田真行（第5章 事例❸担当）：**社会保険労務士、中小企業診断士**

　販売店支援代行業というレアな企業でのクロス SWOT 分析と根拠ある経営計画書のコンサルティングの例です。SWOT 分析から生まれた新たな商材に経営者が高い評価を示したドキュメントは、「強みを活かすとはこういうことか」と具体的に理解できる事例です。社労士、中小企業診断士としての差別化の新たな切り口を見出したといえます。

　星野裕司（第5章 事例❹担当）：**中小企業診断士、経営コンサルタント**

　中小企業診断士であり、コンサルタント会社の代表者ですが、長年にわたる企業のコンサルティングだけでなく、経営者塾やコンサルタント養成講座を行うなど、幅広く活動しています。事例では、付加価値の低い OEM（相手先ブランドによる委託製造）依存からの脱却を目指し、クロス SWOT 分析で独自路線を見出しました。ビジネスモデルの構造を変える好事例といえます。

　小宮　建（第5章 事例❺担当）：**社会保険労務士**

　会計事務所を提携先に持ち、「経営支援ができる社会保険労務士」を目指して活躍しています。事例では、日本の伝統産業の繊維ビジネスにおいて、製造キャパに限界がある状況をどう付加価値をつけながら売上拡大を図るかの課題にクロス SWOT 分析で答えを導いています。コンサルティング当初に SWOT 分析を否定されたことから始まるドキュメントは、興味あるストーリになっています。

　この5名と1年間、毎月1回終日時間をかけて作り上げた本書のノウハウと実例は、苦境にある中小企業の経営改善の参考例になるものと確信しています。

　特に、クロス SWOT 分析の使い方次第で、結果がさまざまに異なるかを目の当たりにするでしょう。そして結局、中小企業の経営改善は、「今ある強みを活かし、深掘りした独自の経営戦略とそれに沿った根拠ある経営計画」によってのみ実現できることを確信できることでしょう。

2024年3月吉日

共著者を代表して

㈱RE−経営 代表取締役　**嶋田 利広**

CONTENTS

第 1 章

今ある「小さな強み」を
本気で掘り下げているか?

1 「弱み改善」「苦手克服」の努力が会社を ダメにする!?

　最近つくづく思うことがある。われわれ日本人は、その文化性や種族としての特徴なのか、「悪い点をよくしていこう」という努力に時間を使い努力する国民だな、と。

　学校の先生も親も「悪いところを指摘して、そこを改善するように指導」する。だが、「悪い点」を指摘されても子どものモチベーションは上がらないし、気持ちはせいぜい「やらざるを得ない」という心境なので、あまり効果が出ないのだが。悪い点克服は、「やりたい！」という気持ちにはならないものなのだ。

　企業も同じである。社員の課題や問題点を指摘して、それを改善しようとしたり課題解決にエネルギーを使いがちになるが、それでは「飛びぬけるエネルギー」や「大胆な発想」は出てこない。

　大阪にあるUSJ（ユニバーサルスタジオジャパン）復活の立役者として知られるマーケッターの森岡毅さんがテレビに出演していた。彼の話から、改めて「弱み克服」がいかに理にかなっていないかを再認識させられたものだ。「弱み改善」に傾注する努力より、「強みを伸ばす」ことがとても大事だということ。それは、私がこれまで主唱してきた「クロスSWOT分析」の真意と重なる。

（1）　儲からない企業ほどバランスを求める

　確かにバランスは大事。しかし、バランスを意識すると、どうしても「弱み改善」に向かいがちになる。

　「バランスのよい企業」とは、どういう企業だろうか？

　すべての商品や部門において優秀な企業は存在しないし、全事業部が最大利益を出すような「怪物企業」は存在しない。どんな優秀企業にも「得意部門」と「不得意部門」がある。

　2023年11月に、アメリカのGEが東芝同様に企業分割するニュースが流れた。あれだけ「トップかナンバーツーの分野しかしない」という経営方針で、儲かる

複合企業のモデルといわれた企業である。投資家から見れば、「コングロマリットディスカウント」と映るということか。

ヒトも企業も「バランスのいい」「お行儀のよい」ことを目指すと、魅力がなくなっていくものである。「バランス」は悪くても、「ここがすごい」と際立ったほうが、最初に声がかかる企業や人材になる。それこそが企業や人材が不況期でも生き残る条件の一つと言えるだろう。

（2）「弱み改善」は、どんなに頑張っても「普通」にしかならない

仮に「弱み改善・克服」に一生懸命努力したとしても、せいぜい「普通」レベルになるだけである。「普通レベル」では、誰も見向きもしない。「弱み」があるとは、もともと「弱みになっている理由」があるわけで、おそらくそれは、苦手なことなのだ。苦手なことに時間を割いても、結果は少しだけよくなる程度である。

この「弱み改善」の発想が日本人に根づいているのは、受験が影響しているのかもしれない。

今でこそ「得意な科目を伸ばす」というが、われわれ世代の共通一次やセンター試験では、得手不得手の科目はあるものの、5教科7科目を全部勉強させられた。すると、「苦手科目克服」を意識せざるを得ない。全体的にいい点数を取る、学校も親もそれを推奨する歴史があった。

算数は90点で国語が60点だとすると、親は算数の90点はそこそこ褒めて、国語の不出来を指摘して、もっと勉強するように言う。

もし、ここで「算数がすごいからもっと算数を頑張れ、国語は後回しだ」と言ってくれたら、おそらく算数でトップ・オブ・トップが狙えるかもしれないし、本人も算数で絶対的な自信がつくはずだ。

私自身の経験でも言えることだが、コンサルティングにおいてあまり得意ではないテーマもある。最低限の知識はあるが、専門のコンサルタントに比べると見劣りすることは事実だ。しかし、SWOT分析や経営計画書、経営承継の可視化、KPI監査などの得意分野においては、私はかなりの差別化ができていると思う。

どんなに頑張っても「弱み」は「普通」にしかならないなら、その時間を「強みをさらに伸ばし、圧倒的な日本一を目指す」ほうが得策である。

（3）　時間のかかる「弱み改善」は、いったん捨てる

　人間も40歳を過ぎると性格も行動も思考も、よほどのことがない限り変わらないものだ。自己啓発系やスピリチュアル系の研修で「自己変革」を目指すものがあるが、催眠術とか変な洗脳をしない限り、研修程度で意識改革はなかなかできないのだ。

　最近の「SWOT分析」指導では、「強み」×「機会」＝「積極戦略」だけを徹底して深掘りすることが増えている。「弱み」「脅威」はわざわざコンサルタントが指摘しなくても、当事者は十分承知しているもので、だから「弱み改善」は捨てるくらいの意識で指導している。

　それでもまだ「バランスを求める経営者」がいるが、経営者がバランスを求めて優柔不断な態度だと、従業員も「弱み改善」の努力のふりをして、「強み強化」もほどほどにしか行動しない。バランスを求める経営は、中途半端な結果しか出せないのだ。

　「弱み改善・克服」の時間やエネルギーがあるのなら、全時間を「強み強化」に使うほうが理に適っている。われわれが行うSWOT分析コンサルティングは、まさに「強みを徹底して伸ばす」ためのノウハウである。

　経営支援の専門家であるコンサルタントも会計事務所も、これからの時代は、「バランス経営」の提案から、「強みに特化した経営」の提案をしたほうがよいと確信している。

2 どの企業にも必ず【強み】がある

「社長、御社の強み（会社の強み）が何か、明確にいえますか？」

長年 SWOT 分析で「強み分析」をしてきたが、「強み」ほど、誤解されている言葉もない。

「うちには強みなんてないですよ」

「そんな差別化するみたいなことがないから、苦労しているんです」

SWOT 分析検討会をすると、多くの企業でこんな回答が出てくる。そして、「よい点」＝「強み」と思い込んだ経営者からは、

「うちは、社員が明るいです」

「うちは事務所の 4S（整理・整頓・清潔・清掃）が結構いいレベルです」

「うちは、変な社員がいないからアットホームです」

などと、およそ「顧客の買う理由にならない」点が羅列される。

挨拶や明るさ、4S はその企業の「よい点」であることは間違いない。しかし、それが「顧客の買う理由」になるかというと、直結しにくいものだ。挨拶の仕方がよくてもそれが売上に直結している確かな根拠がなければ、「強み」にはならない。

（1）本当の「強み」とは何か

本当にニッチな分野や特定の顧客層が喜ぶものでなければ、「強み」とはいえない。だが多くの企業では、この「強み」を広く捉えすぎている。誰からも評価されるようなことが「強み」と思い込んでいるのだ。だが、誰からも評価される「強み」を持っている中小企業は極めて少ない。

SWOT 分析で重要な「強み」は、その企業が持っている資産、ハード、ソフト、スキル、技術、ノウハウが、特定の顧客層、特定のゾーンの市場から「買われる理由」になっていることであれば、すべて「強み」である。

SWOT 分析検討会である質問をすると、指導の仕方によって「強み」の出方

が大きく違ってくる。よくある傾向は、多くの顧客層につながる「機会」を捉えて事業分野の幅が広がりすぎた結果、「強み」のつかみどころがなくなり、見えなくなってしまうことだ。

　そこで、「機会分析」で、ニッチ（限定されたニーズ）市場や客層だけが喜んで買う理由につながる経営資源なら、明らかに「強み」である。

　例えば、多くの顧客は「価格重視、品質重視、納期重視」という矛盾する要求を出してくる。これにすべて応えられるのは一部の大手だけである。だが、「納期だけ徹底重視」で、若干他社よりも高いけれど全国への即納体制があるなら、それを喉から手が出るほどほしいユーザーにとっては、「購入する」「採用する」「委託する」理由になる。

　それでは、そういうユーザーや顧客はどこにいるのだろうか？　どんな状況なら即納を要求するのかが「機会分析」で具体的に出てこなければならない。

　ここで「強み分析」をする際に、ある経営戦略の知識があると議論がしやすくなる。それは、ランチェスター戦略の弱者の戦略である。

（2）　ランチェスター「弱者の戦略」

　ランチェスターの弱者の戦略とは、「一点集中」「局地戦」「一騎打ち戦」「接近戦」「陽動作戦」である。

　これを参考に、ある特定のユーザーや顧客に絞り込んで、その顧客が買う理由につながる企業の「強み」を打ち出す「限定作戦」を展開する。そうすれば、どんな中小零細企業も何らかの「強み」が出てくる。すると、「そんな小さな市場では、業績に貢献しない」と市場規模の小ささを嘆く反論が出るが、しかし、その市場規模をその地域だけで考えず、日本全体で考えることができないか……と横展開を考えることが大事なのだ。

　日本全体でPRできるツールとしてWebがあったりSNSがあったりするのだから、「自社は地方の中小零細企業だから」と最初から諦めずに、「強み」を出していく気構えがほしい。

3　「強み分析」で隠れた経営資源を発見する

　アフターコロナ不況で、今後は確実に「特徴のない企業」は淘汰されるだろう。こんなことは多くの経営者も総論としては理解しているはず。では、本当に「自社の特徴づくりに経営資源を集中した努力をしているのか」と聞いたときに、果たして明確な答えが返ってくるだろうか？

　「自社の特徴」がよくわからなければ、「自社の強み」に置き換えてもいいだろう。アフターコロナやこれからの「低温経済」で生き残るには、「自社の強み」を極大化して「攻めの経営」に邁進するしかない。

　では、「自社の強み」はどのようにして見出せばよいのか？

(1)　漠然と「強み分析」してもダメ

　「これが自社の強みです」と言い切れる企業は、「強み」が顕在化していて、それがビジネスにも好影響しているものだ。

　だが、「うちの会社、強みって、ないんですよ」と意気消沈する経営者は、「強み」を漠然と見ているものだ。業界を全体的に俯瞰して、同業者と比較して、日ごろの顧客との取引や顧客からの要望を考えても「やはりウチには他社のような強みはないなあ」と諦めてしまうのだ。

　このように漠然とした「強み分析」では、それを何回行っても、何も見えてこない。

(2)　「強みは細部に宿る」

　誰でもわかるような「強み」は中小零細企業にそうそう転がっていない。「強み」が目に見えてわかることやいろいろな人がすでに指摘しているようなものは、大企業や有名企業の「強み」である。中小零細企業の強みは、「考えてみればそれも強みといえるのか」「思い返せば、あれは強みなのかもしれない」というもの

である。中小零細企業の「強みは細部に宿る」のだ。

　例えば、多くの顧客には評価されないが、「特定のニーズの顧客だけは喜んでくれる」というものがあれば、それは「強み」である。

　すると、経営者や幹部は、前述したように「そんな滅多に来ない取引額の小さい顧客に喜ばれても、うちの業績には貢献しません」という。確かにそのとおりで、「細部の強み」は業績に大きく貢献しないことが多い。

　しかし、ニッチ市場で「強み」を出していくことこそ差別化になるということを忘れて、目先の業績アップにだけとらわれていては未来がない。

（3）「強み」は個人レベルで見る

　「自社の強みなんてない」と諦めている経営者や幹部は、会社のレベルで物事を考えている。だが、会社の事業規模としてはなくても、個人レベルでは結構いろいろな「強み」があるものだ。

　例えば、ある介護施設でのことだ。

　介護部長はレクリエーションの差別化で頭を悩ませていた。どの介護事業所も似たり寄ったりのレクリエーションであり、利用者よりも職員のほうが飽きあきしていてマンネリ化している。

　ある日、SWOT分析で「強み」を多方面で検討していると、ある幹部が「そういえばこの間、新人のAさんがフェイスマッサージをして、化粧水をつけてあげたら利用者がえらくご機嫌でしたね」と発言した。

　普通なら「へぇ～、それはよいことをしたね」だけで終わるところだ。だが、SWOT分析での「強み分析」はそういう小さなところに目をつけ、サービス企画まで展開していくところに面白さがあり、そこを追求したのだ。

　「フェイスマッサージとか化粧を当施設のサービスとして提供しようとしたら、何ができますか？」

　「化粧サービスを継続するにはどんな壁があり、どうすれば乗り越えられるか？」

　「化粧サービスをどうPRすれば、利用者の家族や地域のケアマネ、今後の見込み利用者にアピールできますか？」

　とコーディネーター（コンサルタント）から深掘り質問をして、具体的な議論をしたところ、さまざまなアイデアが出てきた。

　「女性利用者の誕生日にお化粧をして、皆に見てもらい、それを写真に撮って

家族にも届けよう」

「それをホームページに掲載し、ブログで細かく紹介しよう」

「動画で撮影して、利用者のコメントを入れて、ご自身の誕生日をこんなカタチで祝い、喜んでいる姿を家族に見せよう」

という企画にまで発展したのだ。

これこそが「個人レベルの強み」から「企業レベルの強み」に展開していく事例である。

（4）「強み分析」を深掘りすると、「差別化」は見えてくる

この介護施設ではこのような「強み」をなぜ発見できたのか？

それはファクトファインディングとロジカルシンキングを「強み分析」で行ったからである。

ファクトファインディングとは、細かい事例をいろいろな角度から質問して発表することで、隠れた本質を見出すことである。その後、ロジカルシンキングによって、「なぜ」「何が」「どうしたら」「どこで」「誰が」「いつ」……と、次々に聞き出しながら、細部を見ていくと隠れた強みが顕在化してくる。

とにかく答えを急がないことである。普通の会話ならスルーしてしまいそうな出来事にもフォーカスして、「なぜ起こったのか」「何が作用したのか」「どうして顧客はそういうことを言ったのか」などと、細部を詰めていく。

そうすることで、今まで見過ごしていた「小さな強み」を再発見して、差別化の糸口がつかめるのである。

SWOT分析を少しかじっただけの人は、いわゆる総論的な「強み」くらいは知っているが、「強みは細部に宿る」ということを知らないし、ファクトファインディングやロジカルシンキングで本当の強みの詳細を引き出せない。だからある意味、強み分析は指導する人によって導き出される結果が異なるのである。

4 「やる気」と「ビジョン」が生まれる「強み分析」

　以前、『日経ビジネス』にDeNA創業者で会長である南場氏の記事があった。DeNAがスタートアップのファイナンス支援のために独特のベンチャーキャピタル事業を立ち上げて支援しているという逸話である。

　その中で、日本のIPO（新規上場）が欧米や中国と違い小粒になっている現状を憂いている。それを打開するには、「日本的縛りや早期IPOを狙うCVC（コーポレート・ベンチャー・キャピタル」ではなく、創業者に余裕を持たせ、「大きなIPOとIPO後の再成長まで支援する」というものだ。

　日本の大企業の株価の時価総額はこの40年間あまり変わっていない。反面、アメリカはGAFAM（Google、Amazon、Facebook〈現Meta〉、Apple、Microsoft）に代表されるように、新進気鋭の企業が大企業化し、昔ながらの重厚長大産業は下位になっている。コンピュータ分野で現在も残っているのはIBMくらいで、他は消滅したかM&Aなどで名を変えた。それだけ新陳代謝が激しいから、経済がいつの時代も活気があるのだろう。

　ここで言いたいのは、「中小企業の経営者も小さくまとまっている場合ではない」ということである。バランスばかりを考えるとどうしてもこじんまりしてしまい、ブランディングをしても魅力のないものになる。さらに人手不足が常態化する現在の状況では、魅力のない企業には優秀な人材は集まらない。

　スタートアップで自社の「強み」を徹底的に深耕拡大することでIPOを狙い、優秀な若手や中途採用の有能な転職組を惹きつけていくことも可能だ。

　中小零細企業も「強み特化」ができないはずはない。

　そこで、本書の主要メソッドである「クロスSWOT分析」を通じて、徹底した「強み特化型経営」を推進することを提案する。

　これまで400を超える事業所で「クロスSWOT分析」をコンサルティングしてきた経験からいうと、経営者も幹部も「強み」が明確にわかり、それが活かせるニッチニーズ・ニッチ市場を見つけ、それを掛け合わせた「独自戦略」がわかると、笑顔になる。「これならできる！」と自信が湧いてくるからだ。

（1）「強み特化」のポイントは、潜在的な分析から生まれる

　SWOT分析において多くの人が「顕在化している強み」を「強み」と思い込んでいるが、それは間違いである。

　「自認している強み」はわざわざSWOT分析をしなくても、すでに何らかの行動に展開している。なぜなら、「強み」として顧客や市場からフィードバックされているだろうし、従業員にもその意識がある。

　この「顕在的な強み」には、ある意味これ以上の成長余地がない。なぜなら、この「顕在的強み」を長年活用してきたから今があるからである。

　われわれが重要視しているのは、今の「顕在的強み」につながっている「潜在的強み」である。この「潜在的強み」はまだ活かされてない場合が多い。

　「潜在的強み」とは、「その顕在的強みがなぜ生まれたのか、その背景に隠れた強みの本質がある」ということである。この隠れた「強み」こそ、活かし方次第では、新たな「顕在的強み」を浮かび上がらせるきっかけになっていく。

（2）「強み」を確認したら、それを拡大させる10のポイント

　現在の顕在化している強みから「潜在的強み」の内容を確認する。その「潜在的強み」はたまたまそうなのか、意図的にそうしたのか、その背景がどうであれ、「強みの拡大」が必要である。「強み拡大」のコツは以下のとおりである。

❶ 「強み」の経営資源の担当者を増やす
❷ 「強み」に技術的な精度・品質を強化する
❸ 「強み」の商品群のバリエーションを増やす
❹ 「強み」が評価されている顧客を全国に拡大する
❺ 「強み」をPRする動画、SNSなどのコンテンツを増やす
❻ 「強み」のマーケティング担当を専任化する
❼ 「強み」の設備を増強し、さらに生産性を高める
❽ 「強み」の強化のための資金調達を早めに金融機関から了承を得る
❾ 「強み」をベースとした「中期経営計画書」を作成する
❿ 「強み」を強化する人材に技術や知識向上の研修を強化する

「強み」がわかっても何もしなければ、その「強み」は何ら生産性に寄与しない。

このように「強み再開発」に経営資源を意図的に投入することで「潜在的強み」が新たな「顕在的な強み」に昇格するのである。

(3) SWOT分析のスペシャリストは、「強み発見」を支援する

中小企業の「潜在的強み」を引き出すSWOT分析だが、残念なことにSWOT分析を知っていれば誰でもできるわけではない。ある程度の理論取得とヒアリング技術のある経営支援の専門家でなければ、思うように「潜在的強み」を引き出すことは難しい。

国内唯一のSWOT分析技術を取得する「SWOT分析スキル検定初級オンライン講座」を受講し、その延長線上で私の直接の指導による「zoomでのSWOT分析ロープレ」を何回も体験し、さらに実際のコンサルティングでそのノウハウを活かして成果を上げた本書の執筆メンバーと前著の執筆メンバーのようなSWOT分析のスペシャリストの力が必要となるのである。

では、SWOT分析スペシャリストのヒアリング技術は何が違うのか？　種明かしをすれば簡単である。「相手の答えた事実に対して5W2Hで再質問を繰り返して深掘りする」ことだけである。一つの事実からどんどん深掘り質問していくので、いろいろな潜在的事象が見えてくる。

「広く質問するな、深く質問せよ」

これが、私が考える質問の本質だ。深く掘り下げられた質問を何回も受けることで、経営者から「そう言えば…」「言われてみると…」と新たな気づきが生まれるのである。これこそが「潜在的強み」なのである。

この「潜在的強み」を経営者から引き出すと、こちらが指導したわけでもないのに、経営者の笑顔とやる気が芽生えてくるから不思議である。

人は、悪い点を指摘されて、改善策を指導されてもなかなか重い腰を上げない。しかし、「潜在的な強み」を自ら発見すると、黙っていても行動するものである。大袈裟な言い方をすれば、「強み」を引き出すヒアリング技術は、中小企業を救うと言っても過言ではない。

5 人材採用ができない企業は「自社の強み」のPRが不足している

「強み」の活かし方は経営戦略だけでなく、最近の人手不足における「求職者向けのアピール」にも使える。

最近は経営者と話していると必ず人材採用難の話になる。

- 求人（ハローワーク、求人紹介会社への広告）を出しているが反応がない
- 若い人材が辞めていく
- 仕事はあるのに、人が少ないから注文を断らざるを得ない
- 技能者が高齢化して、技能伝承ができず将来が見えない

どの会社でも「あるある」の課題である。

そこで「社長、御社の採用ページとハローワークの掲載情報を見せてください」といって、その場で私のノートPCを社長室の大型スクリーンにつなぎ、一緒に課題を整理し、改善策を議論した。

すると、言葉は悪いが、その採用ページは「求職者が反応しないのは当たり前の求人ページ」なのだ。

そこで、その場で即興のコピーライティングと今後何が必要かを提案した。

その企業はいわゆる製造業の「3K（危険、汚い、きつい）企業」である。工場もかなり古く、作業着もかなり汚れていて、労働環境がよいとはお世辞にも言えない。だから経営者は、「こんな会社に今の若い人は来ませんよね」と半ば諦め顔だ。

しかし、よくよく聞いてみると、

- 有名な企業から20年以上も指名での注文がある
- ある微細な工作技術や作業では、ここでしかできない強みがある
- 大手企業から、ある微細な工作について検討依頼や試作依頼が来るが、忙しくて断っている状態

- ある分野で特許を数件持っている
- 60代70代のベテラン技能者が数名いる
- 企業財務がよく、自己資本比率も40%を超えている
- 預金が多く借入金もそれほど多くないので、銀行が積極支援してくれる
- 有名国立大学、有名私立大学工学部卒の社員が3名いる
- 仕事の繁閑の差があり、閑散期は有給を取りやすい
- 忙しいときの残業や休日出勤時に、美味しい食事や弁当を提供している
- 社内での昼食の弁当がとても美味しいのに、弁当代は会社が業者に補填しており、従業員の負担はわずかだ

等々、深く聞いていくと、いろいろ「出るわ出るわ」である。

私は経営者に聞いてみた。

「なぜ、こんな強みがあるのに、それを採用ページに掲載しないのか？」

「そんなことが求職者に訴求できるキーワードだと思っていなかった。またどう表現していいかもわからないし……」と反省の弁。

「小さな強み」「小さなこだわり」はそのまま求職者への具体的なアピールになる。

多くの中小零細企業は、PRできる強みがいろいろあるのに、じつにモッタイナイことをしているのだ。

何が「強み」で、それをどうコピーライティングすれば、求職者に訴求できるか。それができれば（強みさえあれば可能だ）、どの中小零細企業もまだまだ「輝ける」はずなのである。

第2章

その経営計画書で
社員と銀行が
納得しますか？

1 経営者が勝手に作った経営計画書 ── 社員は誰も本気にならない

「経営計画書は社長の仕事」

それが本質であり、最終責任を負う経営者の役割であることは間違いない。ただ、「社長だけが作成する経営計画書」だと、その目標はなかなか達成されないものだ。なぜか？

社長1人のマンパワーには限界があるわけで、幹部や従業員を巻き込んで「計画経営」を行わないと土台無理な話だからだ。しかも従業員が20名以上いる中小企業ならなおさらのこと、社長1人だけで完結させることは避けたい。

そこで、社長が考え作成する経営計画書に、どこまで幹部・従業員が真剣に取り組んでもらうかである。

「銀行によく見せるための経営計画書」も大事だが、それ以上に「社員が社長の方針を理解納得し、積極的に動く経営計画書」はもっと大事である。

(1) なぜ、幹部社員は経営計画の内容にネガティブなのか

幹部社員が経営計画書を「社長事」「会社事」として見るか、「自分事」として捉えるかは大きな違いである。

多くの経営者は幹部社員に「経営計画書」を「自分事」としてほしいと願っている。しかし、それがなかなか難しい。その最大原因は、幹部社員が「自らの行動をコミットメントしていないから」である。

- 上から指示された乗り気ではない目標
- 別に絶対やらなければならないと思っていない目標
- 表立って嫌とは言えないから、そこそこやったふりをする目標
- それをやったところで、これといってベネフィットがない目標
- 弱みの改善、苦手な行動の強要がたっぷり入った目標

こんな目標ばかりの「経営計画書」に「モチベーション」は働かない。社長がいくら「この計画のようにやってほしい」と言っても、「笛吹けど踊らず」なのだ。

　中小零細企業での経営者とそれ以外の幹部・社員の意識の違いは、そんなものだと割り切るしかない。

　「銀行から経営改善を要請され、実現できないと融資が厳しい」

　「このままだと賃金も上げられない」

　「皆の将来の生活も保証できない」

　こんなことを言って、幹部や社員を鼓舞する社長がいるが、これも逆効果になる。会社が危うくなれば、従業員は辞めていくだけ。泥船に最後まで付き合うのは同族ぐらいなものである。それが現実である。

（2）経営計画書作成にはそれぞれに役割がある

　企業規模によって多少の違いはあるが、経営計画書作成には、社長以下幹部、社員それぞれに役割がある。

　従業員が３名でも、それぞれの役割を果たすために行動することが必要で、「社長だけで作成した経営計画書」は実現が難しい。

❶社長の役割

　経営計画の根幹である収支目標、財務改善目標という数値計画とそれを実現する「商材戦略」「顧客戦略」を考える。

　中期ビジョン（中期計画）策定も社長の仕事。大元の方針や戦略、収支改善計画を作成し、社員、金融機関に説明するのも社長の仕事。さらにその経営計画書が進捗しているか、外部コンサルタントや税理士の支援を受けながら、PDCAを回すのも社長の仕事である。

❷役員幹部の役割

　社長が出した方針や戦略、収支目標に対して、担当する部門の貢献を具体的に決めるのが役員幹部の仕事だ。

　いわゆる「戦術」という部分である。社長が出した方針、戦略の「方法論」「具体論」「プロセス」を出していくこと。

　この戦術がないと、現場の社員は動きがとれず、社員を上手に使わないと役員幹部はいつまでも現場実務から抜け出せない。

❸社員の役割

　社員は経営計画書のアクションプランで決められた具体策をスケジュールに沿って行動する。また、現場のリアルな声や顧客の声を役員幹部に報告し、会社方針との整合性をチェックする役割もある。

社長 ───── 「方針」「戦略」

役員幹部 ──「戦術」

社員 ───── 「戦闘」

　「うちの幹部や従業員は現場作業員ばかりでレベルが低く、そういうことがわかるような教育をしていないから、誰も経営計画なんてわかりません。だから自分だけで経営計画を作って、回していくしかないんです」

　中小零細企業の社長によく「あるある」の言葉だ。しかし、幹部・従業員がどんなレベルであれ、「考えてもらう仕組み」を作り、教育・研修を行っていかないと、社長の方針や思い、具体的計画を理解してもらえない。

　理解しないということは、行動しないということである。社長は人材育成を諦めてはいけないのである。

（3）　社員に経営計画書を納得してもらうには

　しかし、肝心要の経営計画書の内容が、社員から「無理だ」「できっこない」「荒唐無稽だ」「社長は現実を知らないからあんなことを計画書に入れるんだ」と思われたらどうだろう？

　最初から諦めているが、社長の手前「無理です」と言えないだけで、渋々「やっているテイ」を示すだけ。それでは経営計画書の成果が出るはずもない。

　社員の思いが考慮されていないものだったらどうだろう。社長や一部の幹部、または外部コンサルタントらと勝手に作った経営計画書で、前向きな提案もなく、現場での変化や気づきがあっても報告せず、いつもどおりの作業を淡々と続けて、毎月決まった給与と（できれば）賞与さえもらえればよいという感覚になるだろう。

　経営計画書に書かれたことに何の関心も興味もないし、「上のほうで何か言っているね」程度のスタンスである。

　なぜ、社員が経営計画書を他人事と思うのか？

それは、その経営計画書の数値目標の達成や戦略の実現性を信じていないからである。例えば、

- 毎年同じような方針戦略しか言わないで、前年対比もここ数年下がっているのに、収支目標だけは右肩上がり
- 同じ商品、同じ顧客、同じ売り方、同じ作り方なのに、収支目標は「ねばならない上向きの目標数字」になっている
- 毎年、弱み、苦手な課題、ボトルネックが改善されず、新たな具体策もないのに計画だけは大きい
- 頑張ったところで給与も賞与も増えないし、会社はじり貧だ

　こんなことが数年続けば、社長が声高に「経営計画書の重要性」を叫んでも、組織は動かない。日本の「失われた30年」の縮小版が今、中小企業で起こっているようなものだ。

　「社員が信用しない経営計画書」は絶対に実現しない。しかも「弱み改善」「苦手克服」「ボトルネック対策」中心に、ネガティブシーンからの経営計画書を見て、誰が好き好んで頑張るだろうか。

　実際には経営者自身も「苦手なこと」は他の役員幹部に押しつけているのではないか。前述したように、もともと「強み」を伸ばした経営戦略なら、実績もあるし、手法も心得ている。だから行動も横展開もしやすい。それはもともとが「ポジティブな要素」だからだ。

　しかし「ネガティブ要素」は、苦労が報われにくいから、誰しもが行動量も継続性も弱含みになる。その現実を経営者は受け入れるべきである。

2 「その収支予定の根拠は？」
銀行も稟議を通すには理由が必要

(1) 金融機関に「なるほど」と言わせているか

　金融機関に「なるほど」と言わせるには、明確な根拠とそれなりの新しいアイデアを考えなければならない。

　しかも、これまで経営計画どおりに進捗しなかったことが、「これからは達成できる」というのだから、それなりの「新しい理由」が必要だ。

　多くの金融機関の担当者は、

- そんなことを言っても、今までできてないじゃないか
- これまでと何が違うのか
- 第一、そんなことができるリソースが御社にはないのに、なぜやれるというのか

等々、今まで「できなかったこと」が急にできるわけないと思っているのだ。

　当然と言えば当然である。経営者が打ち出す「根拠ない収支計画」に不信感を抱いているのだ。金融機関に「なるほど、それだったら可能性があるかも」と思わせることが重要だ。そのためには「根拠」が必須である。

(2) 収支改善の根拠になる「具体的なビジネスモデル」とは

　これまでできなかった課題の解決、弱み改善の具体策こそ、「眉唾の経営計画書」の特徴である。

　「今までも弱みが改善されない理由があるから、この業績」なのに、なぜ、これから弱みが改善すると言い切れるのか？　これが銀行員の本音である。融資を依頼しても、担当行員は多くの案件と仕事量を抱えているので、「可能性の低い融資案件」の稟議は後回しにする。融資を断る理由はいくらでもある。銀行員もメリットや可能性があるから行動するのだ。

　銀行員が融資依頼を断るとしたら、

- 業績不振：過去数年間、会社の業績が経営計画どおりになっていない
- 計画の信憑性が乏しい：提出された経営計画書の内容が過去のものと変わらず、信憑性に欠ける
- 思いどおりにならないときのリスク管理対策：会社のリスク管理の体制や計画が不十分である
- 今の財務状況：会社の財務状況が厳しく、返済能力に疑問がある
- 市場環境：会社が事業を展開している市場の環境が厳しく、今後の成長が見込めない
- 競争力：会社の製品やサービスの競争力が低下している
- 経営陣の信用：経営陣の信用や経営能力に疑問がある。「やる」と言ったことをいろいろ言い訳してやらない
- 事業計画の明確さ：事業計画が具体的でなく、明確な戦略が欠けている

こういう思いの銀行員に「反論できる根拠」が経営計画書には必要なのである。

だから「弱み改善」「苦手克服」「ボトルネック対策」ではなく、今ある「強み」と隠れた「潜在的な強み」から、新たなビジネスモデルを打ち出す必要がある。

（3）業績好転を感じさせるビジネスモデル改革 10 のポイント

ビジネスモデル改革と言っても、なかなかピンとこない中小零細企業経営者、銀行員が多い。われわれが経営改善計画書の作成支援をするとき、以下のビジネスモデル改革 10 のポイントを意識して支援している。

「根拠ある経営計画書」に必要な 10 のビジネスモデル改革

❶顧客ターゲットの改革（新たな顧客、周辺顧客、関連顧客）	今の顧客ではなく、新たな顧客ゾーンへとシフトする。これまでの顧客に対する「強み」を活かして周辺に存在していた顧客、関連顧客が新ターゲットになる。
❷市場・地域の改革（地域外、オンライン、海外）	今までの販売地域以外の地域、チャネルの拡大、場合によっては海外展開も含む。さらにオンライン販売することで全国を市場にする。
❸取扱商品の改革（新商材、関連商材、独自商品）	既存の商品が限界を迎えているなら、新商材、関連商材、周辺商材の開拓、または独自商品の新開発がビジネスモデル改革となる。

❹売り方・マーケティングの改革（直販、代理店、通販）	これまで代理店などに販売を委託していた場合、直販や通販で「直接の顧客」へ販売したり、マーケティングの在り方を変えることがある。例えば、広告をやめて無料試供品へシフトしたり、卸売をやめて直販したりなど、❺の商流改革と同時に行う。
❺商流の改革（直仕入、顧客直結、マーケティングプロセス変更）	これまでの商流を一気に変える。例えば、商社経由から直接現地から輸入したり、売り先も最終消費者や顧客に直結したマーケティングプロセスに変更する。
❻作り方・設備の改革（内製化、外製化、SPA、自動化）	ビジネスモデル改革では内製化➡外製化、外製化➡内製化をはじめ、SPA（製造小売）への挑戦や、製造を自動化する設備投資で人件費改革も含まれる。
❼収益構造の改革（商品別、顧客別比重、原価構造、固定費構造）	今までの商品別・顧客別比重を大きく変える。また内製から購入品に切り替えたり、外注委託にしたり、逆に外注先を自社内に取り込んで労務費にしたりなど、「原価構造の変化」も。「固定費構造の変化」ではこれまで社内で行っていたことをアウトソーシングして固定費を減らす。
❽ストックビジネスへの改革（既存顧客活用サービス）	既存顧客や既存商品を利活用するビジネスとして、一般的には3R（リフォーム、リサイクル、リデュース）可能なものにシフトしていく。新規客を集めるコストとリターンがあわない場合、このストックビジネスで高収益を図る戦略を立てる。
❾DX、AIを活用した脱人海戦術（バックオフィスDX）	「機械にできることは機械に」で、DX、IT、AI、ロボットを使って労働力の省力化を図る。一番のコストはどの世界でも「人件費」。それから脱却して収益を図る対策を考える。
❿他社との業務提携での改革（各種提携とリソース拡大）	自前主義だけでなく、他社のリソースを活用する各種「提携」「コラボ」「協業」をすることで、ビジネスモデル改革を進める。

このような「抜本対策」を中期的に進め、3年程度で収益構造を大きく変え、場合によっては「減収増益」を図ることも重要な経営戦略である。

そのために必要な資金繰り支援や設備投資支援の融資依頼なら、銀行にとっても「前向きな融資案件」となる。

3 「実現可能な抜本対策」の中期計画は、当面「減収減益」になりがち

「強みを活かした商材で根拠のある経営計画」「新たなビジネスモデルで収益構造を変える経営計画」にすると、一時的に減収減益になることが多い。しかも、必要資金は通常以上にかかることが多い。

今まで業績不振や資金繰りが厳しい企業が単年度で「抜本的な収益構造改革で黒字化」を図ることはマジックを使う以外にない。したがって、経営者が本気で「強みを活かして収益構造改革を伴う根拠ある中期経営計画」を意思決定し、銀行と相談しながら作成した「経営計画書」をもとにした融資依頼なら、銀行には伴走支援してほしい。

ところが、銀行が「返済原資を稼いでもらうには、単年度から利益を出すべき」と原則論を変えずにいると、再生の可能性がある中小零細企業は救えない。

金融庁の方針も、とにかく救済するコロナ融資の「資金繰り支援」から、通常モードに切り替え、「再生可能な企業を助ける」という事業再生フェーズに移行しつつある。こういう場合は、経営者の本気度と進捗状況を見ながら、少し長い時間軸で判断してもらいたい。

しかし、1年経っても2年経っても、経営者がビジネスモデル改革をせずに、旧来のやり方を続け、業績低迷で資金ひっ迫しているなら、その企業は「再生不可能」である。見捨てられても仕方ない。

4 経営計画書作成に必要な50のチェック項目

　経営計画書を作成するのは、融資目的もあるが、一般には「計画的経営」で企業体質の強化、人材育成、将来戦略の仕掛けづくりなどを目的とする場合が多い。では、どのような経営計画書が中小零細企業に適しているのだろうか？

　下記に紹介する「経営計画書の是非がわかる50のチェックリスト」を参考にしてほしい。

　われわれが支援している経営計画書は概ねこういう中身が掲載され、それを経営者だけでなく、幹部社員も参画型で作成している。

経営計画書診断　50のチェックリスト

評点	評点基準
5点	大変よくできている。模範的である
4点	よくできている。修正する必要はない
3点	よいほうである。一部修正が必要
2点	中身が不足している。加筆修正が必要
1点	全面的な見直しが必要である

診断日	
企業名	
担　当	

分類	No.	診断項目	評点	課題と改善の提案
事前分析	①	「前期の反省」シートはあるか		
	②	「前期の反省」には、業績結果だけでなく「出来事」「よかった点」「改善点」が記載されているか		
	③	前年実績の売上、原価、経費、利益、資金別に具体的な反省課題が固有名詞で列挙されているか		
	④	「前期の反省」は経営者だけでなく、役員幹部も一緒に議論して書いたか		
	⑤	経営計画書作成には、経営者だけでなく、役員幹部も何等かの関与をしているか		

分類	No.	診断項目	評点	課題と改善の提案
中期計画分析	①	3か年、5か年計画の数値目標はあるか		
	②	3か年、5か年計画は毎回見直しているか		
	③	3か年、5か年計画の中で、ニッチ分野でナンバーワンの商品、技術、サービスの戦略はあるか		
	④	3か年、5か年計画の中でUSP（独自のウリ）を目指す戦略はあるか		
	⑤	3か年、5か年計画に、市場分析・経営戦略・部門戦略の記載はあるか		
	⑥	3か年、5か年計画の主旨や重要戦略が社員や金融機関にもわかるような「体系図」はあるか		
目標との差額分析	①	単年度、3か年の「破局のシナリオ」の数値予定を出したか		
	②	必要利益と現状利益との差額から、必要売上や必要粗利を出して、経営者は納得したか		
	③	差額の売上・粗利と、今の経営戦略、重点行動は整合性があるか（差額対策の根拠は納得したか）		
	④	経費削減計画は妥当な内容か1（無理なコスト削減で帳尻合わせをしていないか）		
	⑤	経費削減計画は妥当な内容か2（伸ばす売上に必要な必要経費を十分確保しているか）		
	⑥	経費削減計画は妥当な内容か3（改善程度の削減ではなく、コスト構造の改革が入っているか）		
	⑦	収支計画と具体策の連動が、一目でわかるようなシートになっているか		
商材・利益対策分析	①	目標との差額を埋める「差額商材」は複数あるか		
	②	「差額商材」の可能性を検証したか（逆SWOT分析等で）		
	③	重点強化製品とその製造開発の具体策、重点強化商品とその拡販の対策はあるか		
	④	重点顧客の深耕開拓の具体策（アイテムアップ）の表記はあるか		
	⑤	新規顧客開拓の具体策、BCランク客のテコ入れ策の具体的な記述はあるか		
	⑥	重点キャンペーンなどの集中対策や突破口作戦の表記はあるか		
	⑦	具体的なコスト削減対策は、効果的な内容か（行動プロセスまで明確か）		
	⑧	過去の実績や外部環境から「減少する商材」は、予定どおり減少した計画にしているか		
	⑨	過去の実績や外部環境から「伸びている商材」は、具体策を強化して、最大限増やす計画になっているか		
	⑩	新商品、新規客に対する今年度中の具体策は入っているか。それは数値計画に入っているか		
	⑪	損益状況をモニタリングできるシートはあるか		

分類	No.	診断項目	評点	課題と改善の提案
組織役割・会議分析	①	今年度目標、中期計画に沿った組織・役割分担が組織図に記載されているか		
	②	組織図には、「誰が何の担当・責任」か具体的に書かれているか		
	③	経営戦略や重点具体策と連動した「組織改革具体策」はあるか（新部署、タスクフォース、プロジェクト、委員会、兼務等）		
	④	人手不足対策の具体策は入っているか（多能工化、海外・シルバー活用、外注化、機械化、IT化等）		
	⑤	人材育成の具体策は入っているか（教育研修プラン、見える化、技能伝承等）		
	⑥	組織図の検討では、経営者と一緒に議論したか		
	⑦	会議体系は適切なものか（意思決定機関が明確か、回数頻度は適正か、司会は妥当か）		
	⑧	各会議で何を議論し、誰が司会・書記で、どう運営されるか、経営者と一緒に議論したか		
アクションプラン分析	①	今年度目標達成、中期計画の仕掛けの必要な戦略・重点具体策はわかりやすく明記されているか		
	②	重点具体策は、商品、顧客、価格、効率化、組織人事、仕組みなど、主要な課題が入っているか		
	③	重点具体策は行動プロセスに分解され、段階別の行動がわかるように表記されているか		
	④	行動プロセスごとに、最終期限、責任者・担当者が明記されているか		
	⑤	行動プロセスごとに、〇月の〇〇会議で、何をどうチェック・提出・決定されるか、モニタリングできるか		
	⑥	モニタリング時に、修正行動計画を書く欄があるか		
	⑦	アクションプランは、各担当が自ら詳細を決めて、納得したものか		
計画書活用分析	①	経営計画書は、毎月経営会議などで「見てチェックする機会」を設けているか		
	②	経営計画書ができたら、新事業年度時に幹部や社員に公開報告などの発表会をしているか		
	③	業績の予実チェックをしているか		
	④	KPIの予実チェックはしているか		
	⑤	アクションプランの予実チェックは会議で実施しているか		
	⑥	経営計画書は紙か、ＰＣ内のデータか、何らかの形で役員幹部がいつでも見れる状態か		
		平均点		

【経営計画書　診断　総括コメント】

現在の経営計画書でよい点・評価できる点	経営計画書の改善が必要な点 （問題箇所と不足箇所）

第3章

クロスSWOT分析の
理論と検討の進め方

1 クロスSWOT分析の概念

(1) なぜ、SWOT分析が有効なのか

❶ SWOT分析とは

　SWOT分析の手法は、数十年前にアメリカでその理論の原型ができたもので、すでに日本全国で「経営戦略立案ツール」として普及している。

〈1〉　自社の内部要因である「強み」(Strength) = S

〈2〉　自社の内部要因である「弱み」(Weakness) = W

〈3〉　外部環境で今後の可能性やチャンスを示す「機会」(Opportunities) = O

〈4〉　外部環境で今後のリスクや厳しい状況を示す「脅威」(Threat) = T

各要素の頭文字から SWOT 分析

　ただし、内部要因の「強み」「弱み」と外部環境の「機会」「脅威」の各要素の掛け合わせである「クロスSWOT分析」をしない限り、単なる現状認識ツールになってしまう。

❷ SWOT分析で見えてくること

　クロスSWOT分析をすることで、自社独自の戦略や生き残るためのビジョンや対策では、どんなコトが見えてくるか？

- ●積極的にヒト・モノ・カネを配分する戦略が見えてくる
- ●縮小する・やめる戦略が見えてくる
- ●多岐にわたる経営戦略の取り組みの優先順位がわかる

- ニッチ市場と自社の使えそうな経営資源（強み）が何かわかる ── その イメージが湧くので、行動に移しやすい
- 新商品開発を行う際、そのコンセプトを作るとき、「機会」×「強み」が 参考になる
- 重点顧客・重点チャネルを決めたり、戦略的営業の作戦づくりの元になる
- 新規事業へ参入する際、進出すべきか否かの可否判断の根拠となる

　このように、さまざまな戦略立案ツールの中で、SWOT分析の汎用性や現実 性には一歩抜きん出たものがある。

　その証左に、コロナ禍で始まった事業再構築補助金の事業計画書作成要項では 「SWOT分析」という言葉は表記されてはいないものの、「自社の強みを生かし て……」との記載があり、つまりSWOT分析などを活用して……ということが 読み取れる。

（2）　SWOT分析の概念

❶ SWOT分析は理論がシンプルで、答えが決まっていない

　SWOT分析は、先ほど述べたように外部要因である「機会」「脅威」、内部要 因である「強み」「弱み」をそれぞれ掛け合わせて（クロス分析）、「積極戦略」「致 命傷回避・撤退縮小戦略」「改善戦略」「差別化戦略」の4つの戦略を導き出す。

- 「強み」×「機会」＝積極戦略
- 「弱み」×「脅威」＝致命傷回避・撤退縮小戦略
- 「弱み」×「機会」＝改善戦略
- 「強み」×「脅威」＝差別化戦略

　「機会」「脅威」「強み」「弱み」のそれぞれの要素を聞き出すポイントも決まっ ている。

　各要素の掛け合わせとは、下記のようなイメージである。

　「機会の何番と、強みの何番を掛け合わせて、○○○○という積極戦略が有力 になる」というイメージである。（40 ～ 41 ページ参照）

SWOTクロス分析（イメージ図）

		機会（O）	
外部環境	〈1〉	同業者や異業種を参考にして、高付加価値のニーズに対応した「高価格商品」を実現するには、どんな具体的な商材・サービスを開発すれば可能か	
	〈2〉	現在の商材に対して、サービスや機能、容量、頻度、手間を大幅に減らし、どういう「低価格商材」を実現すればチャンスが広がるか	
	〈3〉	クラウド、web、facebook、ツィッター等、ITのさらなる普及をどう上手に利用すれば、販売増につながるか	
	〈4〉	現在の市場（営業地域）だけでなく、域外、海外などにエリアを拡大すれば、どういうチャンスが生まれるか（販売面や調達面も含めて）	
	〈5〉	Webを活用して、通販、直販、顧客との直接のネットワークを構築すれば、どんなビジネスチャンスの拡大が可能か	
	〈6〉	顧客との共同開発、OEM（相手先ブランドによる製造）等、顧客との相互取り組みによって、どういうチャンスが広がるか	
		脅威（T）	
	①	顧客からの「サービス面」「スピード対応要求」の圧力やニーズは、どういう点が自社の「脅威」となるか	
	②	技術革新による代替品や、低価格の輸入品等の供給による「脅威」は、具体的にどういうことがあるか	
	③	自社の営業地域・マーケットの人口動態やライフスタイルの変化で、「脅威」になるとしたらどういうことか	
	④	競合他社の動きで警戒すべき「脅威」になる動きは何か	
	⑤	外注先・仕入先の動向や要望で「脅威」になることは何か（値上げ、事業縮小・廃業、サービス縮減、品質問題等）	
	⑥	直販、通販、ネット販売等の直接販売の動きでは、どういう「脅威」的な展開が具体的にマイナスに影響するか	

内部要因			
強み（S）		**弱み（W）**	
A	「機会」の市場・顧客ニーズに対応できる技術全般（技術者、技術面での優位）の「強み」は何か	a	競合他社と比較して、自社が明らかに負けている点（ヒト、モノ、カネ、技術、情報、効率、社内環境等）は何か
B	顧客に安心感を与えるアフターサービスや体制、機能としての「強み」は何か	b	顧客ニーズに対応していない点は何か。その結果、どういう現象が起こっているか
C	他社より抜きん出ている固有ノウハウ（生産技術・販売・性能機能・組織体制等）は何か。また「強み」に活かせる取扱製品の価値転換の可能性は何か	c	顧客開拓、企画力での弱みは何か
D	他社では取り扱えない商品の権利（特約店や専売地域）としての「強み」は何か	d	業績悪化要因になっている弱みは何か
E	特に強い顧客層・エリアはどこか、それはなぜ「強い」のか	e	商品力、開発力での弱みは何か
F	他社との差別化につながる顧客への営業支援機能（IT、情報サービス、営業事務、バックアップ体制等）での「強み」は何か	f	サービス力での弱みは何か
組合せ番号（例〈2〉-B）	【積極戦略】自社の強みを活かして、さらに伸ばしていく対策。または積極的に投資や人材配置して他社との競合で優位に立つ戦略　／　左記対策を実施した場合の概算数値（件数増減、売上増減、経費増減、利益改善、%増減等）	組合せ番号（例〈5〉-C）	【改善戦略】自社の弱みを克服して、事業機会やチャンスの波に乗るには何をどうすべきか　／　左記対策を実施した場合の概算数値（件数増減、売上増減、経費増減、利益改善、%増減等）
	●即実行する戦略や具体策 ●重点方針や突破口になる戦略 ●人員も費用もかけて取り組む戦略		
			●市場攻略のネックになっている「弱み」克服まで3年かける戦略や具体策 ●「弱み」克服のため、自社だけでムリなら、コラボや提携の戦略
組合せ番号（例③-E）	【差別化戦略】自社の強みを活かして、脅威をチャンスに変えるには何をどうすべきか。　／　左記対策を実施した場合の概算数値（件数増減、売上増減、経費増減、利益改善、%増減等）	組合せ番号（例⑥-e）	【致命傷回避・撤退縮小戦略】自社の弱みが致命傷にならないようにするにはどうすべきか。またはこれ以上傷口を広げないために撤退縮小する対策は何か　／　左記対策を実施した場合の概算数値（件数増減、売上増減、経費増減、利益改善、%増減等）
	●じり貧市場でも他社のシェアを奪い圧倒的ナンバーワンになる戦略 ●ライバルがお手上げになるまでの我慢戦略 ●「強み」があっても「撤退する」		
			●リストラ型の戦略の意思決定 ●やめる商品、やめる市場の具体策 ●事業仕分け、戦略の絞り込み

❷中小企業向きの分析ツール

　SWOT 分析のほかにも PEST 分析、PPM 分析、3C 分析、5force 分析など、さまざまな経営戦略分析手法がある。しかし、その中で SWOT 分析が中小零細企業におすすめな理由は、理論がシンプルであり、素人でもやろうと思えばできるからである。他の経営戦略立案ツールは、相当なスキルと知識が必要なので、知識と経験のあるコンサルタントが指導する必要がある。

　また、SWOT 分析以外の経営戦略立案ツールでの分析では、業界や業態、競合を考えると、ある程度答え（戦略）が決まってくるが、SWOT 分析では、同地域・同業種・同規模でも、答えは異なる。なぜなら、「強み」になる経営資源がそれぞれの企業で異なるからだ。

　しかも、分析過程で「経営者が納得する進め方」をするので、「教えられた感」がなく、「自主的に決めた」というイメージになりやすいのも、SWOT 分析が中小企業向けとして選ばれる理由である。

❸業界のあるべき論ではなく、自社独自にフォーカス

　各社で狙う「ニッチニーズ・ニッチ市場」が違い、そこに使える「強み」も違うなら、たとえ業種・業態が同じでも「類似戦略」にはなりえないというのが、SWOT 分析の基本理論である。

　自社独自の戦略や具体策を目指せば、現状打開の可能性も出てくる。だが、金融機関や会計事務所が、ネットでの情報や書籍からの情報で「御社の業界は○○すべき」と言っても、広く一般的な取り組みはすでにライバルもあり、差別化が難しい。ましてや中小零細企業ともなれば、経営資源も限られている。しかも、そういう業界の常識的な提案を経営者にしても、ほとんどの経営者は心から納得しないものだ。

　なぜなら、「その業界の常識で行うことがいかに大変か」「自社の規模やレベルでは不可能なこと」をよく知っているからである。

　その点、SWOT 分析を通じて自社独自の経営戦略を立案できれば、経営者は自らヤル気になって取り組むのである。

❹普通の SWOT 分析では効果なし

　SWOT 分析は事業性評価にも、経営計画書作成にも「根拠をあぶり出す最強のツール」であることは間違いない。ただし、教科書などに書いてあるような普通の SWOT 分析では、その効果は期待できない。

当社が主宰する「SWOT分析スキル検定」を受講した200名超のコンサルタント、税理士、生保営業、社労士の方が異口同音に言う感想は、以下のようなことである。

> 「自分の知っているSWOT分析ではない。ここまで深く掘り下げた経験がない」
>
> 「経営計画書の目標との差額対策をSWOT分析によって、商材単位で導く方法を初めて知った」
>
> 「自分が進めるSWOT分析は浅いと思っていたが、それは機会と強みが浅かったからだとわかった」
>
> 「クロスSWOT分析の結果、経営者が納得する具体策になる理由がわかった」

なぜ、こういう感想になるかと言えば、われわれが推進するクロスSWOT分析の中身は、「商品戦略」「顧客戦略」「価格戦略」の固有名詞と、それを進めるための「SP戦術」「仕掛け対策」「大まかな行動」「KPI」「収支」まで検討するからである。

❺ 実践クロスSWOT分析の本質

SWOT分析や各クロス分析で、深掘りした内容まで引き出すことができる最大の理由は、コーチング・メソッドとファシリテーション技術を使っているからである。

コーチング・メソッドとは、経営者を相手にした質問力、ヒント力と言い換えてもよい。ファシリテーション技術とは、経営者だけでなく、後継者や役員幹部まで含めた会議形式でSWOT分析をした場合の合意形成のメソッドである。

SWOT分析の理論を知っていても、このコーチング・メソッドとファシリテーション技術を習得しないと、経営者や検討会に参加している社員からの潜在的なアイデアや考えを引き出すことができない。

実践クロスSWOT分析の成否は、SWOT分析の知識、マーケティングの知識などより、コーチング・メソッド、ファシリテーション技術のほうが役に立つといっても過言ではない。

2 クロスSWOT分析 ── 私の経験

(1) 中小企業向け SWOT 分析の参考書がない

SWOT 分析をコンサルティングに使い出して、かれこれ 25 年近くになる。もともとこのメソッドがあることは知っていたが、BSC（バランス・スコアカード）を進めるための最初の「戦略立案ツール」という認識で、3C、4P、5force、PPM などのツールの一つだと思っていた。

あるとき、クライアントから BSC を導入してみたがうまくいかないと、相談された。そこで、改めて BSC を深掘りしてみようと何冊かの本を読み漁った。まだネットにもそんな情報はない時代だった。すると、戦略マップ、KFS、KPIというフレームの中で一番先にくる「SWOT 分析」が適当なものだったら、後に続く戦略マップも KFS、KPI も形式倒れになると実感したのだ。そして、この SWOT 分析は「面白い！」と率直に感じた。

ところが、当時の SWOT 分析の参考になるものは、経営学者やコンサルタントが書いた「大企業の後追い SWOT 分析」が中心であった。

「大手 A 社が今の経営戦略を実施している背景は、こんな機会とこんな強みから生まれた……」ようなものである。

私が知りたいのは、中小企業が経営戦略を導き出すとき、どんな「機会」を掘り下げるのか、どんなことが「強み」と言えるのか、その掛け合わせである「積極戦略」はどう展開するのか、というノウハウである。しかし、残念ながら私が求めるノウハウは当時なかったのだ。

(2) 最初は失敗ばかりの SWOT 分析

SWOT 分析は有効という感覚はあったので、参考例がない中でまず実践してみようと、当時の顧問企業で練習がてら、協力をいただきながら実験してみた。

当然、ノウハウがないからうまくいかない。抽象的な「機会」、よい点ばかり

列挙された「強み」と、その掛け合わせの「積極戦略」も概念論ばかり。

　顧問先の経営者からは、「何かいまいち、しっくりこないやり方ですね」とやんわり否定された。暗中模索とはこのことで、その後の何社か経営戦略のためのSWOT分析をしたが、あまりぱっとしない。

　そのうち「この手法は中小企業には不向きかな」と思い始めた。

（3）　事業部SWOT分析をしたとき、変化が

　経営戦略SWOT分析は、会社全体の経営戦略を決めるわけだが、いろいろな部門や商品、顧客チャネルがあると、曖昧なSWOT分析になりがちだった。

　そこで、ある複数の事業を経営している顧問先企業で、「A事業部だけのSWOT分析」をトライした。目的は、その事業部のビジョンや戦略の絞り込みが課題だったからである。

　すると、その日のSWOT分析はこれまでとまったく違った。内容がA事業部に特化しているので、出てくる文言が固有名詞ばかり。私自身もわからない専門用語がバンバン出てくる。私もわからないまま、それをPCに入力していく。まだプロジェクター投影がなかったので、先方の社員に模造紙に書いてもらいながら進めていった。

　そうやって出来上がった「積極戦略」は、事業部の責任者も経営者も大変満足できるものとなった。

　要は単一商品、単一チャネルなら、SWOT分析で固有の戦略に落とし込めるが、複数カテゴリーの商品群、複数チャネルのある事業体を一つのSWOT分析で行うには無理があるということだ。

（4）　SWOT分析は固有表現に絞れば絞るほど、効果的

　当社が主宰する「SWOT分析スキル検定」を受講している方はご存知だと思うが、「機会」「強み」も「積極戦略」も、相当具体的な固有名詞になるまで落とし込む。それがクライアントが納得する理由である。

　毎月Zoomで行っている「SWOT分析ロープレ」でも、参加者はロープレ時に固有名詞への落とし込みで苦労するが、何回も経験すればできるようになる。固有名詞は専門知識などなくてもよい。検討会参加者から出てきた言葉を素直に文字化すればよいのである。

3 「強み分析」のコツ

(1) 「顕在的強み」と「潜在的強み」

「強み分析」はクロス SWOT 分析の中でも重要なファクターだ。ここの深掘りがなくて「固有の経営戦略」の立案はありえない。

前述したように、「強みを活かした経営改善」だから、「強み」をどう見るかで、その結果は違ってくる。

「強み」には 2 つの見方がある。「顕在的強み」と「潜在的強み」である。

顕在的強みとは、すでに社員や顧客、業者に認知されている「強み」であり、その強み自体はもう何らかの活用をしているものだ。

潜在的強みとは、深く議論していくうちに、「そういえば、当社との取引のメリットとして顧客からこんなことを言われたことがある」「○○のニーズのある顧客には、当社の△△が他社よりいいと言われる」など、改めて考えないと出てこない小さく細かい「強み」である。

ニッチニーズに対応した独自の経営戦略には、この「潜在的強み」が有効なのである。これをどこまで掘り下げられるかが戦略抽出の成果を決めることになる。

(2) 「強み分析」は、根掘り葉掘り聞くのがコツ

「強み分析」の聞き方は基本的に、根掘り葉掘り聞き出すことだ。こちらからの質問で、基本的なこと、概念的なこと、抽象的なことを相手が言っても

- 「なぜですか？」
- 「誰がそう言ったんですか？」
- 「なぜ、その顧客はそういうことを言ったんでしょうか？」
- 「そのサービスは他社でもやっているのに、なぜ御社に来たんですか？」

「その顧客が反応したとき、何がよかったと思いますか？」

「そのことを言った顧客は他にいましたか？　彼らの共通項は何ですか？」

このように次々と、一つの「強み出来事」から聞き出す。すると、相手もいろいろ思い出し、「そう言えば…」「言われてみれば…」と思い出してくる。その「忘れていた強み」にヒントがあるのだ。

（3）昔の「小さな強み」の行動を忘れてしまっている

昔評価された「小さな強み」は、忙しさの中で忘れてしまい、普通の対策しか実施しないから、毎年同じような行動しかせず、成果も出ず、結果業績悪化を招いていることが多い。

「大きな出来事」や「大きな要因」「主要顧客からの大きな声」は覚えているし、すでに何らの対応をしているはずである。しかし、小さな出来事や深掘りすれば活かし方次第で大きなアドバンテージになる可能性のある「強み出来事」は、記憶の冷蔵庫に仕舞い込まれているのだ。

しかし、どんな企業にも「変化点」があり、その変化点に対応した「強み事実」がある。それは「徐々に変化したもの」だと気づきにくい傾向があり、知らないうちに当たり前になっている。

そこで、「特定の顧客の特定のニーズとそのニーズの理由」、そして「そのニーズを言った顧客側の事情」を再度思い出させていく。

その小さな変化点に、「自社の小さな強み」が生かされたはずだからだ。この小さな変化の予兆は気づきにくいが、この「小さな変化」と今実施した「小さな強み」を具体的な事実として引っ張り出すことがコツである。

このような視点に沿って整理すると、強みヒアリングフレームは、次ページのようになる。

カテゴリー	概要	あぶりだす　簡易質問・ヒント
強み（S）	●「機会」の攻略に使える具体的な経営資源 ●「よい点」ではなく、顧客が買う理由に直結した事実	顧客資産： ●今の顧客・特定顧客をどう活かせば、新たな可能性が開けるか ●今の顧客に新たに提案できそうなジャンル 商材資産： ●今の商品・商圏・販売権を活用して新たな販売先やチャネル開拓など ●今の商品に追加することで、さらに広がる可能性 人材・技術資産： ●差別化に少しでも使えそうな従業員が持っている固有技術や技能（顧客が喜ぶなら趣味でも可） ●他社と比較して、見方を変えればPRできそうな人材、組織 組織・機能資産： ●設備機器、不動産、動産などで使い方次第では有効なもの ●これまでは不良資産扱いでも、見方を変えれば有効利用できそうなもの 他社からコラボ要望がある資産： ●自社の上記資産から、異業種や同業種から、受託、提携、OEM、コラボ企画される可能性のあるもの

（4）「強み分析」の深掘りヒアリングシート

　現在われわれが活用している「深掘り強み分析シート」が次ページである。

　このシートでは、経営者への聞き方のヒントなどから、相手の発言に対しての原因の追求や、固有名詞への落とし込みを行っている。

50ページの「強み」深掘りシートを見ていただきたい。

顧客資産について「既存顧客・既存チャネルの強み」を聞き出す。「強みのヒント」にあるように、今の顧客の数と増えた理由、主要客になった背景などを聞き出し、そのときの行動や仕掛け、打ってきた具体策を確認する。そして「過去の経験」から、それを今風に再展開するにはどうすべきかを整理する。特に取引が少なかった顧客があるときを境に、取引額が増えたり、新規先からオファーが来た事実は、そこに何らかの「変化点」がある。それをしっかり深掘りする。

商材資産については、今の商材や仕入先、外注先、販路や販売権を持っていることでの「強み」を整理する。これらがあることでどんな可能性が拡がるかを確認する。商材自体に差別化がなくても、持っているサプライチェーンなども活かし方次第で「資産」になっていく。

人材・技術資産では、特定の知識や技術を持っている人材は誰か、なぜその技術を持っている人材は他者より優位なのか、その技術はどう展開すれば事業拡大に使えるかを聞き出す。特定の人しか持っていない知識や技術は「弱み」にもなるが、その「技術や知識の強み」をパターン化、標準化することでより多くの顧客に提供できる可能性が拡がるはずだ。

組織・機能資産では、他社と比較して優位な設備や不動産などを聞き出し、その優位な理由を具体化する。さらに既存顧客が評価している「組織機能」として何があるかも整理する。「組織機能」とは、顧客に直接貢献している社内の制度、IT、担当組織、付加価値部門などを指す。例えば、自社便の物流機能があれば、2024年問題以降の物流費高騰や輸送距離、短納期にも対応できる。修理メンテナンス部門があれば、顧客の困りごとに直接アプローチできる、などである。

他社からコラボの要望がある資産とは、過去他社や異業種から「共同でしませんか？」とか「一緒に組んでやりませんか？」と言われたことがあれば、「それはなぜか？」「その業者は当社の何を期待して組もうと思ったのか？」を整理する。これがわかれば、こちらから異業種へのアプローチ方法も定まってくる。

このように「強み深掘りシート」で多種多様な背景を聞き出すことで、「強み」の活かし方が見えてくるのである。

「強み分析」の深掘り

強みカテゴリー	強みのヒント	ヒントの答え
●既存顧客、既存チャネルの強み	顧客台帳・リスト数・DM先数・アポがとれる客数	
	常連客、A客の数、ロイヤルカスタマーになった理由	
	有力な顧客となぜその顧客が生まれたか	
	その他、顧客や販売先自体が強みと言えるもの	
●既存商品、既存仕入先、取引業者の強み	この取扱商品があることでのプラスの影響	
	この仕入先、外注先、取引先があることでのプラスの影響	
	この販売エリア、マーケティングチャネルを持っていることのプラスの影響	
	その他、既存商品を持つ強み	
●技術、人材、知識、ノウハウ、経験の強み	技術、ノウハウの具体的な「強み」で顧客から評価されていること	
	顧客が評価する技術や知識、経験を持った人材の内容	
	顧客が評価する社内の仕組み、システム、サービス	
●設備、機能、資産の強み	他社に比べて優位性を発揮している生産設備、什器備品、不動産	
	顧客が認める組織機能（メンテ、営業サポート、物流など）	
	その他、持っている資産・経営資源で商売上貢献しているもの	
●外部から見て「お金を出してでも手に入れたい」と思われていること	もしM&Aされるとしたら、買う側はどこに魅力を感じるか	
	買う側が魅力に感じる顧客資産とは	
	買う側が魅力に感じる商材資産とは	
●外部から見て「提携」「コラボ」「相乗り」したいと思われること	協業を求める他社が魅力を感じる顧客資産	
	協業を求める他社が魅力を感じる商材・技術資産	
	協業を求める他社が魅力を感じる組織機能資産	

なぜそうなのか、どこ（誰）がそう言うのか	その「強みの原因」をどう横展開・多角化すればよいか

4 「機会分析」のコツ

（1）「機会分析」は小さな変化をクローズアップする

「機会分析」＝「今後の可能性」である。

だから、すでにビッグな市場ができて競合が激しいレッドオーシャンは外すことが多い。ただし、そのレッドオーシャン市場に「自社の優れた差別化された強みが活かせる」なら、それはレッドオーシャンの中のブルーオーシャンの発見ということで、取り上げることはある。

一般的には、顧客や現場で起こっている小さな市場の変化やニーズの変化などの「ニッチ市場」が該当する。小さな変化は２つに分かれる。

- いずれ大きなうねりとなって市場拡大するのか
- 小さな変化のまま市場規模が伸びないのか

この見極めは難しいところだが、仮に「小さな変化のまま市場規模が伸びない」としても、競合社も少なく、それを徹底して行い差別化することで、全国展開も可能という場合もある。現在のマーケットは小さいが、全国展開すれば大きくなる。

「機会分析」での「小さな変化や可能性」も「強み」と連動して取り上げるべきかどうかを、同時に議論して進めていく。

（2）経営者も幹部も、聞き出せば必ず「潜在情報」を持っている

経営者や幹部から「機会の意見が出ない」とコンサルタントや会計事務所は進行に困るが、深掘りすれば、彼らは必ず有益な情報を持っているものだ。

- 顧客の現場を知っている
- 同業者の動きや情報を知っている

仕入先や関連先から有益な情報を聞いている

しかし、「今後の可能性は何かないですか？」とありきたりの質問をしても、「なかなかないね」という答えしか返ってこない。したがって、「機会分析」での質問は、「根掘り葉掘り」質問が不可欠なのである。

「根掘り葉掘り質問」とは、一つのことを聞いて相手が反応したら、そのことに5W2Hで再質問を続けることである。仮に、顧客に関してあることを聞いたら、

どんな顧客が言ったのか

なぜ、その顧客はそんなことを言ったのか

その顧客はどんなタイミングでそう言ったのか

他に似たような情報を聞いた顧客はいないか

その顧客の要望は具現化できそうか、できないならなぜできないのか

こういうことを根掘り葉掘り聞いていくのである。

「強み分析」でも同じだが、「広く質問するな、深く質問せよ」がコツである。

（3）質問のヒント

当社では「機会分析」に使う質問を8つに分けている。これらすべてを順番に説明しながら聞き出すのではなく、相手が言った言葉をこちらで分類しながら書き込み、その背景や理由を聞き出す流れである。

そして下記の大きな質問の詳細ヒントとして、小さなヒントを伝える。

❶ B、Cランク客の具体的なニーズ

❷ 予期せぬ成功・新たな可能性

❸ 既存客・新規見込客が使ううえでいら立っていること（困りごと）

❹ そこまで要求しないから、もっと低価格のニーズ（そぎ落としの低価格需要）

❺ おカネを払うから、もっとここまでしてほしいニーズ（高価格帯需要）

❻ こんな商品あったら買いたい・こんな企画ならいけそうというニーズ

❼ 他社がやっている企画・商品で真似したいこと

❽ その他、新しいビジネスモデルでの要望

(4) 「機会分析」のフレーム

以上のことを細かくヒアリングしながら、下記のフレームに落とし込んでいく。

「機会分析」のフレーム

	深掘りする質問	聞き出すヒント	どんな顧客が（どんな特性の顧客が）	具体的に何があるか	なぜそう言うのか。何が原因か（具体的に）
1	B、Cランク客の具体的なニーズ	●めったに買いに来ない顧客が求めるニーズ ●日ごろ購入する業者で買わず少量・臨時の購入で自社に来た理由			
2	予期せぬ成功・新たな可能性	●まさかそんな使い方をしているとは… ●そういうアイデアを顧客が持っているとは… ●想定していなかったニーズ			
3	既存客・新規見込客がいら立っていること（困りごと）	●なぜそこまで時間がかかるのか、なぜそんなに高いのか…不満は何？ ●どこも対応してくれないから仕方なく顧客が諦めていること			
4	そこまで要求しないから、もっと低価格のニーズ（そぎ落としの低価格需要）	●必要な機能やスペックはここだけで、他はいらないと顧客が思っていること ●無駄な機能やスペック、過剰なサービスを減らしても顧客が喜ぶもの			
5	お金を払うから、もっとここまでしてほしいニーズ（高価格帯需要）	●顧客が困っていることに適応するなら高くても買う理由 ●この顧客なら、こんな高スペック・高品質の商品を買うだろう			
6	こんな商品あったら買いたい・こんな企画ならいけそうというニーズ	●このターゲット顧客が喜びそうな商品とは ●このターゲット顧客なら、こんなイベントや販促、企画、アフターサービスを求めるだろう			
7	他社の模倣でもいけそうな可能性	●あの同業者のあの商品の類似品ならいけそうだ ●二番煎じでもいけそうな商品とターゲット顧客			
8	新しいビジネスモデルでの要望	●コロナで生まれた新たなニーズ ●これからの顧客が求める商品サービスは？			

5 最低限の「脅威分析」「弱み分析」

「脅威」「弱み」は改めてあら探しするまでもなく、どんどん意見が出てくるだろう。もしかしたら、ヒントも不要かもしれない。

(1) 「脅威分析」のフレーム

「脅威」はいかにこれから市場が悪くなる可能性があるかをいろいろな角度から見ることである。「脅威」で重要なのは、顧客の動きである。主要な大手顧客だけでなく、小規模の顧客でも、新たな勢力になる可能性のある顧客も含めて、声を聞くことである。

「脅威」を検討するとき、ことさら業界の未来を悲観する人がいる。それが大きな流れやトレンドなら仕方ないが、自社の努力不足を棚に上げて悲観論ばかり言う場合は、あまり聞かないようにしなければならない。

当該企業が、マクロの動向が影響するような企業規模かどうかである。売上が100億円以上あるなら、多少なりともマクロ経済の影響を受けるだろうが、年商3～10億円なら自助努力の不足が大きい要因となるからだ。

(56ページ参照)

(2) 「弱み分析」のフレーム

「弱み」は同業他社と比較して、どこが弱点かである。これも「悪い点」ではなく、「機会」に使えないネックの弱点に絞る。

「弱み」とは、機会や可能性があるにもかかわらず、それを妨害する自社の弱点があるので、それ以外の「悪い点」「改善点」はなるべく外して検討する。そうしなければ正直、時間のムダになる。(57ページ参照)

「脅威分析」のフレーム

	外部環境【脅威】のポイント…今後厳しくなると予想される外部環境		
No.	深掘りする質問	何がどう悪くなっているか、どんな悪い可能性があるか	その結果、自社にどう具体的に悪い影響があるか
(1)	市場縮小・市場変化・消費動向変化の脅威		
(2)	ライバル・大手の脅威		
(3)	法制度・ルール変更の脅威		
(4)	為替・株価・金融の変化の脅威		
(5)	国際経済・地政学リスクの脅威		
(6)	労務問題・働き方改革関連の脅威		
(7)	その他		

「弱み分析」のフレーム

			【弱み】のチェックポイント
内部要因【弱み】のポイント		1	競合者と比較して、自社が明らかに負けている点（ヒト、モノ、カネ、技術、情報、効率、社内環境等）は何か
		2	顧客ニーズに対応していない点は何か？ その結果、どういう現象が起こっているか？
		3	顧客開拓、企画力での弱みは何か
		4	業績悪化要因になっている弱みは何か
		5	商品力、開発力、サービス力での弱みは何か
		6	サービス力での弱みは何か
		7	コスト力、価格力での弱みは何か
		8	組織や人材（社員の質、層、組織力）の弱みは何か
		9	設備力、資金力の弱みは何か
		10	顧客クレームで多い項目は何か
		11	明らかに弱みと思われる社内事情（風土、気質、モチベーション等）は何か

6 「積極戦略」のポイント

　SWOT分析の最大の魅力は「機会」×「強み」＝「積極戦略」を導き出すことだ。
この掛け合わせで独自の戦略を導き出すツールとしてSWOT分析が注目され
ている。ところが世の中で知られているSWOT分析はこの「クロス分析」が少
なく、仮にクロス分析によって「積極戦略」が出てきたとしても、表面的な戦略、
どこにでもあるような戦略、いわゆる「独自の戦略」が導き出されていない。

　その表面的なクロスSWOT分析の「積極戦略」を見て、「こんな内容ならク
ロスSWOT分析もイマイチだな」と思う人も多いはずである。

　だが、われわれが探求しているクロスSWOT分析の「積極戦略」は、本当の
固有戦略・独自戦略にこだわっており、それが経営改善計画の具体的な根拠にな
っている。

　表面的などこにでもある一般的な積極戦略になってしまうのには、いくつ
かの理由がある。それがわかれば、「積極戦略」は当該企業のUSP（Unique
Selling Proposition；独自のウリ）が発見でき、KSF（Key Success Factor；
重要成功要因）になる。

(1) 積極戦略は「機会」から誘導する

　「強みを活かして……」ということが、事業再構築補助金の計画書等多くの経
営計画書で指導されている。この「強み分析」が重要なことは言うまでもない。

　問題は、「強み優先」だけで判断すると、プロダクトアウト（生産者志向）に
なりがちになるという懸念があることだ。原則は「マーケットイン（顧客志向）」
だから、「機会分析」によって徹底したニッチニーズ・ニッチ市場をピックアッ
プすることが大事だ。

　「機会分析」の項でも述べたが、重要なのは機会分析の「なぜなぜ分析」である。

クロス SWOT 分析
【積極戦略】（イメージ）

		内部要因			
		強み（S）			
	A	「機会」の市場・顧客ニーズに対応できる技術全般（技術スタッフ、技術面での優位）の「強み」は何か			
	B	顧客に安心感を与えるアフターサービス方針や体制、機能としての「強み」は何か			
	C	他社より抜きん出ている固有ノウハウ（生産技術・販売方法・組織体制等）は何か。また「強み」に活かせる取り扱い製品の価値転換の可能性は何か			
	D	他社では取り扱えない、商品取扱の権利（特約店や専売地域）としての「強み」は何かあるか			
	E	特に強い顧客層・エリアはどこか。それはなぜ「強い」のか			
	F	他社との差別化につながる顧客への営業支援機能（IT、情報サービス、営業事務、バックアップ体制等）での「強み」は何か			
	機会（O）	組み合わせ番号（例〈2〉-B）	【積極戦略】自社の強みを活かして、さらに伸ばしていく対策。または積極的に投資や、人材配置して他社との競合で優位に立つ戦略	左記対策を実施した場合の概算数値（売上増減、利益改善、経費増減、件数増減、％増減等）	
外部環境	〈1〉 同業者や異業種を参考にして、高付加価値のニーズに対応した「高価格商品」を実現するには、どんな具体的な商材・サービスを開発または開拓すれば可能か				
	〈2〉 現在の商材に対して、サービスや機能、容量、頻度、機能を大幅に減らし、デフレに応じてどういう「低価格商材」を実現すれば、販売チャンスが広がるか		●即実行する戦略や具体策 ●重点方針や突破口になる戦略 ●人員も費用もかけて取り組む戦略		
	〈3〉 クラウド、facebook、ツイッター等、ITのさらなる普及をどう上手に利用すれば、販売増になるか				
	〈4〉 現在の市場（営業地域）だけでなく、地域外、海外などのエリア拡大をすれば、どういうチャンスができるか（販売面や調達面も含めて）				
	〈5〉 Webを活用して、通販、直販、顧客との直接のネットワークを構築すれば、どんなビジネスチャンスの拡大が可能か			●即実行する戦略や具体策 ●重点方針や突破口になる戦略 ●人員も費用もかけて取り組む戦略	
	〈6〉 顧客との共同開発、OEM（相手先ブランドによる製造）等、顧客との相互取り組みによるチャンスはどういうことが可能か				

- なぜ、その顧客はそんなニーズを言うのか
- なぜ、その顧客は他にも同業者がいるのに、わが社に依頼したのか
- わが社に依頼したということは、どんな課題がその顧客にはあり、それが解決できずにどんな困りごとがあるのか

　このような「なぜなぜ分析」によって、「積極戦略」の優先順位を決める要素になっていく。

　実際の SWOT 分析コンサルティングの現場では、

　「社長、この複数ある"機会"の中で、一番可能性が高く、取り組みやすそうなものはどれですか？」と必ず聞く。

　すると、経営者はそのいくつかある「機会」の中で、何を優先的に行うか直感的にイメージする。したがって、コンサルタントや士業の方は SWOT 分析を指導する場合、企業経営者や幹部のこの部分をしっかり把握する必要がある。

　それでは、「積極戦略」の内容の良否は何で決まるのか？

　この場合、なんとなく「機会」の何番と「強み」の何番を掛け合わせて、なんとなく「積極戦略」を導き出しても意味がない。このとき重要なのは「掛け合わせ」の考え方である。私がRE嶋田塾やSWOT分析スキル検定・セミナーで伝えているのは、下記の言い回しが「積極戦略」そのものであるということである。

> 「〇〇分野の◇◇ニーズを△△機能（メソッド・メリット）を使って、□□の企画で行動し、◎◎の成果を出す」

　この〇〇や◇◇、□□を固有名詞で埋めていくことができれば、それが積極戦略の具体的要素につながる。

　「〇〇分野」とは、機会分析で出た特定の顧客層、狭いニッチ市場を指す。一般的にはセグメント化された分野。

　「◇◇ニーズ」とは、そのセグメントされた特定顧客層が、具体的に言った固有ニーズであり、「機会分析」の一番右の「なぜそんなニーズを言うのか？」に隠れていることである。

　「△△機能」とは、自社の使えるリソース、つまり「強み」である。その「強み」から掘り下げて、どんな機能アップや横展開ができるか、その中身を書き出す。

　「□□の企画」とは、マーケティング戦略やコラボ、製造方法、キャンペーンなどの具体的な企画を決める。

　「◎◎の成果」とは、この一連の活動から、どんな成果（KPI、新規開拓、アイテムアップ、ストアカバレッジ、一人当たり購買額の拡大等）が出るのかである。

　ここで重要なことは、「積極戦略」が成立するには、「固有の商品戦略」「固有の顧客戦略」が必須だということである。抽象的な商品や顧客対策、一般論の表現では、この文章は埋まらないし、有効かつ実現可能な戦略にはならない。

「積極戦略」では、どんな固有名詞のピースで埋めればいいのか？　次ページの積極戦略フレームを活用するとよい。

❶「積極戦略」のカテゴリー分け

シートの左に「既存商品売上・粗利の改善」という枠がある。「機会」と「強み」の組み合わせが、「既存商品の売上増や粗利率アップ」につながる可能性がある場合は、この欄に下記の詳細を記入する。

その下の「既存顧客の売上・粗利の改善」に該当すると判断され「積極戦略」なら、この枠に。また、「新商材・新商品での売上粗利改善」に該当する「積極戦略」なら、ここに詳細を記入する。

さらに「新規顧客での売上・粗利の改善」に該当する場合は、その下の枠に記入する。

「積極戦略」はいずれにしても「既存商品」「既存顧客」「新商材」「新規顧客」に該当する対策しか出ないはずである。したがって、ここで組織とか人事、仕組みやシステム、あるいはコミュニケーションといったことは、「積極戦略」では無意味なので記入しない。

❷組み合わせ

この欄には「強みの○番」と「機会の○番」の掛け合わせを書く。例えば「1 × C」や「2、3 × BD」等、複数×複数でも OK である。

❸重点商材名

重点商材名は商品名のことではなく、この積極戦略のタイトルのような表現になり、「○○商品を△△客に◇◇対策で収益化」など、この重点商材名でおおよその具体策がイメージできる表現にする。

❹何を（商品・サービス）

ここでは主に商品名やサービス名などの具体的な商材名が出てくる。まだ名前がつかない新サービスなら仮称でよい。

「積極戦略」のフレーム

	重点商材名	何を（商品サービス名）	どこに（ターゲット、チャネル）
既存商品の売上・粗利の改善	重点商材に関する戦略「強み」と「機会」の掛け合わせ		
		どう差別化・差異化して	どう作る・どう販売する
	重点商材名	何を（商品サービス名）	どこに（ターゲット、チャネル）
既存顧客の売上・粗利の改善	既存顧客に関する戦略「強み」と「機会」の掛け合わせ		
		どう差別化・差異化して	どう作る・どう販売する
	重点商材名	何を（商品サービス名）	どこに（ターゲット、チャネル）
新商材での売上・粗利の改善	新商材に関する戦略「強み」と「機会」の掛け合わせ		
		どう差別化・差異化して	どう作る・どう販売する
	重点商材名	何を（商品サービス名）	どこに（ターゲット、チャネル）
新規顧客戦略での売上・粗利の改善	新規顧客に関する戦略「強み」と「機会」の掛け合わせ		
		どう差別化・差異化して	どう作る・どう販売する

どんな手段（マーケティング）	収支への反映概算			
	科目／年度	年度	年度	年度
	売上可能性			
	数量 / 単価			
主要プロセスキーワード	原価 / 粗利率			
	経費 / 償却等			
	利益効果			
	KPI（　　）			
どんな手段（マーケティング）	収支への反映概算			
	科目／年度	年度	年度	年度
	売上可能性			
	数量 / 単価			
主要プロセスキーワード	原価 / 粗利率			
	経費 / 償却等			
	利益効果			
	KPI（　　）			
どんな手段（マーケティング）	収支への反映概算			
	科目／年度	年度	年度	年度
	売上可能性			
	数量 / 単価			
主要プロセスキーワード	原価 / 粗利率			
	経費 / 償却等			
	利益効果			
	KPI（　　）			
どんな手段（マーケティング）	収支への反映概算			
	科目／年度	年度	年度	年度
	売上可能性			
	数量 / 単価			
主要プロセスキーワード	原価 / 粗利率			
	経費 / 償却等			
	利益効果			
	KPI（　　）			

❺どう差別化・差異化して

　「強み」を活かして、同業他社と比較して何らかの差別化を企図したはずだ。そこで、「強み」の見せ方、PRの仕方など、わかりやすい違いの具体策を書き出す。

❻どう作る・どう売る

　積極戦略商材がこれまでと製造方法や販売方法などの手段、プロセスが違うなら、そのことを記載する。

❼主要プロセスキーワード

　❸〜❻の中で、この積極戦略商材の主要キーワードと思われるものを列挙する。

❽収支への反映（業績予測）

　積極戦略フレームの一番右に「収支への反映概算」という枠がある。各種の戦略を実施すると、向こう3か年でどれくらいの売上・粗利の寄与があるのか、それに付随する投資や経費など、読みにくい数字を読んでいく。

　ここでは「やってみないとわからない」という経営者や幹部からの発言を認めず、平均単価や最終年度にどれくらいまで行きたいかなど、バックキャストから数字を決めていく。

　もし「そんなにたくさんの商材はできない」というならば、1つの商材の事業規模を上げることになる。しかし、それには相応のマーケティング戦略や投資、差別化が必要なので、議論を続け、モアベタープランの落としどころを探る。

　そして、商材づくりと販促に関して、そこで発生する原価や経費も概算でいいので具体的に記載する。設備投資額も概算でよい。その減価償却費も計上して、経費の全体像を見る。

　こうすることで、「積極戦略」がより具体的になっていくのである。

　なぜ、読めない数字をあえて読ませるのか？

　それは、ここで議論したことの数値イメージがその後の行動に影響するので、しっかり記憶に残していくためである。

　また、この業績予測は経営計画書の収支概算に直結するからである。もし、業績寄与度が小さい商材なら、再度積極戦略を見直し、複数の商材捻出が必要になるかもしれない。

売上可能性……積極戦略商材が希望的観測数値の概算でどれくらいの売上が可能かの数字を書く（下記の数量×単価）

数量／単価……この商材が大体の予想単価で、年間どのくらいの数量が可能かを数値化する

原価／粗利率……その商材を作り、売るための原価率（おおよその材料費比率、外注費等）や粗利率を概算で決める

経費／償却等……この商材を作り、売るために必要な経費（新たな人件費、広告費、設備の減価償却費などの「大きな追加経費発生」があれば概算を書く

利益効果……この積極戦略商材を取り扱う結果、増える粗利から読んで営業利益にどれくらい貢献しそうか、その数字を書く

KPI（重要業績評価指標）……この積極戦略商材を作り、売るためには、行動プロセスの指標としてどんなKPI（Key Performance Indicator）を設定し、それがどれくらいの数値になれば、具体的な数値上の成果につながるかを書く。KPIは複数でもよい。

(4) 「致命傷回避・撤退縮小戦略」のポイント

　「致命傷回避・撤退縮小戦略」は、本気度を示す勇気ある決断である。本来なら「脅威」×「弱み」＝「専守防衛・撤退」というのがもともとの SWOT 分析での意味合いであった。しかし、当社では、中小企業の現実に即して、「致命傷回避・撤退縮小戦略」と表現している。「専守防衛」は、現実的には大変難しいことだからである。

　「致命傷回避・撤退縮小戦略」では、大きく 2 つに方向性が分かれる。「致命傷回避戦略」と「撤退縮小戦略」である。

　まず、既存事業のメイン商品自体が脅威にさらされ、しかも自社の弱点も露呈し、業績が厳しい場合である。メイン商品である以上、撤退も縮小もできないなら、「致命傷回避」ができる戦略や対策を決めなければならない。今のままでは致命傷になりかねない（このままだったら破たん）ということだから、何らかの荒療治をしなければならない。

　一般的に考えられる「致命傷回避戦略」は以下の内容である。

クロス SWOT 分析
【致命傷回避・撤退縮小戦略】（イメージ）

		内部要因	
		弱み（W）	
	a	競合社と比較して、自社が明らかに負けている点（ヒト、モノ、カネ、技術、情報、効率、社内環境等）は何か	
	b	顧客ニーズに対応できていない点は何か、その結果、どういう現象が起こっているか	
	c	顧客開拓、企画力での弱みは何か	
	d	業績悪化要因になっている弱みは何か	
	e	商品力、開発力での弱みは何か	
	f	サービス力での弱みは何か	
脅威（T）	組み合わせ番号（例〈③⑥-ce）	【致命傷回避・撤退縮小戦略】自社の弱みが致命傷にならないようにするにはどうすべきか。またはこれ以上傷口を広げないために撤退縮小する対策は何か	左記対策を実施した場合の概算数値（売上増減、利益改善、経費増減、件数増減、％増減等）
外部環境 ① 顧客（消費者）からの「サービス面」「スピード対応要求」の圧力やニーズはどういう点が自社の「脅威」となりうるか			
② 技術革新による代替品や、低価格の輸入品等の供給による「脅威」は具体的にどういうことがあるか		●リストラ型の戦略の意思決定 ●やめる商品、やめる市場の具体化 ●事業仕分け、戦略の絞り込み	
③ 自社の営業地域・マーケットの人口動態やライフスタイルの変化で「脅威」になるとしたらどういうことか			
④ 競合他社の動きで警戒すべき「脅威」になる動きは何か			
⑤ 外注先・仕入先の動向や要望で「脅威」になることは何か（値上げ、事業縮小・廃業、サービス縮減、品質問題等）		●リストラ型の戦略の意思決定 ●やめる商品、やめる市場の具体化 ●事業仕分け、戦略の絞り込み	
⑥ 直販、通販、ネット販売等の直接販売の動きでは、どういう「脅威」的な展開が今後具体的に業績にマイナスに影響するか			

【致命傷回避・撤退縮小戦略】の検討フレーム

組み合わせ番号（例 3.6-cd）	【致命傷回避・撤退縮小戦略】自社の弱みが致命傷にならないようにするにはどうすべきか。またはこれ以上傷口を広げないために撤退縮小する対策は何か			
	商品	既存商品の取捨選択	何を	
			どうする	
			業績影響（売上ダウン、経費増等）	
	顧客	顧客の取捨選択	どこを	
			どうする	
			業績影響（売上ダウン、経費増等）	
	組織1	組織体制変更・部門撤退・リストラ・構造見直し・人事制度見直し	何を	
			どうする	
			業績影響（売上ダウン、経費増等）	
	組織2	IT化、外注化、アウトソーシングなど	何を	
			どうする	
			業績影響（売上ダウン、経費増等）	
	コスト1	原材料・仕入・外注費・現場経費削減	何を	
			どうする	
			業績影響（売上ダウン、経費増等）	
	コスト2	人件費・労務費改革	何を	
			どうする	
			業績影響（売上ダウン、経費増等）	
	コスト3	ムダ削減・コストリダクション	何を	
			どうする	
			業績影響（売上ダウン、経費増等）	

> - 顧客・エリア・チャネル・ルートの選別（利益の出ない顧客や市場からの撤退）
> - 商品の選別（デメリットの多い商品のカット）
> - 可能性のある戦略への集中化
> - 事業戦略の仕分けと絞り込み
> - コスト見直し・経費大幅削減
> - 内部から外注・アウトソーシング化（逆もある）
> - 人員配置の見直し
> - 社内業務の仕分け・職務範囲の見直し（コア業務への人員配置）
> - 資金使途の制限（投資先の絞り込み）
> - AI、IoT、RPA を使い、自動化、省人化
> - その他

「撤退縮小戦略」は基本的にリストラ型の戦略や対策になる。人員削減、拠点撤退、商品カット・顧客カット、支出カット、資産売却等、事業規模の縮小を意味する。

この「致命傷回避・撤退縮小戦略」を決めるのは経営陣である。したがって、SWOT 分析検討会に一般社員が入っている場合はあまり議論しないほうがよい。役員クラスで行うべきである。この戦略を役員でもない一般の従業員が耳にすると、まだ決定もしていない状態で噂が社内に広まり、社内に動揺をきたして全くメリットがない。

経営者が「危機感を持ってほしいから」という理由でこういった会議に従業員を参加させる場合があるが、優秀な若手ほど危機感を持つどころか「危ない船から離れよう」と離職を促進する結果になりかねない。

積極戦略は前向きな判断だから、資金と人さえ何とかなれば決断はできる。しかし、致命傷回避・撤退縮小戦略は最終責任を持つ経営者の職務である。幹部や社員から情報をもらうことは大事だが、「決める」のは経営者である。

（5）「改善戦略」のポイント

　改善戦略は、「機会」である市場ニーズはあるのに、自社の「弱み」がネックになり、積極戦略を打ち出せないから、時間をかけて「弱み」を克服することである。まずは自社内の具体的な「弱み」を改善するための対策を中期計画の中で取り組んでいく。

❶ 「改善戦略」は、中期ビジョンで「弱み」克服
　例えば、人材の問題で「可能性ある分野」に取り組めないなら、「能力のある人材を採用する」か「今いる人材を教育する」ことが基本である。しかし、事はそう簡単ではない。「能力のある人材を採用する」といっても、必要な人材が専門職であればそれなりの待遇が必要である。
　しかし、今の給与体系では採用できるような高給は出せない。ならば給与体系や人事制度の改革と同時進行で進めなければならない。

クロス SWOT 分析
【改善戦略】（イメージ）

		内部要因	
		弱み（W）	
	a	競合社と比較して、自社が明らかに負けている点（ヒト、モノ、カネ、技術、情報、効率、社内環境等）は何か	
	b	顧客ニーズに対応できていない点は何か、その結果、どういう現象が起こっているか	
	c	顧客開拓、企画力での弱みは何か	
	d	業績悪化要因こなっている弱みは何か	
	e	商品力、開発力での弱みは何か	
	f	サービス力での弱みは何か	

	機会（O）	組み合わせ番号（例〈3〉-e/f）	【改善戦略】自社の弱みを克服して、事業機会やチャンスの波に乗るには何をどうすべきか	左記対策を実施した場合の概算数値（売上増減、利益改善、経費増減、件数増減、％増減等）
外部環境	〈1〉 同業者や異業種を参考にして、高付加価値のニーズに対応した「高価格商品」を実現するには、どんな具体的な商材・サービスを開発または開拓すれば可能か			
	〈2〉 現在の商材に対して、サービスや機能、容量、頻度、手間を大幅に減らし、デフレに応じてどういう「低価格商材」を実現すれば、販売チャンスは広がるか		●市場攻略のネックになっている「弱み」克服まで３年かける戦略や具体策 ●「弱み」克服のため、自社だけで無理なら、コラボや提携の戦略	
	〈3〉 クラウド、facebook、ツイッター等、IT のさらなる普及をどう上手に利用すれば、販売増になるか			
	〈4〉 現在の市場（営業地域）だけでなく、域外、海外などのエリア拡大をすれば、どういうチャンスができるか（販売面や調達面も含めて）			
	〈5〉 Web を活用して、通販、直販、顧客との直接のネットワークを構築すれば、どんなビジネスチャンスの拡大が可能か		●市場攻略のネックになっている「弱み」克服まで３年かける戦略や具体策 ●「弱み」克服のため、自社だけで無理なら、コラボや提携の戦略	
	〈6〉 顧客との共同開発、OEM（相手先ブランドによる製造）等、顧客との相互取り組みによるチャンスはどういうことが可能か			

【改善戦略】の検討フレーム

組み合わせ番号 (例 3-c)	【改善戦略】機会をつかみにいくために強化する具体的な経営資源と戦略					
	弱みさえなければ、強化したいターゲットと具体的なニーズ					
	「機会」を取りにいけない自社の致命的「弱み」の原因					
	何をどうやって「弱み」を改善するか	誰・どの部門が				
		何を				
		どうやって				
		いつまでに				
	収支への反映（概算）	年度	2024 年	2025 年	2026 年	2027 年
		●売上可能性				
		●数量 / 単価				
		●原価 / 粗利率				
		●経費 / 償却等				
		●利益効果				
		● KPI（　　）				
	弱みさえなければ、強化したいターゲットと具体的なニーズ					
	「機会」を取りにいけない自社の致命的「弱み」の原因					
	何をどうやって「弱み」を改善するか	誰・どの部門が				
		何を				
		どうやって				
		いつまでに				
	収支への反映（概算）	年度	2024 年	2025 年	2026 年	2027 年
		●売上可能性				
		●数量 / 単価				
		●原価 / 粗利率				
		●経費 / 償却等				
		●利益効果				
		● KPI（　　）				

したがって改善戦略は、2〜3年の中期計画になるのである。また、「今いる人材を教育する」場合、今の業務をしながらどう教育するのか。

❷多額の資金を必要とする改善戦略は現実的ではない

　余剰人員を抱えていない場合は、多能スキル育成の準備をしなければならない。多能スキルを育成するのは、業務の見直し、技能の再定義、スキルアップ作成、技能育成計画の作成など、その準備から実施までにいくつかのプロセスを踏む必要がある。やはり、これも1年以上はゆうにかかるはずだ。

　「資金の問題」がネックならば、事はさらに時間がかかる。「積極戦略」や「致命傷回避・撤退縮小戦略」でキャッシュを作るか、経営改善計画によって金融機関から融資を受けるかどうかである。

　キャッシュがなければできないような改善のための投資は現実的とは言えないので、ここでは詳しいことは省くが、「改善戦略」ではここまでプロセスを考慮したうえで検討しなければならない。

（6）「差別化戦略」のポイント

　差別化戦略は3つの方向に分かれる。

　第1は、マーケットが厳しい状況なら、同業者も撤退縮小をするかもしれない。資金力や他の収益源があれば、他社が手を引くまで我慢して事業を続け、残存者利益を狙うことも可能だ。

　第2は、マーケット自体は脅威でも、自社が圧倒的に強い立場なら、提携やM&A（企業の吸収合併）を通じて、圧倒的なナンバーワン戦略を狙うこともできる。提携やM&Aの相手企業も、自ら敗戦処理するよりは、どこかが買ってくれたほうが雇用も守れるし、本音のところでは都合がよいはずだ。

　第3は、やはりマーケットの将来も脅威なのだから、自社に強い部分があっても、撤退縮小戦略をとることである。アメリカの大手企業や日本でも一部の大手企業では、「今はまだ儲かっているビジネスでも市場順位が3位以下のビジネスなら撤退する」戦略をとる。事業の選択と集中という観点から言えばそういう選択でもありうる。利益があるうちに売却すれば高値で売れる。

　いずれにしても、中小零細企業にとって差別化戦略はレアケースである。

クロスSWOT分析
【差別化戦略】（イメージ）

		内部要因	
		強み（S）	
	A	「機会」の市場・顧客ニーズに対応できる技術全般（技術スタッフ、技術面での優位）の「強み」は何か	
	B	顧客に安心感を与えるアフターサービス方針や体制、機能としての「強み」は何か	
	C	他社より抜きん出ている固有ノウハウ（生産技術・販売方法・組織体制等）は何か。また「強み」に活かせる取扱製品の価値転換の可能性は何か	
	D	他社では取り扱えない、商品取扱の権利（特約店や専売地域）としての「強み」は何かあるか	
	E	特に強い顧客層・エリアはどこか。それはなぜ「強い」のか	
	F	他社との差別化につながる顧客への営業支援機能（IT、情報サービス、営業事務、バックアップ体制等）での「強み」は何か	

	脅威（T）		組み合わせ番号（例〈②⑥-BF〉	【差別化戦略】自社の強みを活かして、脅威をチャンスに変えるには何をどうすべきか	左記対策を実施した場合の概算数値（売上増減、利益改善、経費増減、件数増減、％増減等）
外部環境	①	顧客（消費者）からの「サービス面」「スピード対応要求」の圧力やニーズはどういう点が自社の「脅威」となりうるか			
	②	技術革新による代替品や、低価格の輸入品等の供給による「脅威」は具体的にどういうことがあるか		●じり貧市場でも他社のシェアを奪い圧倒的No.1になる戦略 ●ライバルがお手上げになるまでの我慢戦略 ●「強み」があっても「撤退する」戦略	
	③	自社の営業地域・マーケットの人口動態やライフスタイルの変化で「脅威」になるとしたらどういうことか			
	④	競合他社の動きで警戒すべき「脅威」になる動きは何か			
	⑤	外注先・仕入先の動向や要望で「脅威」になることは何か（値上げ、事業縮小・廃業、サービス縮減、品質問題等）		●じり貧市場でも他社のシェアを奪い圧倒的No.1になる戦略 ●ライバルがお手上げになるまでの我慢戦略 ●「強み」があっても「撤退する」戦略	
	⑥	直販、通販、ネット販売等の直接販売の動きでは、どういう「脅威」的な展開が今後具体的に業績にマイナスに影響するか			

【差別化戦略】の検討フレーム

組み合わせ (例 2.4-BF)	【差別化戦略】自社の強みを活かして、脅威をチャンスに変えるには何をどうすべきか						
	●買収・提携などの ポジティブ戦略 1 （どこと、どのように）	どこに、何を、どんなカタチで（どのように）、その具体的なメリットは何か					
	どこに（提携・買収 先のターゲット）		収支への 反映概算	年度	2024年	2025年	2026年	2027年
				●売上可能性				
	何を（提携・買収先 にどんな商材サービ スで）			●数量 / 単価				
				●原価 / 粗利率				
	どんな手法、マーケ ティング、製造方法 で			●経費 / 償却等				
				●利益効果				
				●KPI（　　）				
	●撤退・売却などの ネガティブ戦略 2 （どこと、どのよう に）	どこに、何を、どんなカタチで（どのように）、その具体的なメリットは何か					
	売却・提携に伴う費 用負担		収支への 反映概算	年度	2024年	2025年	2026年	2027年
				●売上可能性				
	売却・提携が成立す るための条件づくり			●数量 / 単価				
				●原価 / 粗利率				
	どんな手法、マーケ ティング、製造方法 で			●経費 / 償却等				
				●利益効果				
				●KPI（　　）				

（7）　思い込みと闘う SWOT 分析

　私は多くの経営者やコンサルタント、税理士の方に SWOT 分析の技術指導を
しているが、よい SWOT 分析かどうかの判断基準となるのが、「SWOT 分析の
結果、思い込みの牙城を崩せたかどうか」である。

　これは、多くの経営者、コンサルなどが日ごろから思っている「思い込み」「フ
ィルター」をどう外して、新たな気づきをもたらすかどうかということである。

❶成功体験が多いほど、思い込みが強い

　経営者もコンサルも税理士も、過去に業績を上げたり、成功体験があって現在
がある方には、自分のポリシーというか「成功法則」のようなものがある。

　その体験的成功法則が「本質の定理」なら、市場、商品や顧客、社員が変わっ
ても応用がきくし、時代が変わっても普遍的な原理原則になるだろう。しかし、
あまりに成功体験が強いと、市場が変化しようが、過去のやり方をそのままどの
パターンにも適用させようとする傾向がある。

　「この方法で成功したから、間違いない」と考えを変えようとしない。

　ほかの人がいろいろアイデアや提案をしても、「これで成功してきたのだから問
題ない。そんなやったことがないことをしても成功するとは思えない」と一蹴する。

　この思い込みが経営を危うくする。新たな流れに乗れず、「顧客離れ」のきっ
かけにもなっていく。

　SWOT 分析の進め方が、この「過去の思い込み」に左右されるなら、出てく
る「積極戦略」も既定路線でしかない。「強み」も「機会」も「新たな気づき」「新
たな発見」が出てくることはない。

　だから「SWOT 分析は思い込みとの闘い」なのだ。

❷「その強みを活かせませんか？」と聞くと…

　SWOT 分析では、最初に「強み分析」をする（場合によっては「機会分析」）。
特に今の「顧客の強み」を最初に聞き出す。ここで大事なことは「どんな顧客が
今いるのか」ではなく、「その顧客がどうして生まれたか」「どんなきっかけで顧
客が御社を知ったのか」「今のような A ランクになった取引になる過程でどんな
変化があったか」というように、過去からの「強み」を引き出すとき、ここに重
点を置く。

どの企業もすべての「強み」の原点は「顧客がいること」だからだ。その「顧客ができた状況や顧客の評価を横展開」することが、健全な「積極戦略」につながるからである。

SWOT分析の肝は「過去の棚卸」だということ。やったこともない新商品を新規の市場に挑戦する「多角化戦略」が成功することはそうそうない。安易に多角化の議論になるなら、それは「過去の棚卸」がまだまだ不足しているからだと推測される。

❸「深掘り機会質問」から出る、捨てていた顧客ニーズ

「機会分析」でも、顧客の声をベースとした「原因分析」に比重を置く。顧客の声、しかも「その声が出た背景や原因」を深く整理することで、「潜在的な顧客ニーズ」を知ることができる。

仮に「機会分析」でアイデアや議論が止まったら、ぜひしてほしいことがある。それは、「過去、顧客から言われた商品開発、サービスのヒントやコンプレイン（不平）」である。コンプレインについては自社の体制の問題も含めて、振り返ってみる。

「なぜ、そういうコンプレインを言うのか？」

「そのコンプレインを言った顧客にはどんな困りごとがあったのか？」

昔、営業会議などでクレームやコンプレイン対策を話し合ったことがあるだろう。しかし、ほとんどが弥縫策（一時しのぎの方策）で、本質的な課題解決の具体策は出していないかもしれない。だから、「捨てていた顧客のニーズ」には宝の鉱脈があるかもしれないのだ。

❹「言われてみれば」「そう言われると…」で気づく

「強み分析」「機会分析」も、ヒアリング時に「深掘り質問」することで、経営者や幹部に「気づき」をもたらすことが大事だと前述した。この「気づき」が生まれた瞬間、こんな言葉が出てくる。

「言われてみれば……みたいなことがあったな」

「そう言われると……とは違うニーズがあったかも」

こんな言葉がSWOT分析参加者から出てきたときは、まさに「気づき」の入り口に入ったということだ。そういう声が出たら、すかさず次のような質問をしてほしい。

- 「なぜ、その顧客は……みたいなことを言ったんですかね。どんな困りごとが具体的にあったんでしょうか」
- 「違うニーズとはどんなことですか？　そう感じた理由と実体験は何ですか？」

こうやってどんどん深掘りしていく。

相手が言った「気づき」のサインを見逃さず、徹底的に追求することでSWOT分析技術が上達していく。

「SWOT分析は思い込みとの闘い」である。固定概念から一皮むけるような誘導を心がけたいものである。

第**4**章

根拠ある経営計画書の作成手順

1 根拠ある経営計画書の基本

(1)　融資返済の論拠と「強み」を活かした具体策を明確にする

　「SWOT分析を活用した根拠ある経営計画書」では、銀行借入を返済でき、正常な借り換えをしながら、資金繰りを維持するために、キャッシュフローを絞り出す論拠が書かれている。

　しかも、ベースとなっているのは、今ある強みを活かし、さらにそれを深く掘り下げ横展開することで新商材を「おカネ化」していくものだ。

　したがって、「できもしない荒唐無稽な対策」「既存の経営資源を何も使わず、新しいことばかりの対策」「社会ニーズがあるからといって、自社がやる理由がない対策」等、論拠に乏しいものはこの経営計画書に入れてはならない。

　論拠とは、理屈が通っていることだ。だから従業員もその戦略を信用し、銀行もその戦略に裏づけされた経営計画を期待するのである。

(2)　必要利益、必要粗利、必要売上とその裏づけとなる差額対策や商材をクロスSWOT分析から導き出す

　資金繰りの改善や銀行返済原資を捻出するために必要な営業利益、その営業利益を引き出す必要粗利額、その必要粗利額を出すための必要売上と、バックキャストで金額を決めていく。

　今の売上または粗利と、必要売上または必要粗利の差額を出すことで、これから行うSWOT分析で捻出する商材金額が決まる。SWOT分析は、この商材総額や粗利改善額を意識しながら、具体的な戦略や商材具体策を決めていくのである。

　実際には、あまりに大きな差額売上だと3年程度では無理な場合もある。また、市況の変化で、そういう売上が物理的に狙えない場合もある。その場合は、「ダウンサイジング経営」も検討していく。

　固定費が大きすぎて、必要粗利が埋まらないケースだ。特に人件費がネックと

なる場合、新戦略に人員移動したり、辞めた後の補充をしないなどの固定費対策を検討する。

　最近の傾向では、「省人」対策をとり、人に代わるIT、AI、ロボティクス、自動化等、ソフトと機械などのハードに置き換えていきながら固定費を下げていくことが増えている。人事労務や経理などの間接部門のバックオフィスもDX化されている。

　どうしても人員が必要で人員削減ができない場合は、徹底的に多能工化を図り、「一人複数役」にして、かつ労働生産性を高め、個人の給与は増やすが、総人件費は下げるという考え方もある。

　この固定費対策としての経営戦略は、「致命傷回避・撤退縮小戦略」や「改善戦略」から生まれることが多い。

　積極戦略は即売上増につながる新商材やサービス開発が中心になるので、当該年度、翌年度からも数値貢献があるだろう。しかし、ダウンサイジング経営で人件費対策などの構造改革は、成果が出るまで時間がかかるので、「改善戦略」で記載することが多い。

2 「根拠ある経営計画」の体系と流れ

　「SWOT分析を活用した根拠ある経営計画書」は以下にあるような流れによって構成される。また、それぞれの段階において必要な根拠ある資料を作成する。

「根拠ある経営計画書」の流れ

（1）破局のシナリオ （今の延長線上の努力で3年後、どんな未来があるか）

⬇

（2）必要売上・必要経常利益確定 （破局のシナリオから返済原資・キャッシュフローから捻出）

⬇

（3）昨年実績と差額確定 （いくらの売上増・粗利増が必要か）

⬇

（4）「強み」をあぶり出すSWOT「強み分析」実施 （意外な強み、角度を変えたら強みの経営資源整理）

⬇

（5）「強み」が活かせる新たなニッチ市場分析 （SWOT機会分析） （勝負できるニッチマーケットを選択）

⬇

（6）差額を埋める「クロス分析」「積極戦略」実施 （「強み」商材、マーケティング中心で決定）

⬇

（7）3か年経営基本方針・戦略整理 （金融機関と自社に経営戦略を整理して説明）

⬇

(8) 具体策連動中期収支計画作成
（積極戦略の商材が入った収支表）

(9) 中期ロードマップ作成
（具体的な行動計画作成）

(10) アクションプラン監査
（毎月の実施状況をモニタリング）

所定の経営改善計画書へ転記

（1）破局のシナリオ

❶今までの努力の延長線上で、過去の売上実績の加重平均で算出

「破局のシナリオ」とは、今の努力の延長線上で今後業績がどう推移していくかを整理するもの。これまでとほとんど同じで戦略も変わらず、若干の戦術の努力の違い程度で、毎年前年割れしている商材や顧客先が来年度、急に増えることはない。

経営者は現状が厳しいと希望的観測を抱きがちだ。しかも「本当はもっと売れるはずなのに、営業力が弱いから、意識と行動が低いから、ダメなんだ」とマンパワーの努力不足を主因とする場合がある。実際にそういう戦術的なことが原因なら、営業の人材を増やすとか、教育をするとかの対策もある。

しかし、多くの場合そういう戦術では改善しないことが多い。だから、この破局のシナリオでは厳しめに設定するようにする。

例えば、以下のような数字の読み方をする。

- 既存商品が3か年平均5％ダウンしているなら、来期も再来期も5％ずつダウン
- 新商品が伸び悩んでいるなら、今の延長線上の売上で見る
- ある主力得意先がライバルにシェアを奪われているなら、せめて今のシェア維持
- ある顧客の取引額がここ数年3％前後減少しているなら、今後も3％減らす

- 粗利率は毎年1%ずつ下がっているなら、来年以降の1%ずつ下げて読む
- 原価の値上げ分を顧客に反映する売価アップも予定に入れる

このように過去の悪い実績も事実として「破局のシナリオ」を計算していく。そうすると、「簡単な戦術変更でなく、大きな構造改革が必須だ」と覚悟が決まっていく。

❷原価、経費のアップは厳しめに読む（2024年以降想定されること）

2024年問題では物流費が大きく増えそうだ。またウクライナ戦争、イスラエルとパレスチナの中東紛争は石油やエネルギーコスト、食品の高止まりを意味する。

基本給や時給なども上げていかないと人が辞め、新しく入らない。ここは必要コストになる。さらに建設コストもどんどん上昇している。こういうコスト上昇圧力要素も「予算」に加える。すると「売上厳しい、粗利率厳しい、経費増える」となると、破局のシナリオではとんでもない赤字になることがままある。

しかし、この分野を甘く見ると大変なことになるので、厳しめに見ることが肝要だ。

仮に為替の変動で原価が思ったほど増えなかったらラッキーだと思う（急激な円高になり原価が下がった場合、売価も下げられることもあるから要注意）。

❸積極投資ができなくても、存続に必要な投資を読む

破局のシナリオでは、収支状況に関係なく「必要コスト」は計上しておく。例えば、人件費上昇しかり、人を採用するための福利厚生、労働環境整備費用、建物老朽化対策費、社内インフラ老朽化対策費等「売上と直結しない費用」がある。

しかもこれらの経費や償却費は、これまで業績が悪いからと後回しにしてきた費用である。それがいよいよダメになって買い替えや高額の補修費が必要になる。

　破局のシナリオでこのままではヤバイという状況は見えた。

　次に昨年度の収支実績を出し、今後の借入返済＋必要利益を上乗せした必要な営業利益を出す。

　借入返済をしながら、資金が厳しくなったらまた追加融資依頼や借換を続けるのが普通だろう。

　また設備投資をするなら、借入額は簡単に減らず、「無借金経営」など夢のまた夢であろう。

　必ずしも「無借金経営」がよいとは限らないし、実際の経営者や金融支援の専門家も「無借金経営」には否定的な方も多い。

　《【借入返済原資を含んだ必要営業利益】＋【絶対必須の経費を増やした固定費】＋【原価状況を加味した粗利額】》÷【売価を反映した粗利率】＝【必要売上高】という計算になる。

　すると、昨年実績の売上から一体どれくらいの売上または粗利額増が必要かがわかる。それが86ページの表だ。

破局のシナリオ（損益計算）　現状努力の延長線上の中期収支予想

科目	売上種別	商品または顧客	前年度実績	今期（　　　年度）予想	来期（　　　年度）予想
売上					
売上合計					
変動費	原材料・仕入（売上原価）				
	外注費				
	労務費				
	その他製造原価				
原価計					
粗利合計					
平均粗利率					
固定費	役員報酬（法定福利・福利厚生込）				
	人件費（法定福利・福利厚生込）				
	雑給				
	支払手数料				
	旅費交通費				
	販促広告費				
	消耗品費				
	水道光熱費				
	減価償却費				
	通信費				
	地代家賃				
	リース費				
	衛生費				
	雑費				
	その他経費				
販管費合計					
営業利益					
営業外	営業外支出				
	営業外収益				
経常利益					

（単位：千円）

再来期（　　年度）予想	売上・原価・経費・利益率等に与えるマイナス・インパクトの科目別の根拠 （金額、％、数量）			
			種別	内容
	売上・粗利関係	〈1〉		
		〈2〉		
		〈3〉		
		〈4〉		
	原価関係	〈1〉		
		〈2〉		
		〈3〉		
	その他経費関係	〈1〉		
		〈2〉		
		〈3〉		
		〈4〉		
		〈5〉		

必要売上・必要粗利と「破局のシナリオ」との差額概算整理表

（単位：千円）

科目	売上科目	商品または顧客	前年度実績
売上			
	売上合計		
変動費	原材料・仕入（売上原価）		
	外注費		
	労務費		
	その他製造原価		
	原価計		
粗利合計			
平均粗利率			
固定費	役員報酬（法定福利・福利厚生込）		
	人件費（法定福利・福利厚生込）		
	雑給		
	支払手数料		
	旅費交通費		
	販促広告費		
	消耗品費		
	水道光熱費		
	減価償却費		
	通信費		
	地代家賃		
	リース料		
	衛生費		
	雑費		
	その他経費		
	販管費合計		
営業利益			
営業外	営業外支出		
	営業外収益		
経常利益			

科目	売上科目	商品または顧客	必要売上	
売上				
	売上合計			必要差額売上
変動費	原材料・仕入（売上原価）			
	外注費			
	労務費			
	その他製造原価			
	原価計			
必要粗利合計				必要差額粗利
平均粗利率				
固定費	役員報酬（法定福利・福利厚生込）			
	人件費（法定福利・福利厚生込）			
	雑給			
	支払手数料			
	旅費交通費			
	販促広告費			
	消耗品費			
	水道光熱費			
	減価償却費			
	通信費			
	地代家賃			
	リース料			
	衛生費			
	雑費			
	その他経費			
	販管費合計（この段階では役員報酬を下げない）			
必要営業利益				
営業外	営業外支出			
	営業外収益			
必要経常利益（最低の返済から算出）				

（3） クロスSWOT分析で差額商材捻出

❶クロスSWOT分析で必要差額売上・粗利の商材を捻出

必要売上・必要粗利から、昨年実績売上・粗利を引いたものが「差額売上・差額粗利」である。

この差額売上・粗利をどのような商材や戦略で導き出すか、それには「クロスSWOT分析」が必須の分析ツールになる。

SWOT分析は先述したように「強み分析」と「機会分析」を先に行い、客観的な現実分析をしなければならない。「強み分析」「機会分析」そして、その掛け合わせである「積極戦略」の打ち出し方は第3章で解説したとおりである。

そして次表の「積極戦略シート」にこれらの掛け合わせの結果として出てきた戦略（商材開発、顧客、売り方）、そして概算数値などを記載する。書き方の詳細は第3章参照。

※「強み分析の深掘りシート」「機会分析のフレーム」については、第3章に掲載したものを次ページ以降に再掲する。

「強み分析」の深掘り（再掲）

強みカテゴリー	強みのヒント	ヒントの答え
●既存顧客、既存チャネルの強み	顧客台帳・リスト数・DM先数・アポがとれる客数	
	常連客、A客の数、ロイヤルカスタマーになった理由	
	有力な顧客となぜその顧客が生まれたか	
	その他、顧客や販売先自体が強みと言えるもの	
●既存商品、既存仕入先、取引業者の強み	この取扱商品があることでのプラスの影響	
	この仕入先、外注先、取引先があることでのプラスの影響	
	この販売エリア、マーケティングチャネルを持っていることのプラスの影響	
	その他、既存商品を持つ強み	
●技術、人材、知識、ノウハウ、経験の強み	技術、ノウハウの具体的な「強み」で顧客から評価されていること	
	顧客が評価する技術や知識、経験を持った人材の内容	
	顧客が評価する社内の仕組み、システム、サービス	
●設備、機能、資産の強み	他社に比べて優位性を発揮している生産設備、什器備品、不動産	
	顧客が認める組織機能（メンテ、営業サポート、物流など）	
	その他、持っている資産・経営資源で商売上貢献しているもの	
●外部から見て「お金を出してでも手に入れたい」と思われていること	もしM&Aされるとしたら、買う側はどこに魅力を感じるか	
	買う側が魅力に感じる顧客資産とは	
	買う側が魅力に感じる商材資産とは	
●外部から見て「提携」「コラボ」「相乗り」したいと思われること	協業を求める他社が魅力を感じる顧客資産	
	協業を求める他社が魅力を感じる商材・技術資産	
	協業を求める他社が魅力を感じる組織機能資産	

なぜそうなのか、どこ（誰）がそう言うのか	その「強みの原因」をどう横展開・多角化すればよいか

「機会分析」のフレーム　これから求められるニッチ分野、顧客が費用を払うニーズ（再掲）

	深掘りする質問	聞き出すヒント	どんな顧客が（どんな特性の顧客が）	具体的に何があるか	なぜそう言うのか。何が原因か（具体的に）
1	B、C ランク客の具体的なニーズ	● めったに買いに来ない顧客が求めるニーズ ● 日ごろ購入する業者で買わず少量・臨時の購入で自社に来た理由			
2	予期せぬ成功・新たな可能性	● まさかそんな使い方をしているとは… ● そういうアイデアを顧客が持っているとは… ● 想定していなかったニーズ			
3	既存客・新規見込客がいら立っていること（困りごと）	● なぜそこまで時間がかかるのか、なぜそんなに高いのか…不満は何？ ● どこも対応してくれないから仕方なく顧客が諦めていること			
4	そこまで要求しないから、もっと低価格のニーズ（そぎ落としの低価格需要）	● 必要な機能やスペックはここだけで、他はいらないと顧客が思っていること ● 無駄な機能やスペック、過剰なサービスを減らしても顧客が喜ぶもの			
5	お金を払うから、もっとここまでしてほしいニーズ（高価格帯需要）	● 顧客が困っていることに適応するなら高くても買う理由 ● この顧客なら、こんな高スペック・高品質の商品を買うだろう			
6	こんな商品あったら買いたい・こんな企画ならいけそうというニーズ	● このターゲット顧客が喜びそうな商品とは ● このターゲット顧客なら、こんなイベントや販促、企画、アフターサービスを求めるだろう			
7	他社の模倣でもいけそうな可能性	● あの同業者のあの商品の類似品ならいけそうだ ● 二番煎じでもいけそうな商品とターゲット顧客			
8	新しいビジネスモデルでの要望	● コロナで生まれた新たなニーズ ● これからの顧客が求める商品サービスは？			

❷新商材、改良商材を合算して差額売上の 1.2 倍を目指す

商材の考え方だが、仮に 6,000 万円の差額売上があるとして、SWOT 分析での商材合計がなんとか 6,000 万円になったとしてもホッとしてはいけない。

それはギリギリの危うい数字だからだ。仮に一つでもつまずいたら途端に目標達成が遠のく。少しくらい保険をかけておかないと危ない。

イメージとしては、差額売上の 120% くらいの戦略商材や顧客戦略がほしいところだ。もし足りないなら、再度クロス SWOT 分析に戻って議論し、120% 確保できるような戦略を導き出していく。

※「積極戦略」のフレームについては、第 3 章で掲載したものを次ページに再掲する。

「積極戦略」のフレーム（再掲）

	重点商材名	何を（商品サービス名）	どこに（ターゲット、チャネル）
既存商品の売上・粗利の改善	重点商材に関する戦略「強み」と「機会」の掛け合わせ		
		どう差別化・差異化して	どう作る・どう販売する
	重点商材名	何を（商品サービス名）	どこに（ターゲット、チャネル）
既存顧客の売上・粗利の改善	既存顧客に関する戦略「強み」と「機会」の掛け合わせ		
		どう差別化・差異化して	どう作る・どう販売する
	重点商材名	何を（商品サービス名）	どこに（ターゲット、チャネル）
新商材での売上・粗利の改善	新商材に関する戦略「強み」と「機会」の掛け合わせ		
		どう差別化・差異化して	どう作る・どう販売する
	重点商材名	何を（商品サービス名）	どこに（ターゲット、チャネル）
新規顧客戦略での売上・粗利の改善	新規顧客に関する戦略「強み」と「機会」の掛け合わせ		
		どう差別化・差異化して	どう作る・どう販売する

どんな手段（マーケティング）	収支への反映概算			
	科目／年度	年度	年度	年度
	売上可能性			
	数量 / 単価			
主要プロセスキーワード	原価 / 粗利率			
	経費 / 償却等			
	利益効果			
	KPI（　　）			
どんな手段（マーケティング）	収支への反映概算			
	科目／年度	年度	年度	年度
	売上可能性			
	数量 / 単価			
主要プロセスキーワード	原価 / 粗利率			
	経費 / 償却等			
	利益効果			
	KPI（　　）			
どんな手段（マーケティング）	収支への反映概算			
	科目／年度	年度	年度	年度
	売上可能性			
	数量 / 単価			
主要プロセスキーワード	原価 / 粗利率			
	経費 / 償却等			
	利益効果			
	KPI（　　）			
どんな手段（マーケティング）	収支への反映概算			
	科目／年度	年度	年度	年度
	売上可能性			
	数量 / 単価			
主要プロセスキーワード	原価 / 粗利率			
	経費 / 償却等			
	利益効果			
	KPI（　　）			

　差額売上、必要固定費、必要利益がある程度イメージでき、そのための具体策としてクロスSWOT分析で戦略方針や商材方針を決めた。

　当然複数の戦略が生まれたはずだから、優先順位をつけたり、議論はしたが、実践が難しい「積極戦略」「改善戦略」「致命傷回避・撤退縮小戦略」もあったかもしれない。

　そこでA4判1枚の用紙に「3か年経営改善基本方針」として整理する。この1枚に集約することで、銀行にも従業員にも「当社が今後どういう方向で改革をしていくのか」が一目瞭然になる。

　この「3か年経営改善基本方針」は次表のようになる。一番左には「これまでのビジネスモデル」として、このSWOT分析をする以前の過去を記載する。

- ●「商品」では、主力商品や付加価値サービス、差別化して実績を積んできたもの
- ●「顧客」では、主要顧客や主力販売チャネル、営業地域など
- ●「マーケティング」では、これまでの販促、新規開拓、ブランディング、市場のイメージ等
- ●「組織」では、商流の流れ、自社の販売製造組織、外注体制など
- ●「コスト構造」では、原価構成、労務費、人件費、その他販管費など

　次ページの図で真ん中の「これからのビジネスモデル」では、クロスSWOT分析後の新たな戦略や方向性を上記の目次に沿って記載する。左側（従来）との比較で、SWOT分析後のビジネスモデルがどれくらい異なるかがはっきりとわかるだろう。

　右側の「3か年中期経営方針」では、このSWOT分析後の新たなビジネスモデルを中心に、戦略目標を整理する。

- ●「中期戦略目標」では、商品・顧客・価格の基本方針や固有名詞の重点戦略を箇条書きで記載
- ●「収支（売上・粗利・営業利益）目標」では、3年後の売上、粗利、営業利益目標や主要なKPI（重要業績指標）目標を記載

- 「財務改善目標」では、経営の安定性の指標、労働分配率指標、自己資本比率、剰余金、手元流動性等の財務目標を記載
- 「その他」では、この3か年で大きく変わる組織やコスト構造などを記載

3か年　経営改善基本方針

これまでの ビジネスモデル	これからの ビジネスモデル	3か年中期経営方針 (実抜計画の目標値)
商品 • 主要商品 • 付加価値商品 • 差別化商品等		中期戦略目標
顧客 • 主要顧客 • 主要代理店 • 主要地域等		収支目標(売上・粗利・営業利益)
マーケティング • 販促 • 見込客開拓 • ブランディング等		財務改善目標
組織 • 組織構造 • ビジネス構造等		その他
コスト構造 • 原価(仕入) • 販管費		

（5） 具体策連動の中期収支計画

❶積極戦略の具体策と中期収支計画が一目でわかる

　一般的な中期経営計画のフレームは経営戦略や商材具体策と損益計画が別々の
シートになり、確認するためにいちいちページを戻ったりしなければならない。
その小さな作業が面倒だし、なんとか1枚のシートにして一目で確認できないか
と考えていた。

　この「具体策連動 中期収支計画」はそういう利便性の理由から生まれた。こ
のフレームを実際に使い始めて15年以上経つが、我ながら便利なフォームであ
ると思う。書き方は次のとおりである。

①売上科目

　左側の「売上科目」は、「既存売上カテゴリー」と「新規売上カテゴリー」
に分かれる。

　「既存売上カテゴリー」では、既存商品の売上の推移（主に破局のシナリ
オをベースに減少傾向で見る）を昨年実績から3年先の予想金額を出す。

　「新規売上カテゴリー」では、SWOT分析の「積極戦略」で生まれた新商
材や既存商品・既存顧客への新対策の売上を記入。初年度はゼロでも3年先
にはそれなりの売上になっている（積極戦略で「収支への反映概算」がある
ので、その数値を参考にする）。収支への反映で数値が決まっていない場合は、
再議論して数値を決める。

②商品名または顧客

　「既存売上カテゴリー」では主力商品名を記載。「新規売上カテゴリー」で
はSWOT分析で生まれた新商材名や新販促名、特定顧客での売上増の名称
等、新たに取り組む商材名を記載。

③前年実績

　昨年度の売上から販管費、経常利益までを記載。原価、販管費の勘定科目
は自社に合わせて修正する。

④今期予想

　今期は新商材がいきなり貢献するなら、それをふまえて売上、粗利を記載。
その場合、今期から新たな販管費が発生するなら、それも加味しておく。

⑤来期予想、再来期予想

来期・再来期は1年以上後になるので、新商材や経営戦略がそれなりに数値に反映されるはずだ。そのため原価や経費にもその売上に相応しいものを反映させる。

⑥原価、販管費

「原価」「販管費」は自社の特性に合わせて科目を決めるが、新たな戦略を導入することで、新たな科目が必要なら、予めそれを記載しておく。

⑦営業利益、経常利益

ここでは来期、再来期の必要営業利益を見ながら調整していく。先に新商材売上をいくつか挙げ、それにかかわる原価、経費が増えたとする。すると思っていたほど営業利益が上がらない場合がある。その場合は可能性を鑑みて、新商材売上を増やし、粗利を増やす。しかし、そんなに簡単には売上は増えないと判断したら、「戦略経費」以外の固定費削減の検討をする。「戦略経費」とは、新商材や今後に必要な経費である（例えば新商品の製作や販促にかかわる経費など）。

⑧売上概況 ── 既存売上（限界または下落傾向）

右側の「戦略での概算数値（売上・原価・経費）の整理」の項目で、「売上概況・内容」で最初に書くのが「既存売上（限界または下落傾向）」である。ここには「破局のシナリオ」のマイナスインパクトを書く欄があったはずだ。主力商材（既存商品）が下がる理由や3年間でどれくらい悪化するかを書き、一番右の「新たに増減する売上高」に年毎の概算数値を記載する。横ばい商品も同じく記載する。

⑨売上概況 ── 既存売上の改善対策

積極戦略や改善戦略で「既存商品の改善策での増収計画」があった場合は、この欄に記載し、その数値効果を年毎におおよその金額を入れる。

⑩売上概況 ── 新戦略、新規売上対策

積極戦略で新戦略や新規対策が出ているので、その中身を簡潔に記載し、その「売上予測」を年毎の欄に記載する。

⑪仕入・粗利概況 ── 既存ビジネスでの原価増減

既存商品の原材料アップや外注費、労務費、物流費など、売上は上がらないのに原価だけ増えそうなものを記載し、年毎にどれくらい見るか概算を昨対％などで記載する。また原価の中でも減少傾向があるものはマイナスで記載。（※102ページに続く）

「積極戦略」の具体策連動 中期収支計画

科目	売上科目	商品または顧客	前年度実績	今期（年度）予想	来期（年度）予想	再来期（年度）予想
売上	既存売上カテゴリー					
	新規売上カテゴリー					
売上合計						

戦略での概算数値（売上・原価・経費）の整理			
クロス SWOT 分析による戦略と具体策から導き出される売上概況・内容 （新商材・新規チャネル等の売上増や既存商材の売上減等）		年度	新たに増減する売上高
既存売上（限界または下落傾向）	〈1〉	2024 年	
		2025 年	
		2026 年	
	〈2〉	2024 年	
		2025 年	
		2026 年	
	〈3〉	2024 年	
		2025 年	
		2026 年	
既存売上の改善対策	〈4〉	2024 年	
		2025 年	
		2026 年	
	〈5〉	2024 年	
		2025 年	
		2026 年	
	〈6〉	2024 年	
		2025 年	
		2026 年	
新戦略・新規売上対策	〈7〉	2024 年	
		2025 年	
		2026 年	
	〈8〉	2024 年	
		2025 年	
		2026 年	
	〈9〉	2024 年	
		2025 年	
		2026 年	

「積極戦略」の具体策連動 中期収支計画　続き

	科目	前年度実績	今期（年度）予想	来期（年度）予想	再来期（年度）予想
原価	原材料・仕入（売上原価）				
	外注費				
	労務費				
	その他製造原価				
	原価計				
粗利合計					
平均粗利率					
販売費および一般管理費	役員報酬（法定福利・福利厚生込）				
	人件費（法定福利・福利厚生込）				
	雑給				
	支払手数料				
	旅費交通費				
	販促広告費				
	消耗品費				
	水道光熱費				
	減価償却費				
	通信費				
	車輌費				
	リース費				
	衛生費				
	雑費				
	その他経費				
	販管費合計				
営業利益					
営業外	営業外支出				
	営業外収益				
経常利益					

クロスSWOT分析の戦略と具体策に該当する仕入または粗利に関する概況・内容（新商材・新規チャネル等で発生する原価や仕入、既存商材の売上ダウンに伴う仕入減、または粗利率の変動も含む）			年度	新たに増減する原価・仕入
既存ビジネスでの原価増減	〈1〉		2024年	
			2025年	
			2026年	
	〈2〉		2024年	
			2025年	
			2026年	
	〈3〉		2024年	
			2025年	
			2026年	
新規売上での原価増減	〈4〉		2024年	
			2025年	
			2026年	
	〈5〉		2024年	
			2025年	
			2026年	
	〈6〉		2024年	
			2025年	
			2026年	

クロス分析の戦略と具体策に該当する経費支出・削減の科目と金額に関する科目の概況と内容（新対策で新たに発生する経費も含む）			年度	新たに増減する経費
既存ビジネスでの経費増減	〈1〉		2024年	
			2025年	
			2026年	
	〈2〉		2024年	
			2025年	
			2026年	
	〈3〉		2024年	
			2025年	
			2026年	
新規売上での経費増減	〈4〉		2024年	
			2025年	
			2026年	
	〈5〉		2024年	
			2025年	
			2026年	
	〈6〉		2024年	
			2025年	
			2026年	

（※ 97 ページより）

⑫仕入・粗利概況 —— 新規売上での原価増減

　新規売上可能性がある商材開発で、その分原価コストが上がる可能性があるものを記載。年毎の概算も記載。

⑬経費支出・削減概況 —— 既存ビジネスでの経費増減

　既存の商品や顧客の売上で今後経費が増減するものを記載。売上は増えないが必要経費が増えるものなどを記載。

⑭経費支出・削減概況 —— 新規売上での経費増減

　新規売上の商材を拡大するための経費、広告宣伝費、指導料、開発関連費用など開発やマーケティングに関連する経費は見ておく。

❷中期収支計画は中期利益を確定するまで、何回も書き直される

　SWOT分析の「積極戦略」から商材対策を収支に反映した。しかし、当初の「積極戦略」に書いた概算を入れても、粗利率や必要経費を入れると、思ったほど営業利益が出ないことが多い。その場合、下記の作業シミュレーションを繰り返し、中期収支を合わせる必要がある。

- 新商材の単価を変えて、粗利率を増やす
- 新商材の販売個数を増やす
- 新商材の単価アップと個数アップで原価がどう変わるかを検討する
- 新商材の単価と個数が増えるなら、販促対策の広告費や経費は増やす
- 原価率を多めに見ているなら、原材料、外注費、工場経費などを少し下げてシミュレーションする
- 販管費の中でなくせるもの、下げられるものがあれば思い切って下げる
- 役員報酬を下げるなら、最後の段階でやる

　このようにシミュレーションを繰り返さないと、簡単には返済原資が捻出できるほど必要利益が出てこない場合も多い。

（6）　中期ビジョンロードマップ（工程表）

　さて、中期収支計画（中期経営計画）がほぼ決まり、収支対策と具体策が連動する表が出来上がる。この段階では、まだまだ概算のイメージでしかない。この仮説を実際に実行し、効果を出すのは具体的な行動が必要だ。しかもその行動とは、しっかりしたプロセスに沿った年度行動予定である。

　融資目当ての事業計画ではなく、実際に売上を上げようとしたら、通常の努力をしながら新たな行動が必要なわけだから、より具体的に決める必要がある。

　しかも、金融機関は「本当にできるんですか？」と疑念を持っているはずだ。その疑念に答えるのは、行動プロセスをより明確化することに他ならない。

❶本当に実行できるか？　行動プロセスが重要

　実際のコンサルティング現場でも「今でも忙しいのに、これ以上この人員体制で新しいことをやるのは困難」だとクレームを言ってくる管理職がいる。

　忙しいのは従来のやり方を変えずに「新しいこと」「新戦略」をやろうとするからなのであるが……。

　収支計画で経費を読むとき、「人件費を使わずにアウトソーシングできるものは、その経費を増やす」方向で検討することが多い。このときに業務の構造改革も一緒に議論するのである。

　「今でも現場は大変なのに、本当にこんな新しいことができるんですか？」

　これはある銀行員が、SWOT分析から導き出した新戦略を説明したクライアント先の経営者に言った言葉である。コロナ前のプロパー融資のために事業計画を立てて説明したときである。

　結果的には融資は問題なく通ったが、中小零細企業で新しいことがそう簡単に実行できるとは誰も思っていない。もしかしたら、当事者の経営者ですら、「本当にできるかな？」と内心不安なはずだ。

　それを払拭するのが「行動プロセス」である。

　行動プロセスとは、新戦略の行動を工程ごとに分解整理し、必要な行動を詳細に決めることである。

　次ページのフレームでは、各戦略を「重要行動プロセス」の工程に分け、それぞれに担当期限を設定している。そして、行動プロセスを俯瞰して、初年度の上半期に実施すべきこと、下半期に実施すべきことなどを記載する。

中期行動計画（ロードマップ）

3か年中期方針および実施戦略（3か年で構築する「商品」「顧客」「マーケティング」「組織」「コスト」）		成果の期限（年月）	2024 年度	
			上半期	下半期
商品	1			
	2			
	3			
顧客	6			
	7			
	8			
マーケティング	11			
	12			
	13			
組織	14			
	15			
	16			
コスト	17			
	18			
	19			

2025 年度		2026 年度		2027 年度	
上半期	下半期	上半期	下半期	上半期	下半期

この行動プロセスも収支計画を見ながら、早く動かないと業績を上げられないなら、初年度に集中させる可能性が高いが、その場合は次のステップのアクションプランで詳細を決めていく。

一般には事業構造を変えるような取り組みが完結するには2年（8四半期）くらいかかるので、その程度のプロセスの推移は見ておきたい。

❷「行動プロセス」をどのようにしてヒアリングするか

前掲の中期ビジョンロードマップを聞き出すには、こちらからヒアリングしながら、時に他社事例のヒントを出しながら、皆でまとめ上げる。

SWOT分析の固有戦略を行動プロセスに落とし込むとき、いきなり実行計画で「何月までに」「何をする」と書き込みたくなる衝動に駆られる。しかし、それでは必ず漏れが出るし、途中で辻褄が合わなくなる。

そこで、そのプロセスを聞き出す質問をし、それをExcelに書き出していく。

- 「これまで商品開発から販売に至るまで、どういう工程で行うか教えてください」と言って、一つずつ聞きながらExcelに書き込む。
- クロスSWOT分析の「積極戦略」で必要行動がある程度書かれているので、それを工程に書き込むだけでもよい。
- 相手が言った行動内容に「そんなことをすぐできるのだろうか？」と疑問に思ったら、多少経験は必要だが、当社の場合「○○するとき、◇◇の準備は必要ないですか？　あるメーカーでは過去そうしたものですから」と言って、ヒントを出す。
- もし、ヒントを出す経験と知識がないなら、「それって、そんなにすぐできるんですか？　事前の準備がないとできないことはありませんか？」とこの質問だけをぶつけてみる。多くの中小零細企業では「この事前準備」が不足しているので、行動が継続しないのだ。

この行動プロセスのロードマップと、収支表での挙績が連動していることが重要だ。

このロードマップの議論結果を見た幹部は、自分で意見を言っておきながら「これじゃ今年はのんびりできないなあ。やることが多すぎて体を壊すよ」と本気とも冗談ともとれるような発言をすることもある。

しかし、通常業務を行いながら、多角化や新戦略を同時並行するとは、そうい

うことである。

ただし、行動の選択と集中、断捨離をしないと持続できないので、意識して優先順位をつけていかないと「最初から無理な行動プロセス」になりかねない。

ここで大事なことは、この行動プロセスによって「これならいけそうだ」と思ってもらうことである。

クロスSWOT分析や収支計画表の段階では、まだ行動の実感が湧かない。しかし、この行動プロセスから、「行動量」や「仕掛け」「段取り」が自然と見えてくるのである。

❸収支計画の右側の具体策をカテゴリー分け

このロードマップには「商品」「顧客」「マーケティング」「組織」「コスト」とある。

中期収支で記載した既存売上対策・新規売上対策の行動、原価対策の行動、経費対策の行動をそれぞれ区分けして掲載する。

そして各年度の上半期、下半期の枠には、行動の段取りやプロセスを書き込む。そして、最終成果期限を後から記載する。

（7）単年度アクションプラン

最後に、中期ロードマップから当該年度の具体的な行動計画を文書化する。ここでのイメージは、ロードマップに書いたことをより具体的してもらうため「○月の○○会議で◇◇を報告」という記載になる。そうすることでモニタリングができる。

❶アクションプランモニタリングの重要性

これまで作成したSWOT分析、中期収支計画、ロードマップは、現在のところ、「絵に描いた餅」だ。これを実際に食べられる餅にしなければならない。それが詳細なアクションプランとモニタリングである。

特に中小零細企業では「チェックして、行動修正しないと動かない」ケースが圧倒的に多い。最初は勢いよく動き出しても、成果がなかなか出ないと途中挫折する経営者が多い。そのためにもモニタリングは欠かせない。

モニタリング用アクションプラン

3か年中期方針および実施戦略（3か年で構築する「商品」「顧客」「マーケティング」「組織」「コスト」）		重要実施項目	責任者・担当	成果の期限（年月）
商品	1			
	2			
	3			
顧客	4			
	5			
	6			
マーケティング	7			
	8			
	9			
組織	10			
	11			
	12			
コスト	13			
	14			
	15			

2024 年度					
4-5 月	6-7 月	8-9 月	10-11 月	12-1 月	2-3 月

❷フレームの書き方

> ①中期ロードマップで書いた初年度を詳しく分解する。
> ②「商品」の枠では、積極戦略で生まれた既存商材改革、新商材などを一番左の「３か年中期方針／実施戦略」に記載する。
> ③ロードマップ初年度の上半期・下半期の行動予定に書かれたものを次表の「重要実施項目」に記載。
> ④「重要実施項目」は３行以上になってもよい。
> ⑤その行動責任者の名前を書き、成果の期限を書く。
> ⑥右側の「4-5月」「6-7月」の欄は「重要実施事項」の詳細行動を該当する月の箇所に書き込む。

このようにしてアクションプランを作成し、モニタリングをしていくのである。

アクションプランのモニタリングが２か月に１回になっているのは、「毎月チェックでは行動が前進しない」ことが多いからだ。

２か月だと間隔が空いているような気がするが、経営者は２か月あれば何らかのアクションをしているはずだし、していないと「誠意がない」「真面目に取り組んでいない」と金融機関からも信頼されないだろう。

それは今後の銀行との関係にも影響するし、社員との信頼関係にも影響するので、しっかり行動してもらわなければならない。

さらに、予定行動を記載して、実施したにもかかわらず状況が変化していくことがある。その場合は、次の２か月の行動内容で修正しておくことが必要になる。

第**5**章

【根拠ある経営計画書】
事　例

事例 ① 飲食店チェーン　　執筆：奥村　啓

（1）　なぜ、SWOT 分析と根拠ある経営計画書を学び
　　　マスターコースを受講したのか

　大学卒業後就職した銀行においては法人・個人に対する融資渉外業務、会計事務所においては税務業務に従事してきた。

　その後、株式会社パズルフードサービスに入社し、経理および社長の右腕として経営全般に携わってきた。代表取締役逝去後の 10 年前に代表取締役に就任した時点では、すでに入社後 10 年を経ていた。それゆえ知識・経験に不安もなく、今から振り返ればまったくの勘違いであるが、何でもできるくらいの全能感に近いものすら抱いていた。

　ところが、就任後はほとんど思うような成果が上がらず、反省することばかりであり、実力不足を痛感する毎日であった。この 10 年で書籍購入数は 1,000 冊を超え、セミナー受講数は 300 回を超えたが、業績向上への糸口を見出すことはできなかった。

　振り返ってみれば、自分の経営スタイルは「機会追求型」であり、傍から見れば、積極的経営をしていると好意的に解釈されることもあった。しかし、それは経営計画に基づいた戦略的意思決定ではなく、場当たり的経営に過ぎなかったことがコロナ禍において露呈し、経営スタイルを変更する必要性を痛感させられた。

　企業経営においてはリスクを背負って創造性を発揮するからこそ利益を得ることができるのであるが、無秩序な思いつきやその場しのぎの対処療法でなく、SWOT 分析というフレームワークによって根拠のある創造性を追求したいと考えた。

　弊社は現在 6 店舗を経営しているが、最初の店舗の開業当時には餃子専門店は珍しかったことから、たびたびテレビ取材を受けることになった。集客面で苦労することがなかった反面、計画的に集客する仕組作りに取り組むことを怠ってきた。

　コロナ禍において、これまでのキャリアの棚卸しをし、自分にできることを再

考した。その結果、コロナ後の環境変化で苦しむ中小企業経営者を支援したいとの思いから、㈱パズルフードサービス社長就任によって延期していた税理士開業を決意した。

　自社の強みを深掘りし、SWOT分析を通じて「根拠ある経営計画書」を作成することにより、自社の経営改善を実行する。この経験は将来クライアントになる企業の発展にも寄与できるものであると確信し、マスターコース申込に至ったのである。

（2）　企業概要

```
株式会社F社
設　　　立：2000年10月
資 本 金：1億円
年　　　商：1億9,000万円（2023年9月）
従業員数：32名（パート・アルバイト含む）
所 在 地：東京都世田谷区
役　　　員：代表取締役　K（57歳）　取締役S（53歳）　取締役F（45歳）
事業内容：飲食店経営（餃子専門店）
```

❶沿革 ── 多店舗展開に失敗

　2001年5月、東京都世田谷区で他社の営業店舗を買収し、翌月より運営開始。当時は珍しかった薄皮餃子専門が注目されて、たびたびメディア取材を受け、「行列のできる餃子専門店」として全国的に認知される店舗となった。

　絞り込んだメニューとコックレスの簡易オペレーションが確立しているため、多店舗展開しやすい店舗モデルであると先代の社長は考えた。その後、本店の近隣に2店舗目を出店したものの、売上は本店には遠く及ばず2年半で閉店した。また、他社による類似店舗の出店が雨後の筍のように出現したがほぼ全滅した。

　店舗型ビジネスは「何を（商品）」「誰に（客層）」「どこで（地域）」やるかの成功要因のうち、「何をどこでやるか」のウエイトが7割を占めていると言われている。自社だけでなく、他社による類似店舗の事例を見れば、「どこで」やっても成功していない。冷静に判断してみれば、本店のビジネスモデルは多店舗モデルではないことが結論づけられたはずであり、重要な成功要因は「何をやるか」を変えることである。

しかし、歴代の店舗統括責任者によれば、販売不振の原因は店長の能力不足にあるとし、本店のビジネスモデルの変更案には反対の立場をとっていた。結局、直近で出店した２店舗についても、筆者が主張した餃子居酒屋への業態転換を受け入れず、既存店舗と変わらないメニューで開店した。その結果、低客単価の割に客数の少ない販売不振店となった。２店舗共に都心の商業ポテンシャルの高い立地であることから、「どこで」の失敗ではないことは明らかである。繁盛店である本店のオペレーションを経験すると、同一モデルの出店に過剰に自信を持ちやすい。いわゆる「成功体験への埋没」の典型例になってしまっていた。

　低客単価でメニュー数が少ない業態は、回転数が生命線になるので立地が難しい。店前通行量が多く坪単価の低い重飲食可能な店舗物件を探すことは、物件情報量の乏しい中小企業には不可能に近い。したがって、現時点では本店モデルの多店舗化は不可能であると結論づけている。

❷ 再度の多店舗出店を目指して

　閉店した店舗は投下貸本の回収率が高い路面店での出店であったが、７年前に商業施設へ出店し、投下資本の回収率は低いが集客は安定しており、客単価増加を目指して商品開発を進めれば、今後の可能性は見込めると考えている。

　幸い商業施設からの出店オファーは続いており、足元の収益状況が改善できれば、積極的に出店できる状況にある。

　現在はＦＣ加盟店舗を含めて６店舗、売上は２億円弱、社員数は８名である。本店以外はメニューを拡大して、利用動機と利用頻度の拡大を狙った店舗作りを進めている。主要課題は幹部社員の育成と商品開発力、業態開発力の強化である。

（3）　SWOT 分析と根拠ある経営計画を実施した背景

　SWOT 分析と根拠ある経営計画を実施した背景は、前述のとおり、これまでは機会追求型によって出店を続けてきたが、コロナ禍で自社のビジネスモデルの脆弱性が露呈したことにある。SWOT 分析の目的は、自社で慣習的に行っている業務の中に潜む経営資源を顕在化することである。

　特に優れた人材も不在であり、特に優れた商品もなく、投下できる資金量も限られている、ないないづくしの中小企業である。当社にあっては「弱み」しか顕在化していない。「強み」などないものと悲観し、ひたすら「機会」のみを追求してきた。

SWOT分析により、機会だけを追いかけるのをやめ、自社の強みを深掘りすることで、「機会」と「強み」のクロスSWOT分析により、どの商品、どの分野が自社にとって勝てる可能性が高いのかを発見したいと考えた。

　経営者である筆者は、日々の業務に忙殺され、目先の戦術対応に終始して1日を終え、1か月を終え、1年を終えているのが実態である。3年後、5年後の目標から逆算して戦略を立案する時間的精神的余裕もない。経営者にとっては戦略策定こそが最重要課題であることは承知しているので、その先送りは精神衛生上も悪影響を受けることは百も承知している。

　社内の会議では、「なぜ」を何度も繰り返す根掘り葉掘り質問による深掘りをしないし、むしろ質問を繰り返すことは責任追及を連想させるのか嫌がられる傾向にある。その結果、組織に摩擦を生じない程度の差し障りのない戦術を横展開することになり、忙しさのみが増し、成果につながらないという悪循環が続いていた。

　前述のとおり、現場の営業スタッフは営業担当の役員を筆頭に、店舗の売上を支えてきた自負心が強く、プロダクトアウト思考から抜け出せていない。自分が店舗にシフト入りすれば来客数は増加し、売上は伸びると考えてしまうのである。

　これらの現場スタッフを納得させるためには、市場全体を考察したうえで自社を分析するマーケットインの思考から結論を導き出すSWOT分析は最適であると考えている。社内でのディスカッションを経ることで、押しつけでなく他の幹部を納得させ、社員の自主性を誘発し、社内の活気につながる経営計画書ができることを期待した。

（4）破局のシナリオ

　コロナ禍は飲食店を巡る環境を大きく変えた。若者のアルコール離れもよく耳にするが、オフィスワーカーも勤務後の外食自粛要請の期間が長かったせいもあり、習慣が変わった。その結果、ディナータイムの引きが早く、客数がもう1回転足りない状況が続いている。過去の経験とは違い、今回の破局のシナリオはリアリティがある。

　マイナスインパクトのみが目につき事業継続ができるのか不安になった。人手不足に伴う人件費高騰、円安による原材料の高騰、電気料金やガス料金の値上げ、コロナは収束したものの生活習慣が変化し、先述の深夜帯の需要回復の兆しが見えないことを含め、数え上げれば枚挙にいとまがない。

　「破局のシナリオ」を目の当たりにして、幹部社員は変化を受け入れざるを得

ないと覚悟したようだった。現実と向き合うのはつらい作業だが、破局のシナリ
オはインパクトがあったようだ。しかし、この破局のシナリオでさえも無策で過
ごすものではない。売上不足をテイクアウトや通販売上で補う努力は織り込み済
みである。

破局のシナリオ　現状努力の延長線上の中期収支予想

（単位：千円）

科目	売上種別	商品または顧客	前年度実績	今期（24年度）予想	来期（25年度）予想	再来期（26年度）予想
売上		店舗売上	159,852	156,000	160,000	165,000
		FC売上	12,891	14,500	14,500	14,500
		卸売上	19,496	20,000	21,000	22,000
		通販売上	3,178	3,600	4,500	6,000
	売上合計		195,417	194,100	200,000	207,500
変動費		原材料・仕入（売上原価）	28,603	30,000	31,000	33,000
		外注費				
		労務費	11,450	11,000	12,000	13,000
		その他製造原価	37,850	40,000	41,000	42,000
		原価計	77,903	81,000	84,000	88,000
	粗利合計		117,514	113,100	116,000	119,500
	平均粗利率		60.1%	58.3%	58.0%	57.6%
固定費		役員報酬（法定福利・福利厚生込）	16,760	12,000	12,000	12,000
		人件費（法定福利・福利厚生込）	51,363	50,000	51,000	52,000
		雑給	2,658	3,000	3,000	3,000
		支払手数料	8,342	8,500	8,500	8,500
		旅費交通費	456	300	300	300
		販促広告費	2,533	2,000	1,500	1,500
		消耗品費	4,944	4,000	4,000	4,000
		水道光熱費	13,092	13,000	13,000	13,000
		減価償却費	9,087	12,000	12,000	12,000
		通信費	1,197	1,200	1,200	1,200
		地代家賃	21,625	21,500	21,500	21,500
		リース料	1,267	1,200	1,000	1,000
		衛生費	4,263	4,000	4,000	4,000
		雑費	395	500	500	500
		その他経費	5,396	5,000	5,000	5,000
	販管費合計		143,378	138,200	138,500	139,500
	営業利益		▲25,864	▲25,100	▲22,500	▲20,000
営業外	営業外支出		3,527	3,500	3,500	3,500
	営業外収益		9,390	15,000	10,000	10,000
	経常利益		▲20,001	▲13,600	▲16,000	▲13,500

そもそも来年度の手元資金が覚束ない状況で大きな投資はできない。筆者は従来のような新規出店なしで売上増を図る必要があることを強調した。そして、これらの論拠により、SWOT分析の必要性が幹部の中で共通認識となった。

売上・原価・経費・利益率等に与えるマイナスインパクトの科目別の根拠（金額、％、数量）			
		種別	内容
売上・粗利関係	〈1〉	本店の売上不振	人手不足もありコロナ前の営業時間に戻せない
	〈2〉	粗利率の低下	店舗売上に占めるテイクアウト比率が上がり粗利率低下
	〈3〉		
	〈4〉		
	〈5〉		
原価関係	〈1〉	原材料の原価率上昇	円安と食料安保、今後とも原材料は高止まりする
	〈2〉	労務費	工場稼働率現状維持しても、最低限のランニングコストはかかる
	〈3〉		
	〈4〉		
その他経費関係	〈1〉	エネルギーコスト	電気代・ガス代は今後も高止まりする
	〈2〉	役員報酬	2名共に最低限度の報酬
	〈3〉	人件費	最低時給は上がり続け総人件費の圧縮は困難
	〈4〉		
	〈5〉		

（5）　現状の業績課題と必要売上

❶数値を逆算して具体的に認識

　コロナ禍で借入金が１億円増加したので、返済原資となる利益を増加させる必要性は感じていたが、目標利益から逆算することで2,900万円弱の売上増加目標が具体的に算出されたことは収穫であった。

　ただ、これを見た現場を預かる幹部に感想を求めてもしばらく沈黙が続いた。前述のとおり、営業時間延長によって売上を回復させる環境にはない。本店の売上がコロナ前に比較して半減したのは、営業時間短縮の影響が大きい。従来のやり方を守る立場の者からすれば、当然の反応であった。

　反対に長年経理にかかわってきた筆者は、この差額概算整理表を作成する過程で、数値を逆算することにより思考が整理されたと感じた。

　すなわち2,900万円の売上不足の構成を考えたときに、必然的に店舗売上の数値を大きくせざるを得なかったのである。それにより、店舗売上の中でもさらにテイクアウト売上の強化にたどり着いた。

❷各店舗の目標値を設定

　必要売上の２億2,400万円も過去に達成していた数値であり、イメージするのは容易であった。創業時借入した１億円を５年間で完済させた経験があるので、増加した借入金１億円の返済に対する不安も少なかった。

　飲食業界を取り巻く環境はこの３年ほどで大きく変化した。とはいえ、目標を細分化して売上と経費の両面から見直しすれば、困難ではあるが不可能な数値ではないと感じた。

　2,900万円の売上増を12か月に分割し、さらに自社運営の３店舗で割る。そうすると各店の月商平均80万円の売上増加が必要となる計算である。売上増加の主要な課題は「テイクアウト売上の強化」と「卸売上の拡大」であると考えた。

必要売上・必要粗利と「破局のシナリオ」との差額概算整理表

（単位：千円）

科目	売上科目	商品または顧客	前年度実績		科目	売上科目	商品または顧客	必要売上	
売上		店舗売上	159,852		売上		店舗売上	185,000	
		FC売上	12,891				FC売上	14,500	
		卸売上	19,496				卸売上	21,000	
		通販売上	3,178				通販売上	3,600	
		売上合計	195,417				売上合計	224,100	必要差額売上
変動費		原材料・仕入（売上原価）	28,603		変動費		原材料・仕入（売上原価）	35,000	28,683
		外注費					外注費		
		労務費	11,450				労務費	12,000	
		その他製造原価	37,850				その他製造原価	40,000	
		原価計	77,903				原価計	87,000	
		粗利合計	117,514				必要粗利合計	137,100	必要差額粗利
		平均粗利率	60.1%				平均粗利率	61.2%	19,586
固定費		役員報酬（法定福利・福利厚生込）	16,760		固定費		役員報酬（法定福利・福利厚生込）	12,000	
		人件費（法定福利・福利厚生込）	51,363				人件費（法定福利・福利厚生込）	50,000	
		雑給	2,658				雑給	3,000	
		支払手数料	8,342				支払手数料	8,500	
		旅費交通費	456				旅費交通費	300	
		販促広告費	2,533				販促広告費	2,000	
		消耗品費	4,944				消耗品費	4,000	
		水道光熱費	13,092				水道光熱費	13,000	
		減価償却費	9,087				減価償却費	12,000	
		通信交通費	1,197				通信交通費	1,200	
		地代家賃	21,625				地代家賃	20,000	
		リース料	1,267				リース料	1,200	
		衛生費	4,263				衛生費	4,000	
		雑費	395				雑費	500	
		その他経費	5,396				その他経費	5,000	
		販管費合計	143,378				販管費合計	136,700	
		営業利益	▲25,864				必要営業利益	400	
営業外		営業外支出	3,527		営業外		営業外支出	3,000	
		営業外収益	9,390				営業外収益	10,000	
		経常利益	▲20,001				必要経常利益（最低の返済から算出）	7,400	

（6）「強み分析」のポイントと検討結果

❶具体的に出てきた「強み」

　役員を中心に各店の店長も含めて意見を3回交換した。初回のSWOT分析では、ほとんど意見が出なかった。そこで、2回目の前にいくつか筆者が穴埋めをして臨んだ。具体的な事例を列挙すると想像力が働きやすいようで、次々と意見が出た。

　主な意見は下記のとおりである。

- LINE登録者数5,000名、通販購入者数2,000名
- 過去にテレビ・雑誌の取材を受け、その度に新規顧客が増えた
- テレビ局のロケ弁当は現場スタッフだけでなく、芸能人からの評価も高い
- 20年以上の顧客の蓄積、YouTube、Instagramの投稿者多い
- 世田谷区エリアの餃子店では圧倒的な認知度がある
- 出店のオファーが多い
- 「〇〇餃子」という屋号

　「過去にテレビ・雑誌の取材を受け、その度に新規顧客が増えた」については、開店当時はまだ少なかった「ごはんによく合う薄皮餃子専門店」であったことから、たびたびメディア取材を受け、そのたびに新規顧客が増えるという好循環を生んでいた。

　ここ10年程はテレビも店舗とのタイアップ企画が増え、取材が減少して徐々に客数の伸びが鈍化した。そこにコロナ禍が追い打ちをかけた。

　対策として「テレビに代わる自社発信の仕組みづくりを進める」としたが、当たり前すぎてないがしろにしていたことを反省させられた。逆に考えれば、重点的に取り組んだ場合は、最も効果性の高い施策となると思われた。

❷出店のオファーは「隠れた強み」だった

　X（旧ツイッター）、Facebook、Line、Instagram、YouTubeは、すべて導入済であるが、人手不足の中で経営陣が現場に入ることを余儀なくされ、そんな状況下でも出店を続けたことから、内部管理が後回しにされてきた。

　SNSもPDCAを回さなければ成果は出ないのは当たり前である。「認知度を高める ➡ 集客する ➡ 売上を上げる」の流れを作らなければ、自然失客により、

売上が下がるのは当然の結果であった。

「出店のオファーが多い」については、都心で重飲食を営業する店舗としては他社と比較しても優位な点となる。「重飲食可」の物件は少なく、かつ20坪以下の小規模物件はコロナ禍で一段と需要が増えた。

したがって、大手デベロッパーから商業施設の物件情報が入る状況は「強み」になる。

「○○餃子という屋号」については、ここ2年くらいM&Aによる資本提携や業務提携の問い合わせは頻繁にあるので、外部から見ればブランディングされた店舗であると認識されているのであろうと考えられる。確かに東京都内で餃子専門店を6店舗営業している会社は少ない。

M&Aについては、他業種からの新規事業参入候補だけでなく、ラーメン店を経営している会社、餃子居酒屋を経営している会社からの問い合わせもあった。他社から見てブランドが確立されていると認識されている証明であるといえる。

以前自社でSWOT分析をした際は、ただの4箇所（強み、弱み、機会、脅威）の穴埋めに過ぎず、各箇所の記載も多くて3つ程度であり、「強み」などないから中小企業なのだと卑下したくなる気持ちを抱いた記憶がある。

しかし、今回のマスターコースでは、カテゴリーごとに穴埋めし、さらにヒントを参考に検討すると意外な答えが導き出された。

この「強み分析」では、特に「技術」「人材」「知識」「ノウハウ」「経験」の強み、外部から見て「お金を出してでも手に入れたいと思われること」「外部から見て、提携、コラボ、相乗りしたいと思われること」とカテゴライズされたことで、思いのほか多くの「強み」が見つかった。

都内で餃子専門店を複数店舗経営していることが「強み」になるのか、商標登録しているとはいえ、屋号すら他社から見れば「強み」になるのか。社内にいると当たり前すぎて空気のように感じてしまうものが無形資産になり、簿外資産になることがわかったのは収穫であった。

単なる会計上の資産負債の明細確認だけでなく、ここまで深掘りして内部資源を掘り起こすと打ち手が見えてきた。

強み（内部要因）の深掘り

強みカテゴリー	強みのヒント	ヒントの答え
●既存顧客、既存チャネルの強み	顧客台帳・リスト数・DM先数・アポがとれる客数	●LINE登録者数5千名・通販購入者数2千名
	常連客、A客の数、ロイヤルカスタマーになった理由	●過去テレビ・雑誌の取材を受け、その度に新規顧客が増えた
	有力な顧客となぜその顧客が生まれたか	●餃子卸先のG社とは雑誌の取材を受けた縁で担当者とつながった
	その他、顧客や販売先自体が強みと言えるもの	●テレビ局のロケ弁当は、現場スタッフだけでなく芸能人からの評価も高い
●既存商品、既存仕入先、取引業者の強み	この取扱商品があることでのプラスの影響	●20年以上の顧客の蓄積、Youtube、Instagramの投稿者が多い
	この仕入先、外注先、取引先があることでのプラスの影響	●G社の取扱による他店とのコラボ効果
	この販売エリア、マーケティングチャネルを持っていることのプラスの影響	●世田谷区エリアの餃子店では圧倒的な認知度がある
	その他、既存商品を持つ強み	●サイドメニュー・唐揚・メンチカツも完成度が評価されている
強みカテゴリー	強みのヒント	ヒントの答え
●技術、人材、知識、ノウハウ、経験の強み	技術、ノウハウの具体的な「強み」で顧客から評価されていること	●薄皮餃子専門店として認知されている
	顧客が評価する技術や知識、経験を持った人材の内容	●出店オファーが多い
	顧客が評価する社内の仕組み、システム、サービス	●代表者に店舗開発の経験とノウハウがある
●設備、機能、資産の強み	他社に比べて優位性を発揮している生産設備、什器備品、不動産	●世田谷に餃子の製造工場がある
	顧客が認める組織機能（メンテ、営業サポート、物流など）	●都内で餃子専門店を6店舗経営している
	その他、持っている資産・経営資源で商売上貢献しているもの	
強みカテゴリー	強みのヒント	ヒントの答え
●外部から見て「お金を出してでも手に入れたい」と思われていること	もしM&Aされるとしたら、買う側はどこに魅力を感じるか	●セントラルキッチンで餃子を成形しているので店舗は料理人不要、オペレーションが確立されており、店舗運営も簡単で異業種による新規参入がしやすい
	買う側が魅力に感じる顧客資産とは	●業歴長く（創業24年目）地元を中心とした固定客に支えられている
	買う側が魅力に感じる商材資産とは	●定番のニラ、にんにく入りと無しの餃子
●外部から見て「提携」「コラボ」「相乗り」したいと思われること	協業を求める他社が魅力を感じる顧客資産、商材、技術資産	
	協業を求める他社が魅力を感じる組織機能資産	●下北沢餃子という屋号

なぜそうなのか、どこ（誰）がそう言うのか	その「強みの原因」をどう横展開・多角化すればよいか
世田谷本店の常連客からの圧倒的支持と度重なるメディア露出によって、全国にファンが広がった	定期的な情報発信により会員型ビジネスへ展開する
低価格の割に美味しい。餃子だけに絞り込んだメニューやコスパが評価され、大人のファーストフードとして地元を中心に常連客が増えた	テレビに代わる自社発信の仕組みづくりを進める
取材担当者がG社に入社し、当社に餃子の納品を依頼した	過去のメディアへ再連絡する
有名タレントによるSNS発信があった	新宿店で注文弁当サイトを導入する
有名Youtuberから撮影依頼があった	自社のホームページにリンクさせ、客数増加を狙う
未だに催事出店や通販カタログ掲載の営業は多い	自社のホームページに事例を紹介し、卸問い合わせ増加を狙う
隣駅で餃子フェスがあった日に来客数が増えた	最寄駅の反対側に新規出店して、ドミナント効果を得る
高評価の書き込みが多い	さらに完成度の高いメニューを開発する
なぜそうなのか、どこ（誰）がそう言うのか	その「強みの原因」をどう横展開・多角化すればよいか
24年前の創業時、薄皮餃子専門店は都内で見かけなかった	中国の餃子との相違、「日本の餃子」であることを強調する
大手デベロッパーからリーシングの問い合わせがある	多店舗展開のための前提条件（出店情報）はクリアしているので、業態強化のみが課題となる
店舗設計会社および内装業者等との情報交換は頻繁に行っている	ROIは低くても成功確率の高い店舗情報は、長期的視点から見て多店舗展開に有利に働く
業者からのヒヤリング	都内にFC加盟店を増やす
世田谷本店からの移動距離は30分程度であり、店舗管理上支障がない	配送ルート上に出店を加速する
なぜそうなのか、どこ（誰）がそう言うのか	その「強みの原因」をどう横展開・多角化すればよいか
餃子専門店を複数店舗経営している会社は少ない	M&Aする側として他社を買収する
M&A案件の問い合わせが多い	ドミナントによる特定地域への集中出店
来店客のほぼ100%が注文する（すべてのお客が必ずいずれかの餃子をオーダーする）	卸先開拓として自社サイトに掲載する
当店の類似屋号の店舗が全国に出店された	他社と提携し、海外展開する

（7）「機会分析」のポイントと検討結果

　続いて機会分析も行われ、「強み」と同様に活発な意見が交わされた。特にフレームにこだわらずに「機会」と「強み」を往復した。主な意見は次のとおりである。
- テレビ局からのロケ弁注文
- 手作り餃子
- 一人暮らしや高齢者の方向けの水餃子専用餃子の需要
- 餃子居酒屋需要
- 屋号を変えた FC モデル展開・工場単体での売上追加
- インバウンド需要と海外出店

　テレビ局からのロケ弁注文については、3年前の電話問い合わせがきっかけとなった。当社の餃子は焼きたてにこだわり、テイクアウトについては注文を受けてから焼いているもののみである。したがって、弁当製造から長時間経過し、冷めた状態で提供することは想定しておらず、当初は現場スタッフではなく筆者がお断りしたのである。
　しかし、冷めた状態でもいいからという先方からの申し出に妥協するかたちで納品したところ、想定外の高評価をいただきリピート注文につながった経緯がある。「予期せぬ成功」だったが、顧客から見た「強み」の典型例であるといえる。

　手作り餃子については、過去に何度も挑戦し定番メニュー化されていない餃子についても可能性があるという意見が出た。現在提供している餃子は1時間に1万個成形できる大型の製造機械で製造しているので、成形の容易さを優先し、具材の成分には制約がある。生産性を犠牲にして特徴のある変わり種餃子を提供すれば当然売上は見込める。

　水餃子専用餃子については、餃子といえば焼餃子が大半であるが、沸騰したお湯で茹でるだけという調理の簡単さをアピールし続ければ見込みはあるという意見であった。

　餃子居酒屋需要については、ここ10年ほど都内でも増え続けており、当社も

その市場に参入すべきであるという意見は全員一致であった。以前は反対意見が多数であっただけに意外であった。前記したとおり、現場スタッフは店内で働いていると餃子専門店としての自負が強くなり、居酒屋とは一線を画したくなるらしい。

　現在はコロナ禍後に入社した社員が中心になり、大繁盛店時代の悪しき固定観念が現場から消え、反対意見はなかった。

　屋号を変えたFCモデル展開・工場単体での売上追加については、加盟店による運営開始後3年が過ぎ、FC本部としての経験も蓄積された。現在の加盟店は縁故者のみであるが、そろそろ一般募集を開始してもいい時期に来ているのではという意見であった。

　当社のビジネスモデルは餃子を大量製造して大量販売する両軸による経営である。したがって、販売先を増やすことが工場の稼働率を上げ、製造原価を下げることになる。

　インバウンド需要と海外出店については、当然に大きな機会になる。本年初旬にオーストラリア出店を検討したことがあるが、予算の目途がつかず断念した。

　インバウンド需要については、都心の中央区および渋谷区の店舗が好影響を受けている。しかし、当社の餃子は外国人客に特に好まれる種類の餃子ではないので改良が必要であるという意見が大半だった。

　顧客（customer）・競合他社（competitor）・自社（company）の3C分析も表面的なものなら社内で実施済みであった。しかし、「強み分析」と同じく、具体的な「深掘りする質問」「聞き出すヒント」など、フレームへの穴埋めを自社内で議論すると、3C分析と結論は同じながら、より詳細で具体的な内容が浮き彫りになった。

機会（外部環境）の深掘り　これから求められるニッチ分野、顧客が費用を払うニーズ

	深掘りする質問	聞き出すヒント	どんな顧客が（どんな特性の顧客が）
1	B、Cランク客の具体的なニーズ	●めったに買いに来ない顧客が求めるニーズ ●日ごろ購入する業者で買わず、少量・臨時の購入で自社に来た理由	●下北沢餃子を知らない顧客
2	予期せぬ成功、新たな可能性	●まさかそんな使い方をしているとは……、そういうアイデアを顧客が持っているとは……　想定していなかったニーズ	●テレビ局のロケ弁注文
3	既存客・新規見込客が使ううえで、いら立っていること（困りごと）	●なぜそこまで時間がかかるのか、なぜそんなに高いのかの不満は何か ●どこも対応してくれないから仕方なく顧客が諦めていること	●焼餃子注文の顧客
4	そこまで要求しないから、もっと低価格のニーズ（そぎ落としの低価格需要）	●必要な機能やスペックはここだけで、他はいらないと顧客が思っていること ●無駄な機能スペック、過剰なサービスを減らしても顧客が喜ぶもの	●低価格の割に肉は国産ブランド豚を使用している
5	おカネを払うから、もっとここまでしてほしいニーズ（高価格帯需要）	●顧客が困っていることに適応するなら高くても買う理由 ●この顧客なら、こんな高スペック・高品質の商品を買うだろう	●手作り餃子
6	こんな商品あったら買いたい、こんな企画ならいけそうというニーズ	●このターゲット顧客なら喜びそうな商品とは ●このターゲット顧客なら、こんなイベントや販促、企画、アフターサービスを求めているだろう	●一人暮らしや高齢者の方
7	他社がやっている企画、商品で真似したいこと	●あの同業者のあの商品の類似品ならいけそうだ ●二番煎じでもいけそうな商品とターゲット顧客	●餃子居酒屋のメニューと店の雰囲気を真似する
8	知り合い（同業者・関係先・仕入先・コンサル・税理士等）から聞いた善意の提案	●直接の顧客以外から聞いた新たな提案 ●新たな気づきの善意の提案は何があるか	●屋号を変えたFCモデル展開・工場単体での売上追加
9	その他、新しいビジネスモデルでの要望	●コロナで生まれた新たなニーズ ●これからの顧客が求める商品やサービスは何か	●インバウンド需要と海外出店

具体的に何があるか	なぜそう思うのか、何が原因か（具体的に）
餃子専門店なのに餃子のメニュー数は少ない。しかし、低価格でコスパはいい	会計後の顧客同士の会話は概ねコスパの話である
作り置きしても一定の需要は見込める。ワゴンに山積みする	各店の近隣ビルの飲食店では店前でワゴン販売をしている
オーダーから焼き上がりまでに時間がかかる（平均10分）	焼台の数に制限があり、ある程度注文をまとめて対応するため
米国産の肉に変えて原価率を下げる	ブランド豚に変更前後で店の評判は変わらないため
現在は一粒20グラムに統一されているが、手作りなら大粒にして価格を上げることは可能	セントラルキッチンの餃子成形機ではなく手作りにすることで成形機の規格以外の形と大きさの餃子を作ることができる
水餃子専用の餃子を開発する	餃子は肉・野菜・炭水化物が一度に摂れる完全食であり、水餃子は茹でるだけ。5分でできるインスタントな健康食である
小規模店舗で餃子居酒屋モデルを出店できる可能性がある	中華居酒屋業態は現在も好調である
当店監修の企画、地域にあった店作り、世田谷本店モデルからの脱却	加盟店側の自由度の高いFCモデルならメニューと価格を地域に合わせて設定できる
都心に宿泊する海外からの旅行客向けのメニュー開発	日本橋店と八重洲口店は外国人利用客の増加が顕著に見られる

（8）固有の「積極戦略」が生まれた背景

　「強み」と「機会」を組み合わせた固有の「積極戦略」としては、次の提案があった。

- 餃子唐揚弁当のワゴン販売
- ニラにんにく無し餃子の具材の卸販売先拡大
- 手作り餃子
- 水餃子専用餃子
- 自家製ラーメン（餃子入りタンタンメン）
- 自社配信

❶売れる商品をさらに売るほうが容易である

　餃子唐揚弁当のワゴン販売は、テレビ局からのロケ弁注文問い合わせを受けたことがきっかけとなった。当社は餃子専門店としてのこだわりから焼餃子の作り置き販売をしていない。したがって、前述したとおりロケ弁として納品すれば冷めてしまうことから、最初はお断りした経緯がある。

　結果としては、予想に反して高評価をいただきリピート注文となった。その後、弁当注文サイトに出店したが、同様の高評価を得た。すなわち「冷めても美味しい餃子」との評価を受けて、今回の販売形態を取り入れることが社内で合意された。

　「強み」の深掘りという意味ではこの戦略が最重要かもしれないと思われた。通常の考え方だと、「餃子唐揚弁当」が一定数売れたら別な商品に横展開してしまいがちである。しかし、「強み」を深掘りしたなら、さらに1日当たりの販売個数を増やすことはできないかと考えるべきなのである。

　売れない商品を売れる商品にするのは難しい。売れる商品をさらに売れる商品にするほうがはるかに容易であることをこの固有戦略を考案中に思い出した。

❷持ち味を生かした新商品開発

　ニラにんにく無し餃子の具材の卸販売先拡大については、以前から変わり種餃子を社内で開発してきた経緯がある。元々のベースの味がしっかりしているので可能である。成形した餃子では、当店の販売価格が基準となり高価格販売が難しい。また、成形前の具の状態であれば、配送・保管も容易である。そこで、HP

の自社サイトの中に卸販売の掲載を計画した。

手作り餃子については、以前開発したものの現在の製法（大型の餃子成形機で人量製造）には乗らないため採用されなかったレシピの再利用が中心となる。

例えば個々の餃子にエビを1尾ずつ入れる餃子は手作りでしかできない。上記の具材販売と関連するが、機械の制約がなければ餃子の種類は豊富にできる。それにより、高単価餃子の販売が可能になり、客単価が上がり、小商圏型の餃子居酒屋出店が可能になると考えた。

水餃子専用餃子の開発および販売については、コロナ禍で増加した餃子の無人販売所で、全国の餃子を比較研究した結果である。

当社の餃子は現在自社製麺であるが、以前は専門業社から仕入れていた。当時は水餃子の評判が高かったことを一人の社員が思い出した。具材の成分は他社と比較しても添加物は微量であり、つなぎの材料は含まれていない。素材の美味しさを味わえる商品であることから、プロモーション次第で販売数を伸ばす可能性がある。

餃子入りタンタンメンの開発については、販売開始以来10年が過ぎ、試行錯誤を続けてきた結果、販売数量も一定量を超えたことから、自社製麺・自社開発をして餃子もラーメンも旨い店として来店頻度を上げる目的で検討した。ランチタイムは回転のいいラーメンで稼ぎ、ディナータイムは餃子とビールで稼ぐ業態を確立したいと考えた。

❸ SNS は早めに着手する

SNS 発信・店頭告知については、「収支への反映概算」で数値化できないため、最後に記載した。しかし、内容としては最優先に取り組むべき課題であろう。客単価ではなく客数で稼ぐ当社のビジネスモデルでは、認知度を高めて集客することが必須である。いわば集客導線の強化は生命線になるのである。

この「自社配信」については、早期に着手すべきだったと反省させられた。コロナで売上が減少したときに店舗数を増やすことで補うのではなく、店舗の客数増加施策に取り組むことを優先すべきであった。損益分岐点を超えた部分の粗利益増加額が店舗利益増加に直結する店舗型の収益構造を考えれば当然であった。

SNS の取り組みより店舗出店を優先すれば、固定費増加を招き、会社全体の利益率を下げてしまう。

「強み」と「機会」の組み合わせによる「積極戦略」

重点商材に関する戦略名	何を（商品サービス名）	どこに（ターゲット、チャネル）	どんな手段（マーケティング）
餃子唐揚弁当ワゴン販売 （組み合わせ　2×A）	八重洲口店で販売している 600 円弁当（2025 年から 750 円にする）	店舗周辺顧客	店前 作り置きワゴン販売
	どう差別化・差異化して	どう作る、どう販売する	主要プロセス
	ニラにんにく無し焼餃子と塩唐揚げの鉄板組み合わせ	来店客への告知、周辺のオフィスへチラシポスティング、SNS 発信	コスパ・ボリューム満足感

重点商材に関する戦略名	何を（商品サービス名）	どこに（ターゲット、チャネル）	どんな手段（マーケティング）
ニラにんにく無しの具材の卸先拡大 （組み合わせ　8×F）	餃子の具材を卸販売	飲食店舗、パン屋	HP、雑誌掲載、ビール会社からの紹介
	どう差別化・差異化して	どう作る、どう販売する	主要プロセス
	具材に食材を追加入して、オリジナル餃子として販売可（価格・規格の制約なし）	HP、業界紙掲載	●仕込時間の短縮化 ●B to B への展開

重点商材に関する戦略名	何を（商品サービス名）	どこに（ターゲット、チャネル）	どんな手段（マーケティング）
手作り餃子ベースの居酒屋出店 （組み合わせ　5,7×B）	餃子居酒屋	店舗周辺住民およびワーカー	新店舗出店時
	どう差別化・差異化して	どう作る、どう販売する	主要プロセス
	作りたて餃子をその場で焼く（高単価餃子の販売）→大粒化、具材追加、たれ多様化	店内で餃子を成形する	日本で一番美味しい焼餃子を提供する居酒屋

重点商材に関する戦略名	何を（商品サービス名）	どこに（ターゲット、チャネル）	どんな手段（マーケティング）
完全栄養食の水餃子専用餃子の開発販売 （組み合わせ　6×A）	冷凍餃子	一人暮らしで料理が面倒、でも健康は気になる方	●既存通販顧客、店頭、SNSで PR ●完全栄養食を PR する SNSで露出
	どう差別化・差異化して	どう作る、どう販売する	主要プロセス
	皮厚め、生姜多め、野菜多め「ヘルシー餃子」のカテゴリーを確立	●小型成形機で半手作り ●通販、既存店舗、餃子居酒屋のメニューで	インスタントな健康食

重点商材に関する戦略名	何を（商品サービス名）	どこに（ターゲット、チャネル）	どんな手段（マーケティング）
自家製餃子入りタンタンメンの開発販売 （組み合わせ　3×D）	●餃子入りタンタンメン	●既存店舗でのメニュー追加 ●激辛好きを取り込む	●グランドメニュー追加
	どう差別化・差異化して	どう作る、どう販売する	主要プロセス
	●餃子専門店の餃子入り激辛タンタンメン ●餃子とタンタンメンが一度に味わえる	自社工場で製麺し全店舗 で販売	●「激辛好き」が好む餃子入り激辛タンタンメンの PR

重点商材に関する戦略名	何を（商品サービス名）	どこに（ターゲット、チャネル）	どんな手段（マーケティング）
自社配信 （組み合わせ　2×B）	SNS 発信、店頭告知	店舗周辺の住民、ワーカー	店頭告知、チラシ、HP、SNS
	どう差別化・差異化して	どう作る、どう販売する	主要プロセス
	SNS 投稿に対して無料券配布	「安さ」と「美味しさ」を訴求	一部芸能人のソウルフード

収支への反映概算		
科目／年度	2024 年	2025 年	2026 年
売上可能性	6,660	8,328	9,160
数量 / 単価	1000 食／月	1000 食／月	1100 食／月
粗利率	50%	50%	50%
経費 / 償却等			
利益効果	3,330	4,164	4,580
KPI（　）			

収支への反映概算		
科目／年度	2024 年	2025 年	2026 年
売上可能性	4,200	6,000	10,000
数量 / 単価	1 件当たり月 5 万円の取引	1 件当たり月 5 万円の取引	1 件当たり月 5 万円の取引
粗利率	50%	50%	50%
経費 / 償却等	広告費 50 万円	広告費 50 万円	広告費 100 万円
利益効果	1,600	2,500	5,000
KPI（　）	パン屋 2 件・飲食店 5 件開拓	卸先 10 件	卸先 20 件

収支への反映概算		
科目／年度	2024 年	2025 年	2026 年
売上可能性			48,000
数量 / 単価			
粗利			12,000
経費 / 償却等			29,800
利益効果			6,200
KPI（　）			

収支への反映概算		
科目／年度	2024 年	2025 年	2026 年
売上可能性	店舗：3,000　通販：4,100（既存 3,600 + 水餃子 500）	店舗：3,600　通販：5,500（既存 4,500 + 水餃子 1,000）	店舗：4,200　通販：8,000（既存 6,000+ 水餃子 2,000）
数量 / 単価			
粗利率	店舗：20%　通販：35%	店舗：20%　通販：35%	店舗：20%　通販：35%
経費 / 償却等	店舗：　　通販：広告費 1,000	店舗：　　通販：広告費 1,000	店舗：　　通販：広告費 1,000
利益効果	店舗：2,400　通販：1,665	店舗：2,880　通販：2,075	店舗：3,360　通販：4,200
KPI（　）			

収支への反映概算		
科目／年度	2024 年	2025 年	2026 年
売上可能性	2,400	3,600	4,800
数量 / 単価			
粗利率	50%	50%	50%
経費 / 償却等			
利益効果	1,200	1,800	2,400
KPI（　）			

(9) 3か年基本方針

❶商品対策

- 「餃子中心のメニュー」➡「餃子＋ラーメンのツートップモデル」とする
- 注文弁当のみ小ロット販売➡「作り置き弁当を含め通販商材等の種類を増やす
- 「創業以来のサイドメニュー3種」➡「低価格居酒屋向けのメニュー」を拡充

売上は「客単価×客数」ではなく、客数をさらに分解して客単価×客数×来店頻度と考えれば、上記の基本方針は演繹的に導き出された。全店の業態転換は予算的にも限界があるが、すでに各店でオリジナルメニューを販売しているし、ラーメンも販売している。ブラッシュアップ提案なので現場からの反論は出なかった。

❷顧客対策

- 世田谷区2店舗・渋谷区1店舗・中央区2店舗、各エリアで3店舗展開し、ドミナント効果を狙う

すでに店舗周辺で一定の認知度があるエリアで新規出店するのは集客面で有効である。店舗管理・配送管理に加え、昨今の人手不足についても、店舗間移動の容易な距離に隣店があると対応しやすい。

❸マーケティング対策

- メディア露出は取材申し込みへの対応のみ➡自社でSNS発信する
- 定番の低価格餃子のみ➡客単価UPを狙い、高価格餃子中心の新業態開発

商品開発と業態開発を外部業者の協力を得ながら進め、年間計画に基づく情報発信を行う予定である。

❹組織対策

- コロナ禍で時短営業し店長不在➡各店に責任者を配置し、エリアマネージャーが統括管理する
- 社内のスタッフで各部門を担当する➡外部業者と連携し各部門を強化する
- スタッフ教育はOJTのみ➡スタッフ教育の計画的実施

営業責任者に、創業以来現場生え抜きスタッフからの抜擢人事を繰り返したことが失敗であった。筆者の育成力のなさの責任を回避するつもりはないが、マニュアルどおりの仕事の経験しかない者を担当ポストに充てるのはミスキャストであった。当社はいまだかつて新卒採用はしていないし、飲食店の管理職経験者の中途採用もしたことがない。「人に仕事を割り当てる」のは組織がうまく機能しないのは過去に経験済みである。仕事に人を充てる「ジョブ型雇用」により組織を機能させたい。

社内に人材がいない現在、無理な抜擢人事をしないで外部にプロフェッショナル人材を求める。協力会社との連携を深め、各分野を一定レベルに引き上げるまでは「作業は社内、仕事は外部」とし、成長を加速させたいと考えた。

❺コスト構造対策

- セントラルキッチンでは主に餃子と唐揚の仕込み➡共通食材を使用したメニュー開発によりセントラルキッチン機能を強化する

セントラルキッチンの機能は毎年内容を増やしている。商品開発および業態開発にはコスト対策としてセントラルキッチンの活用が肝となる。

❻3か年中期経営計画

- 2027年度に年間売上3億円を目指す
- 2027年度にFC10店舗にし、卸販売とのグロス売上で1億円を目指す

2026年度には新店（餃子居酒屋）をオープンする計画である。2026年度目標の年間売上2.8億円も過去に達成した数値であり、実現可能性は高い。2027年度の3億円も決して高い目標値ではないが、社内の体質改善には多少時間がかかる。

❼収支目標

- 2026年度に労働分配率を50％にする

前年度から列挙すると60.2% ➡ 53% ➡ 51.1% ➡ 48.6%となる。

飲食業は労働集約型のビジネスなので、労働分配率の適正化を最重要指標とした。このために必要となるのが、工場稼働率の向上のために卸売上を増やすことと、ＤＸ化により省人化を進めることである。

❽財務改善目標

- 計画1年目で償却前経常利益を黒字化する

- 計画２年目で償却前営業利益を黒字化する
- 計画３年目で営業利益を黒字化する

　計画３年目で前述の差額概算整理表で算出した必要利益が達成できる目標である。３年という期間は無理のない年数である。それゆえに達成はマストである。

３か年　経営改善基本方針

これまでのビジネスモデル		これからのビジネスモデル
●商品 ・主要商品 ・付加価値商品 ・差別化商品等	餃子中心のメニュー	餃子＋ラーメンのツートップモデル
	注文弁当のみ小ロット販売	作り置き弁当を含め通販商材等のバリエーションを増やす
	創業以来のサイドメニュー３種	低価格居酒屋向けのメニューの拡充
●顧客 ・主要顧客 ・主要代理店 ・主要地域等	世田谷区２店舗・新宿区１店舗・中央区２店舗	各エリアで３店舗展開し、ドミナント効果を狙う
●マーケティング ・販促 ・見込客開拓 ・ブランディング等	メディア露出は取材申し込みへの対応のみ	自社でSNS発信する
	創業以来の定番の低価格餃子のみ	客単価アップを狙い、高価格餃子中心の新業態開発
●組織 ・組織構造 ・ビジネス構造等	コロナ禍で時短営業し店長不在	各店に責任者を配置し、エリアマネージャーが統括管理する
	社内のスタッフで各部門を担当する	外部業者と連携し、各部門を立ち上げる
	スタッフ教育はOJTのみ	スタッフ教育の計画的実施
●コスト構造 ・原価（仕入） ・販管費	セントラルキッチンでは主に餃子と唐揚の仕込み	共通食材を使用したメニュー開発により、セントラルキッチン機能を強化する

3か年中期経営方針（実抜計画の目標値）	
中期戦略目標	2026年度に年間売上3億円(自店と通販)を目指す
	2027年度にFC10店舗にし、卸販売とのグロス売上で1億円を目指す
収支目標 （売上・粗利・営業利益）	2026年度に労働分配率を適正化（50%）する
財務改善目標	計画1年目で償却前経常利益を黒字化する
	計画2年目で償却前営業利益を黒字化する
	計画3年目で営業利益を黒字化する
その他	

（10）中期収支計画（138 ～ 141 ページ参照）

❶ 3年目以降黒字を常態化

　今期および来期は、金額は縮小するものの通期では連続赤字と予測、再来期で黒字化させ、以後黒字を常態化させる計画である。

　次表のとおり、左側に売上、原価、経費の予定を記入している。右側にはその根拠となる対策を記載。

　この対策は、クロス SWOT 分析の「積極戦略」から持ってきている。

　また左側の売上、原価、経費そして営業利益はクロス SWOT 分析の「積極戦略」で検討した概算数値を含んで収支に反映した。

　この収支計画を見ると、当初赤字予定が、再来期から新戦略・新規売上対策の導入効果により、それに伴う償却費、出店経費、人件費の増大を見ても、トータルで黒字にできる論拠がわかる。

　また右側の具体策では、クロス SWOT 分析の「積極戦略」では出なかった具体策がここの議論で追加されたものもある。

　左側の収支と右側の具体策の整合性を検討する段階で、新たな対策の必要性も生まれた。

❷ 実現可能性の高い数値目標

　具体的な数値について概観する。

　売上については、「餃子唐揚弁当のワゴン販売」「餃子の具材卸販売」「餃子居酒屋」「水餃子専用餃子」「自家製ラーメン（餃子入りタンタンメン）」の新規売上カテゴリーを追加した。

　「餃子居酒屋」以外のカテゴリーはいずれも原価率50％としており、低粗利率の商品である。平均粗利率も前年度の60.1％から58.1％ ➡ 58％と予測し、再来期において餃子居酒屋出店効果により、60.3％とした。

　その結果、営業利益も前年度△ 25,884 千円 ➡ △ 15,245 千円 ➡ △ 8,906 千円と予測し、再来期において 3,040 千円の営業黒字とした。

　前述の差額概算整理表によれば、売上 224,100 千円で 3,000 千円の営業黒字と算出していた。この中期収支計画では来期の 222,528 千円が近似値となるが、その差異は差額概算整理表では平均粗利率 61.2％に対し 58％に低下したこと、販管費 136,700 千円に対し、138,000 千円と予測したことが要因となった。

この中期収支計画を見た幹部は、勘定科目の中に十分なバッファのある計画書であると理解し、総じて実現可能性の高い数値だと感じたようだった。

筆者からは「無理難題を押し付けた計画ではないだけに各自の着実な実行責任が問われる」と締めくくった。

（11）中期ロードマップ（142〜143ページ参照）

ロードマップでは、今後中期的にどういう行動をすべきか、おおよその青写真の工程を組んだ。

3か年で黒字化が安定するには、新業態やテイクアウト等「今の行動をしながら、新戦略の行動と同時並行」で取り組まねばならない。今でも忙しいのに、さらに忙しくなり、「新たなこと」はついつい後回しになりがちである。

しかし、それでは収支改善はまったく進まず、「破局のシナリオ」になるのは明らかである。

そこで、このロードマップで3か年の行動のイメージを明確にした。

商品については、すべて共通して商品開発協力業者選定から開始する。従来の社内スタッフからの提案ではクオリティを上げることは難しいと結論づけているためである。今期の後半からは一部店舗でテスト導入し、来期から全店導入する計画である。

前述のとおり、既存商品のブラッシュアップ、新商品開発、新業態開発、さらにはSNS発信、スタッフ教育まで外部業者に委託してロードマップに従って進める。

この計画どおり進めることにより、2026年の新店オープン時には新商品開発と新業態開発は完了していると見込んでいる。

社長である筆者の行動量が一番多いが、担当取締役も相応の新行動が追加されることは会議で共通認識できた。

具体策連動 中期収支計画

科目	売上科目	商品または顧客	前年度実績	今期（24年度）予想	来期（25年度）予想	再来期（26年度）予想
売上	既存売上カテゴリー	店舗売上	159,852	156,000	160,000	165,000
		FC売上	12,891	14,500	14,500	14,500
		卸売上	19,496	20,000	21,000	22,000
		通販売上	3,178	3,600	4,500	6,000
	新規売上カテゴリー	餃子唐揚弁当ワゴン販売		6,660	8,328	9,160
		餃子の具材卸販売		4,200	6,000	10,000
		餃子居酒屋				48,000
		水餃子専用餃子		3,500	4,600	6,200
		自家製ラーメン		2,400	3,600	4,800
		売上合計	195,417	210,860	222,528	285,660

（単位：千円）

戦略での概算数値（売上・原価・経費）の整理			
クロス SWOT 分析による戦略と具体策から導き出される売上概況・内容 （新商材・新規チャネル等の売上増や既存商材の売上減等）			新たに増減する売上高
既存売上（限界または下落傾向）	〈1〉	店舗売上は今期より既存店を1店舗FC化するので減少する。翌期以降は販促効果により微増見込み	2024年：▲3,852 2025年：　　148 2026年：　5,148
	〈2〉	FC売上はFC店舗数は変わらないが、新宿店をFC化による転貸収入が増加し今期は微増、翌期以降は変化なしと予測	2024年：　1,609 2025年：　1,609 2026年：　1,609
	〈3〉	卸売上・通販売上は合算で今期途中より自社サイトで卸募集し微増、翌期以降も通販含め販促計画に基づく運営により漸増と予測	2024年：　　926 2025年：　2,826 2026年：　5,326
既存売上の改善対策	〈4〉	YouTubeを中心としてSNS発信し商品紹介・店舗紹介を定期更新する	
	〈5〉	「専門店の薄皮餃子とビールで腹一杯で3,000円ポッキリ」「一部芸能人のソウルフードの薄皮餃子専門店の味、一皿320円から」を広告看板、道路の旗で広告する	
	〈6〉	週1回役員会および役員全員による全店巡回を実施する	
新戦略・新規売上対策	〈7〉	餃子唐揚弁当ワゴン販売	2024年：　6,660 2025年：　8,328 2026年：　9,160
	〈8〉	餃子の具材卸販売	2024年：　4,200 2025年：　6,000 2026年：10,000
	〈9〉	餃子居酒屋	2024年：　　　0 2025年：　　　0 2026年：48,000
	〈10〉	水餃子専用餃子	2024年：　3,500 2025年：　4,600 2026年：　5,200
	〈11〉	自家製ラーメン	2024年：　2,400 2025年：　3,600 2026年：　4,800

具体策連動 中期収支計画　続き

	科目	前年度実績	今期（24年度）予想	来期（25年度）予想	再来期（26年度）予想
原価	原材料・仕入（売上原価）	28,603	37,405	40,434	57,320
	外注費				
	労務費	11,450	11,000	12,000	14,000
	その他製造原価	37,850	40,000	41,000	42,000
	原価計	77,903	88,405	93,434	113,320
	粗利合計	117,514	122,455	129,094	172,340
	平均粗利率	60.1%	58.1%	58.0%	60.3%
販売費および一般管理費	役員報酬（法定福利・福利厚生込）	16,760	12,000	12,000	12,000
	人件費（法定福利・福利厚生込）	51,363	50,000	51,000	68,800
	雑給	2,658	3,000	3,000	3,000
	支払手数料	8,342	8,500	8,500	9,000
	旅費交通費	456	300	300	300
	販促広告費	2,533	3,500	3,000	3,500
	消耗品費	4,944	4,000	4,000	5,200
	水道光熱費	13,092	12,000	12,000	15,000
	減価償却費	9,087	12,000	12,000	14,000
	通信費	1,197	1,200	1,200	1,500
	地代家賃	21,625	21,500	21,500	26,300
	リース料	1,267	1,200	1,000	1,000
	衛生費	4,263	4,000	4,000	5,200
	雑費	395	500	500	500
	その他経費	5,396	4,000	4,000	4,000
	販管費合計	143,378	137,700	138,000	169,300
	営業利益	-25,864	-15,245	-8,906	3,040
営業外	営業外支出	3,527	3,500	3,500	3,500
	営業外収益	9,390	15,000	10,000	10,000
	経常利益	-20,001	-3,745	-2,406	9,540

（単位：千円）

クロスSWOT分析の戦略と具体策に該当する仕入または粗利に関する概況・内容 （新商材・新規チャネル等で発生する原価や仕入、既存商材の売上ダウンに伴う仕入減、または粗利率の変動も含む）			新たに増減する原価・仕入
既存ビジネスでの原価増減	〈1〉	原材料・仕入は年々上昇するものと予測。仕入業者見直しにより原価を抑えるが微増は避けられない	2024年：　1,397 2025年：　2,397 2026年：　4,397
	〈2〉	労務費は製造工程見直しにより売上横ばい予測の今期のみ減少、来期以降は売上増（製造像）と共に漸増すると予測	2024年：▲450 2025年：　550 2026年：　1,550
	〈3〉	その他製造原価の今期増加分は新宿店をFCに転貸し、原価の地代家賃が増額することによるものである。来期以降は他の原価同様に漸増すると予測	2024年：　2,150 2025年：　3,150 2026年：　4,150
新規売上での原価増減	〈4〉	原材料・仕入について、新商品戦略は主にテイクアウト商品のために原価率50％とした。再来期の急増分は居酒屋の原価相当分である	2024年：　7,405 2025年：　9,434 2026年：　24,320
	〈5〉	労務費については、新規売上に伴う原価増は今期と来期は影響なし、再来期は微増と予測した	2024年：　0 2025年：　0 2026年：　1,000
	〈6〉	その他製造原価は労務費と同様、今期と来期は影響なし、再来期も居酒屋出店による影響は受けず増減なしと予測	2024年：　0 2025年：　0 2026年：　0

クロス分析の戦略と具体策に該当する経費支出・削減の科目と金額に関する科目の概況と内容 （新対策で新たに発生する経費も含む）			新たに増減する経費
既存ビジネスでの経費増減	〈1〉	役員報酬については、前年度3名分に対し今期以降は2名であり、3年間据置とした	2024年：▲4,760 2025年：▲4,760 2026年：▲4,760
	〈2〉	人件費については、新宿店をFC化することにより今期および来期は微減、売上増に伴い再来期は微増と予測	2024年：▲1,363 2025年：▲363 2026年：　637
	〈3〉	地代家賃については、今期中に1店舗立ち退き予定のため微減、その後は変わらずと予測	2024年：▲125 2025年：▲125 2026年：▲125
新規売上での経費増減	〈4〉	人件費については、今期および来期は売上増に対応する増加は見込まず、再来期は出店に伴い増加と予測	2024年：　0 2025年：　0 2026年：　16,800
	〈5〉	地代家賃については、再来期出店に伴い増加と予測	2024年：　0 2025年：　0 2026年：　4,800
	〈6〉		

中期行動計画（ロードマップ）

3か年中期方針および実施戦略(3か年で構築する「商品」「顧客」「マーケティング」「組織」「コスト」)			成果の期限（年月）	2024 年度	
				上半期	下半期
商品	1	餃子＋ラーメンのツートップモデル	2025 年 9 月まで	●商品開発協力業者選定	●既存ラーメンの改良または入替
	2	作り置き弁当を含め通販商材等のバリエーションを増やす	2025 年 9 月まで	●商品開発協力業者選定	●日本橋店および八重洲店で先行導入
	3	低価格居酒屋向けのメニューの拡充	2025 年 9 月まで	●商品開発協力業者選定	●日本橋店および八重洲店で先行導入
顧客	4	各エリアで 3 店舗展開し、ドミナント効果を狙う	2029 年 9 月まで		
	5				
	6				
マーケティング	7	自社で SNS 発信する	2024 年 9 月まで	●協力業者選定	●社内担当者による定期的発信
	8	客単価アップを狙い、高価格餃子中心の新業態開発	2025 年 9 月まで	●上記の商品 3 と並行して進める	
	9				
組織	10	各店に責任者を配置し、エリアマネージャーが統括管理する	2026 年 3 月まで	●各店に責任者配置	
	11	外部業者と連携し、各部門を立ち上げる	2026 年 3 月まで	●協力業者選定	●外部業者主導で社内の担当者と各部門を稼働させる
	12	スタッフ教育の計画的実施	2024 年 9 月まで	●協力業者選定	●外部業者協力の下で社内の担当者が実施
コスト	13				
	14				
	15				

2025 年度		2026 年度		2027 年度	
上半期	下半期	上半期	下半期	上半期	下半期
本店を含めた全店導入	定期的に新メニューを投入				
本店を含めた全店導入	定期的に新メニューを投入				
本店を含めた全店導入	定期的に新メニューを投入				
新店舗候補地調査	新店舗契約				
		エリアマネジャーが統括管理			
		社内担当者による自社運営			

（12）単年度アクションプラン（146～147 ページ参照）

これまで作成したクロス SWOT 分析、中期収支計画、ロードマップは、現在のところ、「絵に描いた餅」である。これを実際に食べる餅にしなければならない。

それが詳細なアクションプランとモニタリングである。特に中小零細企業では、チェックして行動修正しないと動かないケースが多い。最初は勢いよく動き出しても、成果がなかなか出ないと途中挫折する経営者が多い。そのためには、モニタリングは欠かせない。

最重要課題である商品開発については、当然、社長である筆者が責任者となる。マーケティングについては担当役員と半々、組織については協力業者の下で担当役員が各部門を立ち上げることにした。各専門業者の協力を得ることにより、遅滞なく進められるものと思う。

（13）SWOT 分析の活用による経営計画とその後の行動

❶ SWOT 分析＆経営計画書作成後の社内の反応

経営計画書作成セミナーは初めてではなかったが、これだけ長期間にわたり社内で議論し、かつ毎月の終日研修を受けたのは初めてであり、内容を十分に吟味する時間もあり、充実した研修であった。

また、コロナ禍で完全に破綻したビジネスモデルを再構築するにあたり、SWOT 分析を通して自社の「強み」が明確になったことで、社内に明るさが取り戻せたと実感している。直近でも社内で新メニューの提案があり、早速試作した結果、高品質な商品が完成した。今までにない流れであり、今後の業績回復のきっかけになると期待している。

❷根拠ある経営計画書の効果

思いつきでなく、根拠を明確にすることで、社内だけでなく銀行や株主に対しても説得力ある経営計画書になったと思う。計画書どおりに経営できることはないのは当然であり、今後修正を求められる状況になるのは必然であるが、「機会追求型」の経営から脱却し、「強み・機会追求型」の経営を進めることで、最も効果性の高い施策を実行できる自信を持つことができた。

「打つ手は無限にある」と考える積極的思考は大切であるが、「打つ手を絞り込

む」のは難しい。中小企業である当社には、手当たり次第に「数撃ちゃ当たる」と実行するだけの時間的・経済的余裕はない。

　正直な話、強み・機会分析では、特に目新しいものや画期的なものは見つからなかった。だが、起死回生の策ではないものの複数の組み合わせによって着実な成果につながるものと確信している。

　SWOT 分析を実施する前は、画期的な施策が生み出されることを内心期待していた。会社を今以上に成長させるには、過去のやり方の繰り返しでは駄目だと単純に思い込んでいた。と言って社内には人材が不足しており、事業再構築補助金を申請して新規事業を立ち上げて一発逆転策を打ち上げることができると夢見ることもなかった。

　ところが、自社の得意分野を見直してみると、そこに大きな宝物が潜んでいることがわかったのである。自社の一番得意な分野に市場があることを忘れてしまうものである。

　今回も SWOT 分析開始時点では「会社の強みは何であるか」の質問には明確に答えられなかった。例えば、嶋田先生からの質問に対し、当社が過去連続してメディアに取り上げられることによって行列のできる店舗になった話をしたところ、「何が魅力で来店されるのか？」「なぜ遠方からわざわざ来店するのか？」「なぜ芸能人が来店するのか？」等の深掘り質問によって、テレビ放映に代わる自社媒体としての SNS 発信の重要性に気づかされた。

　「自社の事業の強みとは何か」「自社は今後何をすべきなのか」など会社内部の強みを分析し、顧客が求める条件に合うように組み合わせることの有効性を確認できた。また、会社の方向性の決定には大きな決断力を必要とするが、経営者として必要な能力といわれる将来構想力、戦略的意思決定能力も SWOT 分析を活用すれば能力不足を補うことが可能であり、悲観することはないとわかった。

　経営者は危機的な状況に置かれると特効薬を求めてしまい、それが結果的に倒産への引き金になってしまうものである。本計画書を作成中に、分割買取の案件破談や株主との意見の相違、協力業者との委託内容の見解の相違等、大きなトラブルが続発していた。業績不振の中で通常なら特効薬を求める心境になるところであった。しかし、足元を見直し、限られた経営資源をどうやって有効に配分すればよいのか、奇をてらわず「強み」を深掘りすることが重要であると気づかされた。このタイミングで SWOT 分析スキル・ノウハウを実地で学べたことは大変有意義であった。

モニタリング用アクションプラン

Uか年中期方針および実施戦略 （3か年で構築する「商品」「顧客」 「マーケティング」「組織」「コスト」）			重要実施項目	責任者・担当	成果の期限 （年月）
商品	1	餃子＋ラーメンのツートップモデル	商品開発協力業者選定	社長	2021 年 3 月
			試食会月 1 回実施	社長	
	2	作り置き弁当を含め通販商材等のバリエーションを増やす	商品開発協力業者選定	社長	2024 年 3 月
			試食会月 1 回実施	社長	
	3	低価格居酒屋向けのメニューの拡充	商品開発協力業者選定	社長	2024 年 3 月
			試食会月 1 回実施	社長	
顧客	4	各エリアで 3 店舗展開し、ドミナント効果を狙う	新店舗候補地調査	担当役員	2025 年 3 月
			新店舗契約	担当役員	2025 年 9 月
	5				
	6				
マーケティング	7	自社で SNS 発信する	協力会社選定	担当役員	2024 年 3 月
			社内担当者による定期的配信	担当役員	
	8	客単価アップを狙い、高価格餃子中心の新業態開発	協力業者選定	社長	2024 年 3 月
			他店調査月 1 回実施	社長	
	9				
組織	10	各店に責任者を配置し、エリアマネージャーが統括管理する	各店に責任者配置	担当役員	2024 年 1 月
			エリアマネージャー選任	社長	2025 年 9 月
	11	外部業者と連携し、各部門を立ち上げる	協力業者選定	担当役員	2024 年 3 月
			社内の担当者選任および各部門稼働開始	担当役員	
	12	スタッフ教育の計画的実施	実施内容の検討／協力業者選定	担当役員	2024 年 1 月
			協力業者の下で社内の担当者が実施	担当役員	
コスト	13				
	14				
	15				

2024年度					
4-5月	6-7月	8-9月	10-11月	12-1月	2-3月

事例 ❷　Webサイト制作業　　執筆：田中健太郎

（1）　SWOT 分析と経営計画書マスターコースを選んだ理由

　筆者はこれまで 4 年間にわたり、さまざまな経営相談、融資や補助金の相談を受けてきた。特に融資や補助金について「補助金が出るからこの事業をやりたい」という事業者の相談が多かった。

- 本当に今、この融資や補助金が必要なのか？
- 何のためにこの融資や補助金が必要なのか？

という明確な根拠がなく行き当たりばったりではないかと思える相談をいただくことが多いことに疑問もあった。その結果、融資や補助金を受けてもその後の成長が見られない事業者もあり、なかには無理をした投資になってしまったがゆえに倒産寸前まで追い込まれてしまった企業もあった。

　これは、融資や補助金の受領後も、継続したサポートを受けるべきと提案していなかった私にも反省すべき点は多い。

　こうしたコンサル経験をふまえ、私はなぜこうした事業者が出てしまうのかと考え、その原因は 3 つあると結論づけた。

- 1 つめに、事業者は自社の 3 年後、5 年後のビジョンを描けていない
- 2 つめに、自社の強みや弱み、あるいは自社のリソースを把握しないまま突き進んでしまっている（そういう経営者は一度突き進むとなかなか止められない）
- 3 つめに、そもそもそれなりの根拠を持った計画がない

　こうした原因をふまえ、私は自分の顧客には将来のビジョンや計画をもって中長期的にサポートしていきたいと考え、「SWOT 分析と根拠ある経営計画書マスターコース」の門を叩くことを決めたのである。

(2) 企業概要

> 株式会社L（以下L社）
>
> 所在地：佐賀県
>
> 業種および取り扱いサービス：Web制作業　主にWebサイト制作および
> 　　　　　　　　　　　　　　ECサイト制作
>
> 売上：5,000万円
>
> 従業員数：役員2名　従業員3名
>
> 経営概要：九州圏内を中心に中小企業に対してWebサイト制作、ECサイ
> 　　　　　ト構築を行っている。

❶業況 ── 売上、利益が安定しない

L社は2016年創業のWeb制作を中心に行う、従業員5名の企業である。ここ最近の売上は5,000万円前後で、粗利率47％、実質の粗利額は2,300万円である。

Web制作の会社にありがちであるが、スポット売上が多く、継続収入である更新費用はなかなかとれず、売上のよいときと悪いときの差が大きいことが経営の課題であった。

経営者からすれば、安定した売上、継続的に固定収入があれば、人件費などの固定費の支払いの心配もなくなり、それ以上に資金繰りも見えることで、精神的にも安定した状態になれる。

しかし、現実は受注次第で一喜一憂することが創業以来続いており、この構造的課題をどうすべきかいつも考えている状況であった。

また、Web制作会社として、他社との差別化やブランディングをしたいと企図しており、それを実現することで価格競争に巻き込まれることなく利益の確保が実現することができると考えていた。とはいえ、どのようにしてブランディングするか、誰に相談すべきか、経営者自身も見えない中で、私の「SWOT分析による根拠ある経営計画書作成」の提案を受け、実施するに至った。

（3） SWOT 分析と根拠ある経営計画を実施した背景

　今回の SWOT 分析と根拠ある経営計画書を実施に踏み切る以前に、I 社長は新型コロナウイルス禍での新規事業として「店舗スペースレンタル事業」に踏み出した（まだ SWOT 分析をする前の段階での意思決定だった）。

　理由として、Web 制作だけでは固定的な収入がないという強迫観念が焦りを生み、市場の予測が曖昧なまま見切り発車となった。

　おりしも、翌年度には「事業再構築補助金」が発表されようとした時期である。私は、I 社長から「店舗レンタルスペース」事業についても相談を受けており、「翌年度になれば新たな補助金が使える可能性もあるのでもう少し待つことはできないか？」と何度か再考を促したが、I 社長は契約の期限があり身動きがとれないことから再構築補助金申請を待たずに新規事業を開始することとなった。

　結果は非常に残念ながら、初期投資と固定費（賃料）だけが上昇し、思うような収入が得られず、この店舗スペースレンタル事業は手放すこととなってしまったのである。幸いにも、その後買い手がついたため、多少の金額は取り戻すことができた。

　しかしながら、I 社長のもともとの願いであった「固定収入の道」はこの新規事業では満たすことはできなかったのである。改めて、本業に戻ることとなった I 社長に対して、私は以下のように提案した。

　「社長、今の実績と強みを活かして、固定収入の何が可能かを一緒に考えませんか？」と持ち掛けると、I 社長からは「これまでスポット取引ばかりやってきたので、継続収入が得られるビジネスモデルは難しいのではないか？」という回答が出てきた。

　そこで筆者は、「SWOT 分析という手法を使えば、今のビジネスモデルでも、新たな固定収入の戦略が見出せるかもしれない」と提案したのである。

　必死で運営してきた新事業を断腸の思いで手放すこととなり、意気消沈する I 社長は、「せっかくならば」と私のこの提案に賛同してくれた。

　実際に SWOT 分析が進んでいくと、I 社長は自社の持っている顧客資源、人的資源がいろいろ再活用できることに気づき、積極的な意見が出てきた。

　しかし、SWOT 分析を進めていく中で、同席していた L 社のメンバーの中には自社の強みとなるスキルや経験をネガティブにとらえ、やや後ろ向きな発言も目立った。（※企業によっては社長より発言権があり、あらゆることに対して否

定的な役員や幹部がいる場合、打ち合わせから外れてもらう決断も必要である）

　私はSWOT分析を提案したとき、その後につながる「経営計画書」の作成についても説明した。SWOT分析だけでなく、それを5か年の収支計画とアクションプランに反映させることで、業績とその根拠に整合性を持たせることの重要性を伝えた。そして、この計画書がそのまま金融機関へ融資依頼するときの「根拠ある証明」になるということを伝えたとき、経営者も腑に落ちたようであった。

　以上のように事前の動機付けや導入に時間を要したが、その後は一気に「SWOT分析と根拠ある経営計画書」の指導が前進した。

（4）　破局のシナリオ （152〜153ページ参照）

　現在の損益計算書をもとに、現状のビジネスモデルのままの2年後、3年後の業績について、今後の受注予測、原価の状況、経費の状況をヒアリングした。

　I社長は「現状のスポット取引のビジネスモデルのまま、今後3年間を想定した場合、売上に関しては競合の増加や廉価かつノーコードで開発できるWebサイト制作ツール、ECサイトツールの普及、また、ChatGPTをはじめとする生成AIの進化により、エンドユーザーでも開発できることが多くなるので、単純なWeb制作業務だけではこれ以上の売上の伸びは難しいだろう」という見解であった。

　また、物価高騰における賃金上昇圧力により、外注費や労務費などの上昇も避けられない状況であり、粗利の減少要因になることが想定された。

　さらに、I社長には「従業員にはそれなりの報酬を提供したい」という想いはあるが、現実問題として、現状のままでは給与の増加は難しい状態が続くとの見方になっている。

　物価高騰に関して、破局のシナリオには反映させていないが、固定費のあらゆる科目にも影響があると考えられ、売上高が変わらない場合、業績悪化はさらに拡大すると懸念される結果となった。

　この結果を見て、I社長はぼそりとつぶやいた。

　「十分努力しているつもりではあるが、現状の努力レベルでは将来赤字になってしまうのか……」

　I社長自身も頭の中でわかっていたことではあるが、改めて具体的な数字に落とし込みを行い、実際に数字の変遷を見たことで、現状のままでは明るい未来を描くことは難しいことは理解していただいた。

破局のシナリオ　現状努力の延長線上の中期収支予想

科目	売上種別	商品または顧客	前年度実績	今期（24年度）予想	来期（25年度）予想	再来期（26年度）予想
売上	HP制作		17,334	20,000	20,000	20,000
	ECサイト制作		25,000	23,000	21,000	20,000
	Webマーケティング		8,000	8,000	10,000	10,000
	売上合計		50,334	51,000	51,000	50,000
変動費	原材料・仕入（売上原価）					
	外注費		12,432	13,260	14,280	15,000
	労務費		14,142	15,000	15,000	16,000
	その他製造原価					
	原価計		26,574	28,260	29,280	31,000
	粗利合計		23,760	22,740	21,720	19,000
	平均粗利率		47.2%	44.6%	42.6%	38.0%
固定費	役員報酬（法定福利・福利厚生込）		5,760	5,760	5,760	5,760
	人件費（法定福利・福利厚生込）		1,120	1,120	1,120	1,120
	広告宣伝費		1,408	1,500	1,800	2,000
	減価償却費		1,166	1,166	1,166	1,166
	賃借料		2	2	2	2
	修繕費		60	60	60	60
	消耗品費		688	688	688	688
	水道光熱費		315	315	315	315
	旅費交通費		839	839	839	839
	支払手数料		320	320	320	320
	租税公課		105	105	105	105
	交際接待費		485	485	485	485
	保険料		207	207	207	207
	通信費		611	611	611	611
	諸会費		360	360	360	360
	車輌費		75	75	75	75
	新聞図書費		24	24	24	24
	研修費		43	43	43	43
	外部委託費		1,935	1,935	1,935	1,935
	荷造運賃		106	106	106	106
	会議費		677	677	677	677
	地代家賃		2,670	2,670	2,670	2,670
	リース料		717	717	717	717
	支払報酬料		1,323	1,323	1,323	1,323
	管理諸費		1,870	1,870	1,870	1,870
	雑費		387	387	387	387
	その他経費					
	販管費合計		23,273	23,365	23,665	23,865
	営業利益		487	▲625	▲1,945	▲4,865
営業外	営業外支出		1,107	1,107	1,107	1,107
	営業外収益		1,981	1,981	1,981	1,981
	経常利益		1,361	249	▲1,071	▲3,991

売上・原価・経費・利益率等に与えるマイナスインパクトの科目別の根拠（金額、％、数量）			
		種別	内容
売上・粗利関係	〈1〉	制作売上	40,000千円〜60,000千円で安定していない
	〈2〉	制作単価	業界としては制作単価は下がる傾向にある
	〈3〉	HP制作	成果が見込める提案がないと今後の増加は厳しい
	〈4〉		
原価関係	〈1〉	外注費	制作外注費の単価は上昇傾向
	〈2〉	労務費	従業員の待遇維持のため、賃金アップによる労務費の上昇は避けられない
	〈3〉		
その他経費関係	〈1〉	広告宣伝費	新規見込客開拓のため、広告宣伝費は増える傾向にある
	〈2〉	交際接待費	顧客開拓のため、接待交際費は維持
	〈3〉		
	〈4〉		
	〈5〉		

(5) 業績課題と必要売上

　必要利益を背景として、借入金の返済額とL社が確保したい現預金から逆算して、売上高を算出した。

　L社は「店舗スペースレンタル事業」を実施した際に、金融機関から大きな資金を借入している。また、I社長からの持ち出しも多く、年間1,000万円近い借入金の返済が必要になっていることと、I社長の「経常利益率15％以上を目指したい」という要望から、必要経常利益額を算出している。

　経費に関しては、I社長とのミーティングの中で、「今後の自社営業体制の構築のための営業人員の確保と新たな開発者の雇用を考えたい」という要望から、営業1名、開発1名の新たな雇用を想定した人件費とした。

　なお、営業に関して補足すると、L社は中小企業にありがちな、社長自身が営業、開発、人事を行っている状況であり、特に営業に関しては見込客の管理からクロージングまですべてを社長1人が担当している。社長からは「紹介からの営業を自分がやるのはかまわないが、新規開拓を任せられる人材を雇用し、自分は経営戦略の検討や人材育成に時間を使いたい」という切実な言葉もあった。したがって、営業人材の増加を想定した人件費を加味した形をとっている。

　さらに、L社の今後の戦略として、お客様に最適なサービスを提供するために、得意分野別の外注先の選定を行い、積極的な外注の活用を考えており、これまで25％程度であった外注比率を30％に高めることとした。

　この結果、新戦略売上で5,000万円の追加売上を実現し、年間1億円の売上という目標を設定した。1億円の売上達成とその後の安定した成長は、L社にとって悲願の目標でもある。

　この差額整理表を見て、I社長は「現状の売上では借入金の返済すら賄えていないということに改めて気づかされた」「自分の報酬をアップさせるにも、やはり売上1億円は必要ということがわかった」と決意を新たにした。

　私は「そのためにもSWOT分析からの積極戦略構築が重要ですよ」という言葉を返し、I社長の覚悟を促した。

　詳細の数値は次ページの必要売上・必要粗利と「破局のシナリオ」との差額概算整理表を参考にしていただきたい。

必要売上・必要粗利と「破局のシナリオ」との差額概算整理表

(単位：千円)

科目	売上科目 商品または顧客	前年度実績	科目	売上科目 商品または顧客	必要売上	
売上	HP 制作	17,334	売上	HP 制作	20,000	
	EC サイト制作	25,000		EC サイト制作	20,000	
	Web マーケティング	8,000		Web マーケティング	10,000	
				新戦略売上	50,000	
	売上合計	50,334		売上合計	100,000	必要差額売上
変動費	原材料・仕入（売上原価）		変動費	原材料・仕入（売上原価）		49,666
	外注費	12,432		外注費（約 30％）	30,000	
	労務費	14,142		労務費	20,000	
	その他製造原価			その他製造原価		
	原価計	26,574		原価計	50,000	
	粗利合計	23,760		必要粗利合計	50,000	必要差額粗利
	平均粗利率	47.2%		平均粗利率	50.0%	26,240
固定費	役員報酬（法定福利・福利厚生込）	5,760	固定費	役員報酬（法定福利・福利厚生込）	8,400	
	人件費（法定福利・福利厚生込）	1,120		人件費（法定福利・福利厚生込）	7,000	
	広告宣伝費	1,408		広告宣伝費	3,600	
	減価償却費	1,166		減価償却費	1,166	
	賃借料	2		賃借料	2	
	修繕費	60		修繕費	60	
	消耗品費	688		消耗品費	688	
	水道光熱費	315		水道光熱費	315	
	旅費交通費	839		旅費交通費	839	
	支払手数料	320		支払手数料	320	
	租税公課	105		租税公課	105	
	交際接待費	485		交際接待費	485	
	保険料	207		保険料	207	
	通信費	611		通信費	611	
	諸会費	360		諸会費	360	
	車輌費	75		車輌費	75	
	新聞図書費	24		新聞図書費	24	
	研修費	43		研修費	43	
	外部委託費	1,935		外部委託費	1,935	
	荷造運賃	106		荷造運賃	106	
	会議費	677		会議費	677	
	地代家賃	2,670		地代家賃	2,670	
	リース料	717		リース料	717	
	支払報酬料	1,323		支払報酬料	1,323	
	管理諸費	1,870		管理諸費	1,870	
	雑費	387		雑費	387	
	販管費合計	23,273		販管費合計	33,985	
	営業利益	487		必要営業利益	16,015	
営業外	営業外支出	1,107	営業外	営業外支出	1,107	
	営業外収益	1,981		営業外収益	1,981	
	経常利益	1,361		必要経常利益（最低の返済から算出）	16,889	
				年間返済額	8,053	

(6) 「強み分析」のポイントと検討結果

「強み」を引き出すうえで注意したいのは、社長や幹部が謙虚であるがゆえに「自社の自画自賛になるのではないか？」という消極的な心理が働き、本来強みである内容を言ってもらえない場合があるということである。

I 社長も自分の業績を自慢するタイプの経営者ではなかったので、私はどの内容を深掘りしていくかに注意を払いながら「強み分析」を行った。

ミーティングを行う中で、まず目についたことは、これまで対応してきた顧客の中ではエステなどを中心とした美容系が比較的多く、全体の 1 割を占めているということである。

L 社に多くの紹介をしてくれている方がエステ業界の方という理由もあるが、I 社長にさらに詳しくヒアリングすると、「Web デザイナーは 2 名とも女性であり、女性経営者が多いエステなどの美容業界では女性デザイナーは共感してもらいやすいのではないか」という話であった。

さらに、女性デザイナーの特性についてヒアリングを重ねると、「1 名のデザイナーは 200 社以上の Web デザインの経験を積み重ねており、もう 1 名は打ち合わせの時点でデザインイメージを作成して、顧客へ具体的なイメージを持ってもらい、完成時のイメージのずれを減らす努力をしている」とのことであった。

❶成功事例に「強み」の要素がある

私は I 社長に、「エステ業界などは個人事業主も多いので、Web 制作単価も上げにくいと思われることから、美容外科や歯科医などサービス自体がやや高単価の業界に進出してはどうか？」と問うた。

I 社長は「その業界はあまり考えてなかった。しかし、顧客の中に Google 検索において上位 5 位以内に入ることができた美容外科の実績があるので、チャレンジする価値はあるかもしれない」という回答を得ることができた。

さらに、そうした実績について他にないかを確認すると、L 社の Web サイト導入後に当初 1 店舗だったエステサロンが開業 2 年ですでに 3 店舗に多店舗展開した事例や、業界は違うが L 社の Web サイト導入と SEO 対策により、問い合わせが倍増した企業などの実例が出てきた。

中でも、L 社の Web サイト導入と SEO 対策を依頼した企業において特筆すべき事例として、以下に詳細を紹介する。

❷ 「強み」は横展開できる

このL社のWebサイト導入とSEO対策を依頼した企業（以下B社）は、冠婚葬祭業である。

L社への依頼を行う前は、毎月100万円近い多額の広告宣伝費を計上しており、経費を圧迫している状況であった。しかし、L社へSEO対策を含めたWebサイト制作を依頼した結果、毎月の広告宣伝費を30万円まで減額できることができ、問い合わせ自体も倍増したという話であった。

私は「この実績はもっとアピールすべきではないか」とI社長に質問したが、I社長は「冠婚葬祭業にアピールしたが、反応がよくなかった」という返答であり、あまり積極的ではなかった。

改めて、私からの意見として「同業界である必要はなく、御社が問い合わせを倍増させた実績としてアピールすべきではないか」と話をし、I社長からの納得を引き出すことができた。

これらの実績から、SEO対策を中心としたWebマーケティングの受注を得られたら、L社は成果をしっかり顧客に提供できる企業であることが見えてきたのである。

❸ 埋もれている「強み」を活用する

次に、Webマーケティングをクライアントに認知してもらうために活動できる内容について、I社長へヒアリングを続けた。

その結果、L社はSEOを分析するツールを保有しており、通常月額7万円以上のツールであるが3万円で利用させてもらっているという話であった。

私は実際に画面を見せてもらったうえで、「このツールをお客様に提案しないのか」と質問したが、I社長は「使っていない」ということであった。

このツールを有効活用しないのはもったいないのではないかと考え、私は新たな戦略の1つに加えることを提案した。

L社においてさまざまな強みをヒアリングすることができたが、継続した売上の実現のための下地はすでにできており、あとは顧客の認知を得るためのフロントエンド商材まで整理することである。

次ページの表は、L社の「強み（内部要因）の発掘」を実施した詳細内容をまとめたものである。

強み（内部要因）の深掘り

強みカテゴリー	強みのヒント	ヒントの答え
既存顧客、既存チャネルの強み	顧客台帳・リスト数・DM先数・アポがとれる客数	● 既存契約（保守契約）80件　6千円～1万円　月額60万円の売上になっている ● 累計顧客数400社弱 ● 見込客　問い合わせ月に4～8件程度
	常連客、A客の数、ロイヤルカスタマーになった理由	
	有力な顧客となぜその顧客が生まれたか	● エステ業（A社） ● 葬儀業（B社）
	その他、顧客や販売先自体が強みと言えるもの	● 紹介営業としての強み ● サポート契約の解約率が低いことが強み
既存商品、既存仕入先、取引業者の強み	この取扱商品があることでのプラスの影響	● HP制作＋SEOコンサルティング ● ECサイト構築
	この仕入先、外注先、取引先があることでのプラスの影響	● K社長のWeb制作会社 ● G社ECサイト構築の特別パートナー
	この販売エリア、マーケティングチャネルを持っていることのプラスの影響	● 広告 ● HPからの流入　3～4件の問い合わせだが、単価が100万以上の案件が多い。全部で5件以上
	その他、既存商品を持つ強み	
強みカテゴリー	強みのヒント	ヒントの答え
技術、人材、知識、ノウハウ、経験の強み	技術、ノウハウの具体的な「強み」で顧客から評価されていること	● 営業力 対面　8～9割受注 オンライン　2割～3割 ● 制作力
	顧客が評価する技術や知識、経験を持った人材の内容	● O氏　Webディレクター ● S氏　Webデザイナー ● A氏　Webデザイナー ● K氏　Webプログラマー
	顧客が評価する社内の仕組み、システム、サービス	● Web制作（ホームページ、ECサイト） ⇒プランが豊富PKG、オリジナルもあり ・コーディングが早い ・ヒアリングが丁寧であり、完成後のクレーム率は1％以下 ・品質も非常に高い
外部から見て「お金を出してでも手に入れたい」と思われていること	もしM&Aされるとしたら、買う側はどこに魅力を感じるか	● フルリモートできる会社 ● 人的資産
	買う側が魅力に感じる顧客資産とは	● 稼働している150件　保守60万円/月 ● B to B　企業情報の保有
	買う側が魅力に感じる商材資産とは	● SEOのノウハウ⇒集客力を向上させる実績 ● SEO分析ツール

なぜそうなのか、どこ（誰）がそう言うのか	その「強みの原因」をどう横展開・多角化すればよいか
・保守に関しては契約数は開業時より増加している ・これまでの顧客は紹介案件が7割程度 ・見込客はWeb広告媒体から週に2〜3件	・保守契約のお客様に新たなサービス提供をして、保守単価自体を上げる ・これまで累計400社の顧客にリプレース提案
・A社は当社のデザイン性の高さを評価するとともに、実際に店舗数拡大に貢献していることで、当社の有力顧客となった ・B社はSEO対策などを行い問い合わせが倍増したことで、後に有力顧客となった	・エステ業（A社）：デザイン性の高さを活かして、女性をターゲットにしたビジネスを展開する ・葬儀業（B社）：SEO対策など問い合わせを意識したマーケティングを行いたい企業
・紹介者K社長（エステ関連）：自身がエステの開業支援講師を行っており、人脈が非常に広い ・また、美容系の顧客が全体の1割を占めている ・サポート契約（80件）の顧客からの申し出が少ない	・エステ業や美容系を中心に展開できる可能性がある ・サポート契約をしていない顧客に対して、サポート契約の積極的な提案
・HP制作とSEOコンサルティングの組み合わせにより、シェアオフィスの定額契約が満室という事例があること ・チラシや他の媒体などの広告費として毎月100万円の費用をかけていた企業に月額30万円でSEO対策を実施し、問い合わせを倍増させた。経費を70%ダウンさせることに成功したこと	・広告コストを削減しながらも問い合わせを倍増できる
・ノンコア業務、Web制作における難易度の低い作業を低単価で依頼できる特別パートナーであることでG社が行う広告宣伝が50%OFFとなる	・K社長のWeb制作会社を活用し、単純作業の外注化による社内工数の削減を図る
・広告　週2〜3件問い合わせ　発注ナビ、比較ビズ ・HPをシンプルなものに更新し、情報を単純化したことで流入が増えた。 ＋金額をきちんと入れたことが顧客獲得につながった	
なぜそうなのか、どこ（誰）がそう言うのか	その「強みの原因」をどう横展開・多角化すればよいか
・制作会社、マーケティングの話もできる ・自社の価格が高いとしても優位性がある ・たたき台としてデザインイメージを見せることでお客様は出来上がりのイメージを持ちやすいことが評価されている ・高級エステ等ブランディングデザインができる ・さらに高級な美容外科にも通用する	・「御社にお願いしたい」というケースが多い ・HP　80〜100万円　他社は40万円くらい（地場企業） ・SEOのノウハウにより金額差がある
・O氏：ディレクション、社内の内部調整、社長の右腕 ・社内の課題解決、問題解決スキルが高い ・ディレクション力が高く、完成後のクレームがない ・S氏：デザイン、ディレクション、SEOノウハウ ⇒イラストデザインに長けている、タイピングが早い。50件以上のデザインを担当 ・打ち合わせ時点でデザインイメージを作成し、顧客へWebデザインの具体的イメージを持たせ、安心感を与える ・A氏：デザイン、デザイン学校卒、模写（得意、早い） ・当社の200件以上のデザインを担当した実績豊富なデザイナー ・K氏：プログラミング ・入社3年で初心者からプログラマーへ、学習意欲が高く、習熟度も非常に早い ・デザインに関するクレームはない。大幅修正がない ・ディレクションで固めるので、デザインもクレームがない	・顧客の要求にスピーディーに対応 ・デザイナーはいずれも女性であり、女性社長やデザインイメージが高く評価される業界への進出が考えられる
・以前のホームページを担当している会社と比較して丁寧だという声をいただいた	
・購入後の投資（事務所の契約などがいらない） ・年間50件程度のHPの新規構築ができる人的資産を保有	
・SEOツール　6〜7万円の商品を3万円程度で使用できている	・SEOのサービス ・SEOの効果を実感してもらうためのSEO分析ツールの活用

(7) 「機会分析」のポイントと検討結果

　L社にはどのような「機会」があるのか？　その点についてヒアリングを行った。

　「機会」のヒアリングは、通常のSWOT分析では世の中の状況などマクロ的な視点で検討することが多いが、このSWOT分析による経営改善計画書においては顧客の要望や不満などニーズを基本としたヒアリングが中心となる。

　このヒアリングから特筆すべき点をいくつか挙げる。

❶「顧客が困っていること」が何かを知る

　まず、「既存客・新規見込客が使ううえでいらだっていること（困りごと）」が問うべきニーズである。これは顧客がどこも対応してくれないから諦めていることを指しており、直接的なニーズである。

　Web制作業に共通する事項だと思われるが、例えば、Webサイトは制作したものの効果がわかりづらいという点がある。

　実際に多くの顧客がWeb制作業者へ依頼し、Webサイトは制作してもらったものの、特に顧客が増えるどころか、問い合わせすら増加していないという状況になることが多々見受けられる。

　I社長いわく「この要因として、Web制作業者側も成果が出るように顧客に協力していない点があり、導入した顧客も新着情報、ブログなど情報を更新していない」ということであった。

　（ちなみに、私自身もWebサイトは持っているものの更新頻度が少ないため、わけのわからない業者からの問い合わせしか来ないという経験があるので、まったく同感である。）

　この問題に関しては、制作して終わりというビジネスは減らしていくべきであり、成果に着目した（お客様が喜んでくれる）ビジネスを行うべきという結論になる。

❷高価格帯ニーズをどう引き出すか

　2つめは「おカネは払うからもっとここまでしてほしい（高価格需要）」というニーズに関するヒアリングである。

　このポイントでなかなか出てこなかったのは、「どんな顧客が」そのニーズを

求めているかという点である。Ｌ社の顧客は中小企業や個人事業主も多く、実際に高単価の顧客が多くないため、そもそも高価格需要のお客様とはどのような顧客なのかがすんなり出てこなかったのである。

そこで、私から「強みで出てきた業界は高単価でも顧客になる可能性はあるのではなかったですか？」と質問し、「歯医者や美容外科」という回答を引き出すことができた。

そこまで出ると、あとはＩ社長から、

「お客様から美容外科や歯科医などの業界は、お客様への施術対応を中心に本業に時間がとられてしまうため、Ｗｅｂサイトからの情報提供やブログの更新などの集客に効果がありそうな活動がどうしても二の次になってしまう」

と言われたことがあったそうである。

そうした業界への具体策として、Ｌ社の持つＳＥＯ対策を中心としたＷｅｂマーケティングのノウハウが役に立つと考えられる。

また、日々の情報更新を代行するには人手が足りないので、その部分の実現が難しいと難色を示していたＩ社長であるが、私が「ChatGPTをはじめとした生成AIを使えないか」と提案したところ、「それであれば人手を増やさずに対応できるかもしれない」との回答であった。

❸ 「顧客が喜ぶ商品・サービス」とは何か

３つめは「こんな商品があったら買いたい」「こんな企画ならいけそうというニーズ」に関するヒアリングにおいては、前項の高価格帯需要のニーズからＩ社長自ら提案があり、「集客を丸投げできるようなサービス」が実現できたら顧客は喜んで契約してくれるのではないかという結論に至った。

「機会分析」に関しては、当初Ｉ社長から「動画を活用できないか？」「採用サイトでの提案ができないか？」「高価格戦略で中堅・大企業に提案ができないか？」などの意見や、私のほうからも「中途採用の従業員のスキル（元人事部門出身）」のノウハウを活かした「採用サイトと新人研修」をセットにしたサービスを提供できないかなど、いろんな意見が出ては二転三転することも多く、取りまとめることが非常に難しいものであった。

次ページの詳細内容を参考にしていただきたい。この表は、Ｌ社の「これから求められるニッチ分野」や「お客が費用を払うニーズ」などのヒアリング内容の詳細をまとめたものである。

機会（外部環境）の深掘り　これから求められるニッチ分野、顧客が費用を払うニーズ

	深掘りする質問	聞き出すヒント	どんな顧客が（どんな特性の顧客が）
1	B、Cランク客の具体的なニーズ	●めったに買いに来ない顧客が求めるニーズ ●日ごろ購入する業者で買わず、少量・臨時の購入で自社に来た理由	●価格の安いHPを求める顧客が多い
2	予期せぬ成功、新たな可能性	●まさかそんな使い方をしているとは……、そういうアイデアを顧客が持っているとは……　想定していなかったニーズ	
3	既存客・新規見込客が使ううえで、いら立っていること（困りごと）	●なぜそこまで時間がかかるのか、なぜそんなに高いのかの不満は何か ●どこも対応してくれないから仕方なく顧客が諦めていること	●Webサイト制作をした結果、本当に効果があったかどうかがわかりにくい
4	そこまで要求しないから、もっと低価格のニーズ（そぎ落としの低価格需要）	●必要な機能やスペックはここだけで、他はいらないと顧客が思っていること ●無駄な機能スペック、過剰なサービスを減らしても顧客が喜ぶもの	●複雑なサイト、大量のページは必要がない顧客 ●まずは自社サイトを持っておきたいという顧客
5	おカネを払うから、もっとここまでしてほしいニーズ（高価格帯需要）	●顧客が困っていることに適応するなら高くても買う理由 ●この顧客なら、こんな高スペック・高品質の商品を買うだろう	●歯医者、美容外科など、高単価ビジネスで営業活動などに時間を割くのが難しい業種 ●頻繁に情報更新をしたいブログやメルマガなど
6	こんな商品あったら買いたい、こんな企画ならいけそうというニーズ	●このターゲット顧客なら喜びそうな商品とは ●このターゲット顧客なら、こんなイベントや販促、企画、アフターサービスを求めているだろう	●歯科医、美容外科など、ビジュアルに意識の高い業界 ●Webサイトのアクセスなどから集客が多い業界
7	他社がやっている企画、商品で真似したいこと	●あの同業者のあの商品の類似品ならいけそうだ ●二番煎じでもいけそうな商品とターゲット顧客	●LPのA/Bテストをしてコンバージョンアップをしていくサービス ●ブログなどの文章作成代行
8	知り合い（同業者・関係先・仕入先・コンサル・税理士等）から聞いた善意の提案	●直接の顧客以外から聞いた新たな提案 ●新たな気づきの善意の提案は何があるか	
9	その他、新しいビジネスモデルでの要望	●コロナで生まれた新たなニーズ ●これからの顧客が求める商品やサービスは何か	

具体的に何があるか	なぜそう思うのか、何が原因か（具体的に）
競合は 40 万〜 50 万に対し、当社は 80 万〜 100 万	付加価値のある提案をしているので、価格は高額となる。付加価値は SEO を意識した提案である マーケティングの必要性を考えていない人 逆にマーケティングに詳しすぎる人は顧客対象になりにくい
Web サイト構築後の顧客に対し、SEO 対策などの新たなサービスの提案	Web サイトの効果を明確に出すため、作って終わりではなく、継続的に効果を出すための対応
簡易的なサイト構築のサービス	月々の支払いや安価なサービスで提供することで、コストを抑えた Web サイトの提供ができる
SEO 対策を意識した Web 制作 ビジュアルの良さ 実績 ChatGPT を活用したライティング	医療脱毛の卸店（福岡）　脱毛で何も特別にしていないが 10 位以内にいる実績がある HP の改善策を提示し、集客を高めることができるようにする ChatGPT などを活用した生成 AI の能力を活用した情報発信の支援
集客をほとんど任せても安心できるサービス	本業の作業（施術など）に集中したいがために広告に頼ることが多いが、広告もビジュアルが非常に重要である
A/B テストをしてコンバージョンアップをしていくサービス（人数 10 人以上のところなどはやっている） ChatGPT を活用した文章作成の半自動化	お客様の顧客を増やしたい ブログ作成代行などは可能だが、人的資源が足りないので実行に移せない

これまでの SWOT 分析により、3つの新戦略を考えることができた。以下はその戦略の内容である。

❶ HP 改善診断サービス

新規顧客戦略として、「HP 改善診断サービス」の提供を立案した。これは、「強み」に記載した SEO 解析ツールを使用し、「機会」に記載していた Web サイト制作をした結果、本当に効果が出ているかを確認するためのサービス提供である。

L 社の Web サイトから申し込みを受け付け、SEO ツールによる解析を行い、閲覧数や成約率を上げるための対策を簡易的にアドバイスする。2回目以降継続してアドバイスを受けたい場合は、継続契約を行い、毎月診断を行うものとなる。

このサービスはあくまでL 社とお客様との顧客接点・見込客作りの一環であり、L 社の売上・粗利の改善には大きくは貢献しないものと考えている。

当初、このサービスについてI 社長は大きな難色を示した。というのも、私からの提案としてひとまず「100 件やりましょう！」という話をしていたからである。

I 社長は「人もいないし、時間がかかるだけではないか」という意見であったが、このサービスを提供することは、既存顧客のフォローツールとして使えること、主にどのポイントがサイト改善につながりやすいのか経験値が積めること、そして何より、以後のサービス販売につなげられることを話し、I 社長から理解を得ることができた。

I 社長からは「ひとまず 2024 年内で 100 件の解析を目標に頑張ります！」という心強い言葉を聞くことができた。

❷「Web マーケティング改善伴走プラン」の概要と業績見込み

既存商品売上・粗利の改善策として、「Web マーケティング改善伴走プラン」を立案した。

これは、累計 400 社に及ぶ既存顧客を中心に、実績のある SEO 対策による Web マーケティング提案を行い、これまで月額で 5,000 ～ 8,000 円程度であったサポート費用を月額 20,000 ～ 50,000 円にし、「機会」において、Web サイトを制作しても成果が実感できていないという困りごとを持つ顧客への提案を実施す

るという戦略である。

このサービスは「HP改善診断サービス」と連携して提供するサービスとなる。

このサービスの提供による業績予想として、3年後には累計50件の契約件数となり、売上にして18,000千円、粗利益にして12,600千円の業績を見込んでいる。

❸「集客丸投げサービス」の概要と業績見込み

今回のL社の目玉ともいえる取組みが「集客丸投げサービス」である。これは複数の「強み」と「機会」を組み合わせて構築を行った。このサービスを考えた際の一番の課題は、人的資源の不足であった。

このサービスはSEO対策を行うだけでなく、ブログやSNSの文章作成などを行い、情報更新の頻度を上げることでGoogle検索の上位を目指していくサービスであり、毎日、複数のブログやSNSへの情報更新が必要となる。そのため、L社の人的資源では対応できないと考えていた。

しかし、I社長とのミーティングにおいて、L社の「脅威」に挙がっていた生成AIを積極的に活用することで、むしろ「脅威」ではなく、「機会」になるのではないかとI社長に意見を行った。

この意見に対して、I社長は「その考えを忘れていた」という気づきを得ることができ、当初の「機会分析」にはなかったChatGPTの活用というキーワードを新たに「機会」の中に加えることで、どのように差別化を実現できるようになるかの検討が加えられた。

この結果、人的資源を無駄に使うこともなく、また、無理に雇用を増やさずに「集客丸投げサービス」を実現できる状況を作り上げることができ、I社長からも「これなら実現できる可能性がある」との言葉を得られた。

以下のL社の「クロスSWOT分析積極戦略」の詳細内容を参考にしていただきたい。

「強み」と「機会」の組み合わせによる「積極戦略」

	既存商材に関する戦略名	何を（商品サービス名）	どこに（ターゲット、チャネル）	どんな手段（マーケティング）
新規顧客戦略での売上・粗利の改善	HP改善診断 （組み合わせ　E×3）	● SEO分析ツールを利用したHP改善診断提案	● 指定なし	● HP ● LP ● 広告
		どう差別化・差異化して	どう作る、どう販売する	主要プロセス
		●「脱毛　福岡」というキーワードで検索5位以内になった実績	● HP等から無料診断の申し込みをうけアポをとり、30分程度の分析結果報告　継続希望であれば毎月5,000円程度で診断を契約。 ● 内容次第ではの集客丸投げサービスへ	● メニュー作り ● LP作り ● 顧客の声の収集（顔出し、名前だし）
既存商品での売上・粗利の改善	Webマーケティング改善伴走プラン （組み合わせ　A×3）	● 保守費用の単価アップ ● Webマーケティングをプラスする ● 改善伴走プラン	● 新規顧客 ● 既存顧客	● HP改修 ● サービス紹介資料作成中 ● 既存顧客に上位プランとして案内⇒メール案内　60社 ● SEO分析ツール診断を併用
		どう差別化・差異化して	どう作る、どう販売する	主要プロセス
		● 5,000円〜8,000円/月額⇒20,000円〜50,000円/月額	● サーバー保守と更新代行 ● SEO分析ツールと組み合わせ ● 更新内容は月の時間で契約	● 100件の無料診断からの取り込み ● ユーザー400社からの取り込み ● 新規客には「改善伴走プラン」をPR
新商材での売上・粗利の改善	●集客丸投げサービス （組み合わせ　A,C×5,6,7）	● サイト×SEOコンサル ● ECサイトコンサルティング ● コピーライティングとブログ代行業	● 美容業界、美容外科 ● 歯医者 ● 既存顧客（ライフサポート） ● 新規顧客開拓 ● デザインを重視してくれる顧客	● 簡易Web診断（無料）　100本ノック　⇒本を書く ● Web幹事（媒体） ● ChatGPTでブログ量産 ● HP ● LP
		どう差別化・差異化して	どう作る、どう販売する	主要プロセス
		● SEOコンサル力　ランキング10位⇒1位になった実績あるデザイン力 ● ユーザー体験 ● 美容医療のお客様のFC展開支援実績 ● 簡易Web診断 ● デザイン力	● オンライン〜直接契約 ● SEOノウハウを活かしたコンサルティングによるSEO上位化 ● ChatGPTでのコピーライティングおよびブログ作成	● 簡易Web診断　100本ノック（Insta配信） ● LP ● リスト作り、会員制度の広告

収支への反映概算

科目／年度	2024年	2025年	2026年
売上可能性	150	900	2,100
数量／単価	5千円×5件×6か月＝150	2024年契約の既存客 5千円×5件×12か月＝300 2025年契約の新客 5千円×10件×12か月＝600	2024年契約の継続客 5千円×5件×12か月＝300 2025年契約の継続客 5千円×10件×12か月＝600 2026年新規契約客 5万×20件×12か月＝1,200
原価／粗利率	労務費30千円　粗利率80%	労務費180千円　粗利率80%	労務費420千円　粗利率80%
経費／償却等			
利益効果	120	720	1,680
KPI（件数）	歯医者、美容外科、整形外科 30〜40件（無償） 上記以外60件（無償） 合計100件の無料診断から5件の契約	10件の契約 ※「集客丸投げサービス」への誘導	20件の契約 ※「集客丸投げサービス」への誘導

収支への反映概算

科目／年度	2024年	2025年	2026年
売上可能性	3,600	10,800	18,000
数量／単価	30千円×10件×12か月＝年間3,600	①30千円×20件×12か月＝年間7,200 ②2024年からの継続客　年間3,600 ①＋②＝10,800千円	①30千円×20件×12か月＝年間7,200 ②2025年からの継続客　年間7,200 ③2024年からの継続客　年間3,600 ①＋②＋③＝18,000
原価／粗利率	労務費1,080千円　粗利率70%	労務費3,240千円　粗利率70%	労務費5,400千円　粗利率70%
経費／償却等			
利益効果	2,520	7,560	12,600
KPI（件数）	契約件数　10件 内訳　既存顧客から6件 　　　新規顧客から4件	契約件数　20件 内訳　既存顧客から7件 　　　新規顧客から13件	契約件数　20件 内訳　既存顧客から10件 　　　新規顧客から10件

収支への反映概算

科目／年度	2024年	2025年	2026年
売上可能性	6,600	22,500	38,400
数量／単価	初期費用 ①1,500千円×2件＝3,000 ランニング費用 ②300千円／月×2件×6月＝3,600 ①＋②＝6,600	①2024年からの継続客7,200 ②2025年新規客初期費用 　1,500千円×3件＝4,500 ③300千円／月×3件×12か月 10,800 ①＋②＋③＝22,500	①2024年からの継続客　7,200 ②2025年からの継続客　10,800 ③2026年新規客　初期費用 　1,500千円×4件＝6,000 ④300千円／月×4件×12か月＝14,400 ①＋②＋③＋④＝38,400
原価／粗利率	外注費および労務費　2,640 粗利率60%	外注費および労務費　9,000 粗利率60%	外注費および労務費　15,360 粗利率60%
経費／償却等			
利益効果	3,960	13,500	23,040
KPI（件数）	契約件数2件 内訳　HPからの問い合わせ1件 　　　Web診断顧客から1件	契約件数3件 内訳　HP問い合わせから2件 　　　Web診断顧客から1件	契約件数4件 内訳　HP問い合わせから2件 　　　Web診断顧客から1件 　　　既存ユーザーから1件

（9） 3か年基本方針

　SWOT分析で得られた各種経営改善策や抽出された積極戦略等をふまえ、今後3か年の基本方針を策定した。

❶商品

　これまでのビジネスモデル：Webサイト制作、ECサイト制作が中心で、スポットのビジネスが多く、顧客の成果もわからず、常に新規商談を追いかけ続けるビジネスである。

　これからのビジネスモデル：SEO対策を中心としたWebマーケティングを行い、顧客の成果を実現し、顧客満足度向上と継続した売上を狙うビジネスモデルである。また、そのサービスを受注するための導線をHP改善診断として、無償サービスを用意した。

❷顧客

　これまでのビジネスモデル：顧客は年商1億円未満の中小零細企業・個人事業主が多い。地元の個人事業主などからの紹介が多く、単価の上昇を見込めない顧客層である。

　これからのビジネスモデル：美容外科や歯科医など、業界の単価が高く、広告からの集客を重視する業界をターゲットとする。また、年商規模を上げるため、法人からの紹介を増やし、営業地域も拡大する。これは全社員リモートワークを実現しているため可能と考える。

❸マーケティング

　これまでのビジネスモデル：自社のWebサイトでは、「Webサイト制作のサービス」が強調されているが、ターゲットがやや不明確である。また、自社に営業体制がない状況である。

　これからのビジネスモデル：Webサイトのシンプル化、明確な価格設定により顧客の選別を実施する。また美容外科や歯科医など明確なターゲット向けのLPを作成する。

❹組織

　これまでのビジネスモデル：自社内での Web サイト制作を重視。組織としては営業体制がなく、既存顧客や見込客がフォローできる状況ではない。

　これからのビジネスモデル：外注先を得意分野別に選別し、顧客に最適な外注先をマッチングし、Web サイト制作の負荷を下げ、Web マーケティングによるランニングビジネスに注力する。同時に既存顧客や見込客のフォローの実現のため営業体制を構築する。

❺コスト構造

　これまでのビジネスモデル：広告費用をあまりかけておらず、地代家賃などの負荷が大きかった。

　これからのビジネスモデル：ブランド力向上をテーマに広告費を増加させる。また、事務所の移転を含めて完全リモートワークを実現し、地代家賃負担を大幅に軽減する。

　上記のビジネスモデルの変更により、一過性の達成ではなく、安定して年商1億を実現できる体制を目指す。具体的な数値としては、売上1億円、粗利5,000万円、営業利益1,500万円を目標とした。

　以下は、3か年経営改善方針の具体的内容をまとめたものである。

3か年　経営改善基本方針

これまでのビジネスモデル		これからのビジネスモデル
● 商品 ・主要商品 ・付加価値商品 ・差別化商品等	Web 制作	集客に特化した集客丸投げサービス
	EC サイト制作	HP 改善診断サービス
	Web マーケティング	既存顧客を中心にマーケティング改善サポートサービス
● 顧客 ・主要顧客 ・主要代理店 ・主要地域等	年商 1 億円以下の小規模企業	美容外科・歯科医を中心とした広告による集客を重視する業界
	友人・知人からの紹介	法人代理店との契約
	佐賀県が中心	関東・関西など場所を問わない営業
● マーケティング ・販促 ・見込み客開拓 ・ブランディング等	自社 Web サイト　Web サイト制作が強調されている	Web サイトのシンプル化、明確な価格設定により、顧客の選別を実施。美容外科や歯科医を意識した LP の作成
	Web 広告媒体	Web 広告媒体は継続
● 組織 ・組織構造 ・ビジネス構造等	自社内制作	自社内制作から外注を利用した制作により、制作費の収入よりもその後の SEO 対策へのビジネスシフト
	Web 制作、EC サイト制作などの単発のビジネス	SEO を中心とした集客に強い Web 制作会社として、ランニングビジネスへの転換
	営業体制がなく、既存顧客や見込客の開拓ができていない状況である	営業の雇用による既存顧客の掘り起こし、見込客のフォロー体制の構築
● コスト構造 ・原価（仕入） ・販管費	外注コストの比率の増加	外注業者を選別し、得意分野に特化することで外注コストを効率化させる。かつ、顧客の成果を最大限高める
	広告費はあまり費用をかけていない	ブランド力向上を狙った広告費の増加
	地代家賃の負担	事務所の見直し等による地代家賃の減少効果を狙う

	3か年中期経営方針（実抜計画の目標値）		
中期戦略目標	年間1億の安定売上体制の構築		
	Webサイト、ECサイト構築というスポットビジネスから顧客の集客という成果に直結したランニングビジネスへの転換		
	ブランド力の向上と自社営業体制の構築		
収支目標（売上・粗利・営業利益）	年間売上1億円		
	粗利　50,000千円　粗利率50%		
	営業利益　15,000千円　営業利益率15%目標		
財務改善目標	自己資本比率を3か年で10%UPする		
	長期借入金を3か年で50%削減		
	流動比率80%を2年以内に110%へUPする		
その他	自社営業体制構築のための営業人材の確保⇒社長のリソースをブランディング、顧客サービス向上に振り向ける。		

（10）中期収支計画（174〜177ページ参照）

　さまざまな経営改善や積極戦略を数値まで落とし込んだ「中期収支計画」である。積極戦略の具体策と連動したフレームで作成している。

❶売上

　売上に関しては、「既存売上」「既存売上の改善対策」「新規戦略・新規売上対策」の3種類に分けている。

　「既存売上」は、主にWebサイト制作、ECサイト制作、Webマーケティングの3つであるが、Webマーケティング以外の既存売上は下落傾向になると想定した。L社の場合はむしろ上記2分野については最低限の売上を確保する予定であり、今回の新規戦略の月額契約が見込めない顧客については、積極的な営業を行わない予定である。したがって、3年後の売上は現状と変わらず50,000千円としている。

　「既存売上」に積極戦略の「Webマーケティング改善伴走支援プラン」を記載している理由は、当サービスを既存顧客がメインターゲットの1つと考えているからである。

　なお、同じ既存売上のWebマーケティングは広告サービスの提供が中心となっており、Webマーケティング改善伴走支援プランはSEO対策が中心であり、対応が異なるため、別途表記している。

　「既存売上の改善」は、Webマーケティング改善伴走支援プランにより、既存顧客と受注に至らなかった見込客を中心に、SEO対策を中心としたコンサルティングサービスの提供を行うことで、既存顧客も含めた売上の改善を狙う。その結果、3年後には18,000千円の売上を実現する。

　「新戦略・新規売上対策」は、Webサイト対策ツールによる「HP改善診断」は売上増加のためのサービスというよりも、「Webマーケティング改善伴走支援プラン」や「集客丸投げサービス」を顧客に提案するためのフロントサービスであり、初回無料という点からも、売上増加に期待するものではない。

　このHP改善診断サービスは、主に新しく雇用した営業のドアノックツールとして活用し、顧客との接点を増やし、顧客に役に立つ情報を提供することで、L社の認知度を高めていく戦略である。

　新戦略・新規売上対策の中心となるのは「集客丸投げサービス」であり、顧客

が面倒だと考えているブログ更新やSNS更新などを一手に引き受ける。これにより、月額ランニングでの売上が期待できる。

　これらの結果、3年後の売上は38,400千円を計画した。

❷粗利

　粗利の状況は、2023年時点では粗利率47.2％、翌年は新サービスの開始により外注費や労務費が一部上昇すると考えており、粗利率は44.6％にやや下落する。しかし、2025年度、2026年度には粗利率は50％を超える状況となる。

❸経費（販売費および一般管理費）

　主な経費は、営業人材の雇用で、人件費が2024年度時点で現状に比べて4,880千円増加する。2026年には営業人材をさらに1名増員し、人件費が現状より10,880千円増加する。

　広告宣伝費に関しては、ブランディングの構築のために毎年、月額にして10万円ずつ増加させていく予定であり、2026年には4,800千円、月額にして400千円の広告宣伝費を計上する。

　なお、経費削減に関して、店舗スペースレンタル事業の終了と既存事務所の解約により、年間2,310千円の経費削減が実現する。

　上記の結果、売上、粗利が増加し、経常利益も増加するという前提ではあるが、役員報酬も上昇させていることに気づいたI社長が、少し顔をほころばせたことも記しておきたい。

　次ページ以下の「クロス分析の具体策連動中期収支計画」を参考にしていただきたい。

具体策連動 中期収支計画

科目	売上科目	商品または顧客	前年度実績	今期（24年度）予想	来期（25年度）予想	再来期（26年度）予想
売上	既存売上カテゴリー	Web サイト制作	17,334	20,000	20,000	20,000
		EC サイト制作	25,000	23,000	21,000	20,000
		Web マーケティング	8,000	8,000	10,000	10,000
		Web マーケティング改善伴走支援プラン	0	3,600	10,800	18,000
	新規売上カテゴリー	集客丸投げサービス	0	6,600	22,500	38,400
		HP 改善診断	0	150	900	2,100
		売上合計	50,334	61,350	85,200	108,500
原価		原材料・仕入（売上原価）				
		外注費	12,432	18,000	24,300	32,550
		労務費	14,142	16,000	18,250	21,090
		その他製造原価				
		原価計	26,574	34,000	42,550	53,640
		粗利合計	23,760	27,350	42,650	54,860
		平均粗利率	47.2%	44.6%	50.1%	50.6%

戦略での概算数値（売上・原価・経費）整理				
クロス分析の戦略と具体策から捻出される売上概況・内容 （新商材・新規チャネル等売上の増や既存商材の売上減等）			年度	新たに増減する売上高
既存売上（限界または下落傾向）	〈1〉	Web ライト制作は美容外科・歯科医などにシフトすることを想定しており、一時的に受注件数は減少する可能性がある	2024 年	2,666
			2025 年	2,666
			2026 年	2,666
	〈2〉	EC サイト制作　補助金施策により年間 10 件程度はあるが、今後の補助金の状況によっては減少する可能性がある	2024 年	▲ 2,000
			2025 年	▲ 4,000
			2026 年	▲ 5,000
	〈3〉	Web マーケティングは既存顧客を中心とした月額のサポート単価の向上により、売上増加が見込める可能性がある	2024 年	0
			2025 年	2,000
			2026 年	2,000
既存売上の改善対策	〈4〉	SEO 対策を意識した Web コンサルティングサービスを提供し、ランニング売上の単価像を狙う	2024 年	3,600
			2025 年	10,800
			2026 年	18,000
	〈5〉			
新戦略・新規売上対策	〈6〉	集客丸投げサービスを行い、Web サイト構築からブログや SNS 代行を一手に引き受けることにより、高額の月額ランニング売上の増加を実現する	2024 年	6,600
			2025 年	22,500
			2026 年	38,400
	〈7〉	Web サイトツールを利用したサイト分析サービスにより、既存・新規ユーザーともに少額の月額ランニング売上の積み上げを行う	2024 年	150
			2025 年	900
			2026 年	2,100
クロス SWOT 分析の戦略と具体策に該当する仕入または粗利に関する概況・内容 （新商材・新規チャネル等で発生する原価や仕入、既存商材の売上ダウンに伴う仕入減、 または粗利率の変動も含む）			年度	新たに増減する原価・仕入
既存ビジネスでの原価増減	〈1〉	既存ビジネスの原価環境は現状は 24% 程度であるが、原価高騰など不確実性の高い状況であるため、原価率 30% で設定を行った	2024 年	15,300
			2025 年	15,300
			2026 年	15,000
	〈2〉	伴走支援プランによる外注費・労務費の増加	2024 年	1,080
			2025 年	3,240
			2026 年	5,400
新規売上での原価増減	〈3〉	HP 改善診断による外注費・労務費の増加	2024 年	30
			2025 年	300
			2026 年	600
	〈4〉	集客丸投げプランによる外注費・労務費の増加	2024 年	3,960
			2025 年	13,500
			2026 年	23,040

具体策連動 中期収支計画　続き

科目		前年度実績	今期（24 年度）予想	来期（25 年度）予想	再来期（26 年度）予想
販売費および一般管理費	役員報酬（法定福利・福利厚生込）	5,760	6,000	7,200	8,400
	人件費（法定福利・福利厚生込）	1,120	6,000	6,500	12,000
	広告宣伝費	1,408	2,400	3,600	4,800
	減価償却費	1,166	1,166	1,166	1,166
	賃借料	2	2	2	2
	修繕費	60	60	60	60
	消耗品費	688	688	688	688
	水道光熱費	315	315	315	315
	旅費交通費	839	839	839	839
	支払手数料	320	320	320	320
	租税公課	105	105	105	105
	交際接待費	485	485	485	485
	保険料	207	207	207	207
	通信費	611	611	611	611
	諸会費	360	360	360	360
	車輌費	75	75	75	75
	新聞図書費	24	24	24	24
	研修費	43	43	43	43
	外部委託費	1,935	1,935	1,935	1,935
	荷造運賃	106	106	106	106
	会議費	677	677	677	677
	地代家賃	2,670	360	360	360
	リース料	717	717	717	717
	支払報酬料	1,323	1,323	1,323	1,323
	管理諸費	1,870	1,870	1,870	1,870
	雑費	387	387	387	387
	その他経費				
	販管費合計	23,273	27,075	29,975	37,875
	営業利益	487	275	12,675	16,985
営業外	営業外支出				
	営業外収益				
	経常利益	487	275	12,675	16,985

（単位：千円）

クロス分析の戦略と具体策に該当する経費支出・削減の科目と金額に関する科目の概況と内容（新対策で新たに発生する経費も含む）			新たに増減する経費	
既存ビジネスでの経費増減	〈1〉	業績改善による役員報酬の増加分	2024 年	240
			2025 年	1,440
			2026 年	2,640
	〈2〉		2024 年	
			2025 年	
			2026 年	
	〈3〉		2024 年	
			2025 年	
			2026 年	
新規売上での経費増減	〈4〉	Web 媒体の追加などによる広告費の増加分	2024 年	992
			2025 年	2,192
			2026 年	3,392
	〈5〉	店舗スペースレンタル事業の解約、事務所の解約に伴う地代家賃の減少	2024 年	▲ 2,310
			2025 年	▲ 2,310
			2026 年	▲ 2,310
	〈6〉	営業人材の雇用による人件費の増加	2024 年	4,880
			2025 年	5,380
			2026 年	10,880

(11) 中期ロードマップ（180 〜 181 ページ参照）

　3か年の経営基本方針をもとに中期ロードマップを作成した。

　中期ロードマップでは、特に主要売上の1つである「集客丸投げサービス」の売上対策プロセスについて記載する。

　「集客丸投げサービス」のターゲットは美容外科や歯科医などを中心とするので、その業界に強い広告媒体を選別していくこととした。具体的には現在使用している広告媒体の中から選別することとした。

　これと連動して、経費面において広告費の増加を見込むことになる。

　また、I社長からは業界に特化したLPを自社で作成することも計画の中に組み込んでほしいという依頼があった。

　マーケティング対策としては、Webサイトのシンプル化を図り、明確な価格設定を掲載することで、顧客の選別が図れるサイト作りに取り組む。

　組織の対策としては、2024年度の上期には営業人材を雇用、育成を行い、下期の受注を目指す予定である。

　I社長と私の想定では、上期の段階で紹介営業により、この「集客丸投げサービス」を1件受注し、下期の段階は自社営業活動により1件受注し、合計2件の受注が実現できると考えている。

(12) 単年度アクションプラン（182 〜 183 ページ参照）

　3か年の中期経営計画をさらに単年度に落とし込み、具体的行動を記載したものがアクションプランである。

　単年度アクションプランを作成後、I社長から「自分だけでは営業を見ることができないので、御社の営業経験を活かして、育成とマネジメントをお願いしたい」という依頼をいただいた。

　具体的な採用活動に至っていないのでまだ先の話であるが、営業活動のモニタリングを実行する予定である。

　「HP改善診断」をフロント商材とした見込客の発掘、深掘り活動を想定し、年間100件の診断実施を支援し、その中で「集客丸投げサービス」の提案がどれだけの数ができているのかをモニタリングする予定である。

（13）SWOT分析の活用による経営計画とその後の行動

　このSWOT分析による経営計画書を見て、I社長から「特に、経営改善基本方針のスポットビジネスからランニングビジネスへの転換ということがまさに自分が作りたかった計画そのものだ！」という声が挙がり、私もほっと胸をなでおろした。

　I社長はこの計画策定中に早速、複数の顧客に積極戦略の1つである「集客丸投げサービス」を提案し、とある美容整形外科病院から月額50万円の受注を獲得している。

　このときの社長のコメントは以下のとおりである。

　「頭の中だけで考えているのはダメですね。きちんと言葉に出して、紙に書き残すことで行動への強制力がかかるし、月額50万の提案は当社の実績では難しいと思ってましたが、話してみるとあっさり受注できました。やってみるものですね！」

　私自身、まさか計画策定中に受注がとれてしまうとは思わず、とても驚いた。

　この「根拠ある経営計画書」を作成中には、当初はさまざまな案を出しては「自分たちにはできない」「実績がない」「従業員がついて来ない可能性がある」などとやや消極的であったI社長だが、計画策定を進めるうちに気持ちが前向きになり、「次回の打ち合わせはいつですか？」などという発言も出るようになった。いろんな戦略を考えていくのが楽しみで仕方がないというように変容していった。

　私自身もお客様と戦略を構築していくことがとても楽しみになり、どのようにL社に貢献できる戦略を組み立てようかと常日頃から考えるようになった。

　また、計画策定途中で受注が確保できたことで、お客様から非常に感謝されたことで、改めてSWOT分析コンサルティング効果の大きさと、これが自分にとっての武器になることを確信できた。

　さらに、この計画の策定後、私も数件ではあるがコンサルティング契約の受注をとることができ、新たな顧客獲得につなげることができた。

　今後は、このSWOT分析による根拠ある経営計画書策定を1つの武器としてさらに磨きをかけて、中小企業の経営改善に役立てていきたい。

中期行動計画（ロードマップ）

		3か年中期方針および実施戦略（3か年で構築する「商材」「顧客」「マーケティング」「組織」「コスト」）	成果の期限（年月）
商品	1	集客に特化した集客丸投げサービス	
	2	HP改善診断サービス	
	3	既存顧客を中心にマーケティング改善サポートサービス	
顧客	4	美容外科・歯科医など広告による集客を重視する業界	
	5	法人代理店との契約	
	6	関東・関西など場所を問わない営業	
マーケティング	7	Webサイトのシンプル化、明確な価格設定により、顧客の選別を実施。美容外科や歯科医を意識したLPの作成	
	8	Web広告媒体は継続	
	9		
組織	10	自社内制作から外注を活用した制作により、制作費の収入よりもその後のSEO対策へのビジネスへシフト	
	11	SEOを中心とした集客に強いWeb制作会社として、ランニングビジネスへの転換	
	12	営業人材の雇用による既存顧客の掘り起こし、見込客のフォロー体制の構築	
コスト	13	外注業者を選別し、得意分野に特化することで外注コストを効率化させる。かつ、顧客の成果を最大限高める	
	14	ブランド力向上を狙った広告費の増加	
	15	事務所の見直し等による地代家賃の減少効果を狙う	

| 2024 年度 | | 2025 年度 | | 2026 年度 | |
上半期	下半期	上半期	下半期	上半期	下半期
開始（紹介営業） ● 1 社契約	開始（自社営業） ● 1 社契約	契約件数増加			
	● 営業開始開始 ● 100 本ノック開始 ● 5 社契約	契約件数増加			
● ターゲット選定営業開始 ● 4 社契約	● 6 社契約	契約件数増加			
● Web 広告準備 媒体選定	営業開始 （自社営業）				
● 1 社契約			● 2 社目の代理店契約		
● Web 媒体選定 ● Google マイプロフィール ● 拠点保有（レンタルオフィス）	営業開始 （自社営業）				
● Web サイト改善（継続）	LP の作成				
● Web 媒体をターゲット別に選定					
● 既存外注先の得意分野の見極め	新規外注先の追加				
	ランニングビジネスのシフト				
	営業雇用（1 人目）営業教育	営業開始	● 営業雇用（2 人目）営業教育	営業開始（2 人目）	
	● 外注比率のコントロール開始				
● 広告宣伝費の増加（媒体先の増加）	LP 制作後に再度媒体への投資				
● 事務所移転に伴う地代家賃の減少					

モニタリング用アクションプラン

3か年中期方針および実施戦略 （3か年で構築する「商材」「顧客」「マーケティング」「組織」「コスト」）			重要実施項目	責任者・担当
商品	1	集客に特化した集客丸投げサービス	◉ HP改善診断、マーケティング改善サポートから集客丸投げへの誘導	I社長
			◉ 実績の公開でのPR（お客様の声等）による自社Webサイトの充実	開発担当
	2	HP改善診断サービス	◉ 既存顧客への案内	営業担当
			◉ 新規顧客のリード獲得活動	営業担当
	3	既存顧客を中心にマーケティング改善サポートサービス	◉ 既存顧客かつ優良顧客の洗出し	全社員
			◉ 新規顧客でWebマーケティングが重要な業界・業種の洗出し	全社員
顧客	4	美容外科・歯科医を中心とした広告による集客を重視する業界	◉ 美容業界向けの広告媒体	I社長
	5	法人代理店との契約	◉ 代表による働きかけ（社長決裁が必要なため）	I社長
	6	関東・関西など場所を問わない営業	◉ 拠点契約（関東でのレンタルオフィス契約）	I社長
			◉ Googleマイプロフィールの完成	担当社員
マーケティング	7	Webサイトのシンプル化、明確な価格設定により、顧客の選別を実施。美容外科や歯科医を意識したLPの作成	◉ 顧客の声の反映・SEOアピールの自社サイトのページづくり	担当社員
			◉ 自社PR動画の作成	I社長
	8	Web広告媒体は継続	◉ Web広告媒体（30万円以内まで）目安売上の5%を予定	I社長
			◉ 媒体別のアピール内容（業種別）の作成	担当社員
組織	9	自社内制作から外注を利用した制作により、制作費の収入よりもその後のSEO対策へのビジネスシフト	◉ 10社、10人の外注先を確保（上期中）デザイン5名、コーディング5名（現状は計5名）	I社長
	10	SEOを中心とした集客に強いWeb制作会社として、ランニングビジネスへの転換	◉ 既存顧客のリスト作り、新規顧客のリスト作り	社員全員
			◉ 営業教育のカリキュラム	I社長
	11	営業の雇用による既存顧客の掘り起こし、見込客のフォロー体制の構築	◉ 営業人材1名採用募集	I社長
			◉ 営業人材採用、教育	I社長
コスト	12	外注業者を選別し、得意分野に特化することで外注コストを効率化させる。かつ、顧客の成果を最大限高める。	◉ 外注先の得意分野把握とコスト把握	社員全員
			◉ 外注先への依頼開始	社員全員
	13	ブランド力向上を狙った広告費の増加	◉ Web広告媒体の選別	I社長
	14	事務所の見直し等による地代家賃の減少効果を狙う。	◉ 事務所移転、東京拠点の構築検討	I社長

成果の期限 （年月）	2024 年度					
	4-5 月	6-7 月	8-9 月	10-11 月	12-1 月	2-3 月
2024年9月						
2024年5月		営業活動開始				
2024年5月						
2024年7月						
2024年7月						
2024年9月						
2024年6月						
2024年9月						
2024年5月						
2024年5月						
2024年9月						
2024年9月						
2024年9月						
2024年9月						
2024年12月						

事例❸ 通信事業販売代理店

執筆：鎌田真行

(1) SWOT分析を活用した「根拠ある経営計画書」の重要性

　中小企業診断士として、SWOT分析、事業計画の策定はこれまでも対応していたが、コロナ禍で事業再構築補助金、持続化補助金などが、より広く知られるようになり、「補助金を受けたいので計画を策定してくれませんか？」という依頼が急増した。コロナ禍で困窮した中小企業を支援することは重要な使命であるが、一方で、補助金受給のみを目的とした経営計画の要望が多いことに懸念を感じるところであった。コロナへの対応が変わりつつある現状において、改めて事業を継続的に成長させるための実践的なSWOT分析を形にしたいと考え、本著「SWOT分析を用いた根拠ある経営計画書」事例集に携わることとなった。

(2) 企業概要

株式会社H（以下H社）
設　立：2021年4月
資本金：500万円
年　商：1億7,000万円
従業員：23名（平均年齢29歳）
所在地：北海道・関東に2拠点
役　員：代表取締役社長A（35歳）
事業内容：通信事業者の販売代理店への営業支援・コンサルティング

❶個人事業からスタート

　H社は、A社長が2018年に創業した個人事業が基盤となっている。A社長は、もともと通信関係の企業で営業職として勤務しており、所属先でトップの営業成

績を上げていた。

営業の経験を通じ、「顧客に満足してもらうこと」「販売することの楽しさ」に喜びを感じ、コーチングなどのコミュニケーション手法を学び、独自の営業ノウハウを構築した。

仕事には充実感があったが、従業員の報酬は売上の結果と連動せず、「売上の結果が報酬に反映され、頑張った人が報われる場を作りたい」と考えるようになった。そして、賛同した数名と事業を立ち上げる。在籍企業からは強い引き止めにあったが、A社長の人柄やこれまでの貢献もあり、担当していた顧客を一部引き継ぎながら独立した。

❷ 主要事業と業況

現在、H社で行っている営業支援事業とは、顧客（主に販売代理店）のイベントや販売店の売上が向上するように、販売の協力やさまざまな販促施策の提案を行う業務であるが、A社長のノウハウを活かし、通信事業に関する支援を得意としている。

H社の売上は前期1億7,000万円で、コロナ前までは増加傾向であったが、コロナ以降は横ばいに推移している。営業利益は400万円程度。従業員は23名で、平均年齢は29歳と若い世代が多い。

H社の顧客からの評判は非常に良好で、現状、経営は安定的に推移している。しかし、売上はイベントや販売会で稼働した「人数×単価」で決定され、「従業員の派遣」というイメージがあることを社長は苦々しく思っている。

というのも、H社の顧客（販売代理店）のイベントでは、H社の従業員が販売員として対応するだけではなく、H社のノウハウによって売上を上げるためのレイアウトやアドバイスを実施しており、その効果により全国トップレベルの売上を上げた実績が何度もあるからだ。

A社長は「当社の従業員の提案力・営業力・接客力には強い自信を持っている」と語っており、「人員×単価」では表せない価値を提供していると考えている。しかしながら、業界の慣例などもあり、単価の交渉には難航しているのが実状である。

A社長は、事業の生産性を向上させないと「若い従業員の賃金を向上できない」と危惧しており、会社と従業員の将来について悩みを抱いている。

筆者が会ったH社の従業員は、非常にイキイキとした表情をしており、社長に会えば明るく笑顔で挨拶をし、積極的に仕事に取り組んでいた。

(3) SWOT分析と根拠ある経営計画を実施した背景

　個人事業から創業して通算5年、A社長のワンマン体制で事業を推進してきた。これまで立ち止まって振り返る機会がなく、経営の展望は社長の頭の中にあるが、経営計画の策定などはしたことがなかった。

　H社の現在の業績は決して悪いわけではない。売上は増加傾向で営業利益も出ている。しかし、A社長は「若い従業員の給与を上げていかないと、そのうち会社が行き詰まるのではないか」と危惧していた。

　既存事業では、1人当たりの売上に限界があるため、年齢と共に給与を上げていくことが難しいのだ。A社長は「将来的に会社と従業員が成長していくためにどうすべきか」を真剣に悩んでいた。

　筆者がA社長に今後の事業展開を伺うと、「新規事業のアイデアは漠然とあるが整理したことがない」「やらなくてはいけないと思いつつ、気がつけば時間が経っている」という回答であった。

　そこで私のほうから「潜在的な課題や見逃していた機会を把握し、経営計画として見える化しましょう」と、SWOT分析を提案した。改めて自社の強みや機会を深掘りすることで、新たな事業のアイデアが出るのではないかと考えたのだ。

　A社長は「ぜひお願いしたい」と快諾した。A社長は新たな事業に踏み出すきっかけを求めていた。

　こうしてSWOT分析の活用による新事業の検討を開始することとなった。

　なお、A社長は「経営計画書の策定」については、当初あまり乗り気ではなかった。実質無借金経営であり、銀行への経営計画書提出の必要がなかったからである。しかし、新事業を経営計画書として落とし込むことで、事業計画の進捗管理・モニタリングに対応しやすいこと、今後の事業拡大を考えると資金借入が生じる可能性もあることなど、筆者の説明にご理解いただき、経営計画書の策定も同時に開始した。

(4) 破局のシナリオ

　「このまま3か年、通常の努力をした場合、どのような収支になるか」を予測したものが188〜189ページの表だ。

　H社は通信関連の顧客（販売代理店）からの信頼が厚く、現状でも多くの依頼

があるが、新規の販売代理店や一部の案件は人員不足で断っている。このため、従業員の採用・教育が順調にいけば、売上は増加していく見込みである。

❶ 実質無借金経営であるが…

中小企業では採用に苦慮することが多く、H社も例外ではない。だが、従業員からのクチコミでの入社、現場の評判を聞いた同業他社からの転職などがあり、比較的、人員を採用しやすい状況にある。風通しのよい企業風土のためか退職者も非常に少ない。

財務状況については、設備投資が必要な事業ではないことから、借入金は現金でいつでも返済できる状況であり、実質的な無借金経営となっている。

本シミュレーションにおいては、現状の利益率や外注費率は現状のままと想定し、これまでの実績をふまえ、売上を増加させている。

❷ 既存事業だけでは給与を上げられない現実

固定費（経費）については、事務所の移転に伴い地代家賃を増加させたほか、その他の項目も物価上昇等をふまえ、一定の上昇を見込んだ。

論点となるのは人件費だ。A社長は若い従業員の賃金をできる限り向上させていきたいと考えている。それがH社を創業したときからの思いなのだ。

このため「令和4年民間給与実態統計調査」における「事業規模10人以上・30～34歳」の平均給与（3,745千円）まで、賃金を上昇させる前提でシミュレーションを実施した。A社の現在の平均給与は、3,322千円程度であり、1人あたり423千円程度の増加となる。実際の昇給の際にはさまざまな検討が必要であるが、従業員が継続的に働いていくことを想定し、年代別の統計による数字を用いてシミュレーションを行ったのである。

当然、売上単価が上がらない状況で、このような人件費増加のシナリオを想定すると、営業利益が赤字になってしまう。A社長はシミュレーションを見て「売上単価を上げたいが、業界の事情もあり、自社の努力だけでは限界がある」と厳しい表情を浮かべた。

しかし、H社が特別なわけではない。多くの中小企業が世間並みの賃金を払うために苦慮している。無理な賃上げには反対であるが、A社長には従業員の給与について創業からの強い思いがあり、少しでも改善したいと願っている。

A社長は「破局のシナリオ」を見て、既存事業だけでは従業員の処遇改善には限界があることを改めて認識した。

破局のシナリオ　現状努力の延長線上の中期収支予想

（単位：千円）

科目	売上種別	商品または顧客	前年度実績	今期（24年度）予想	来期（25年度）予想	再来期（26年度）予想
売上	1	通信事業に関する営業支援	176,323	180,000	185,000	190,000
売上合計			176,323	180,000	185,000	190,000
変動費	原材料・仕入（売上原価）					
	外注費		52,681	53,780	55,273	56,767
	労務費					
	その他製造原価					
	原価計		52,681	53,780	55,273	56,767
粗利合計			123,642	126,220	129,727	133,233
平均粗利率			70.1%	70.1%	70.1%	70.1%
固定費	役員報酬（法定福利・福利厚生込）		9,646	10,547	10,547	10,547
	人件費（法定福利・福利厚生込）		87,884	95,914	103,945	111,975
	外注費					
	支払手数料					
	旅費交通費		5,572	5,758	5,943	6,129
	販促広告費		3,081	3,184	3,286	3,389
	消耗品費		1,261	1,303	1,345	1,387
	水道光熱費		522	539	557	574
	減価償却費		50	50	50	50
	通信交通費		1,987	2,053	2,119	2,186
	自動車費		926	957	988	1,019
	地代家賃		5,246	6,500	6,500	6,500
	誘客費					
	雑費					
	その他経費		3,343	3,454	3,566	3,677
	販管費合計		119,518	130,260	138,847	147,433
営業利益			4,124	▲ 4,039	▲ 9,120	▲ 14,201
営業外	営業外支出		63			
	営業外収益		1,321			
経常利益			5,382	▲ 4,039	▲ 9,120	▲ 14,201

売上・原価・経費・利益率等に与えるマイナスインパクトの科目別の根拠（金額、％、数量）		
種別		内容
売上・粗利関係 〈1〉	営業支援	人員の採用ができれば、売上は増加見込
〈2〉		
〈3〉		
〈4〉		
〈5〉		
原価関係 〈1〉	外注費	売上に比例して増加を見込む
〈2〉		
〈3〉		
〈4〉		
その他経費関係 〈1〉	人件費	1人当たり人件費の増加を見込む
〈2〉	地代家賃	2023年度中に事務所を移転
〈3〉	その他	物価上昇などに伴い一定の増加を見込む
〈4〉		
〈5〉		

（5） 業績課題と必要売上

　次ページの表は、従業員の1人当たり賃金を「令和4年民間給与実態統計調査」における「事業規模10人以上・30〜34歳」の平均給与（3,745千円）まで上昇させることを前提に、必要な売上を積算したものである。

　従業員数については、「通信事業に関する営業支援」で3名、「営業支援の改善売上」で4名、新戦略売上で4名増加し、従業員計34名と想定している。

　なお、この時点では新事業の見通しはついていないが、新事業の売上は既存事業と比較して利益率が高くなることを想定している。具体的には、表中の「営業支援・改善売上」は既存事業と同様の利益率だが、「新戦略売上」については利益率を高く設定している。

　また、固定費については、新事業の販促広告費の積み上げとして200万円を計上している以外は「破局のシナリオ」と同様だが、役員報酬は一定の増額を見込んだ。直近年度の営業外収益は、厚生労働省系の助成金で得た収入であり、継続的な想定はできないため、シミュレーションには含まない。

　この結果、現在の売上は176,323千円だが、従業員の賃金増額をふまえると、必要差額売上が87,677千円となり、大幅な売上増が必要なことがわかった。

　A社長は「コロナ前の感覚では、すでに2億5,000万円の売上は達成している予定でしたが……」と答えたが、現実的に売上1.5倍となると少し戸惑っているようであった。そして「既存事業を継続していけば、そのうち売上2億5,000万円は達成すると思いますが、新事業のほうが……」と新事業の構想について考え込んでしまった。生産性の向上には新規事業がカギとなるが、現時点では形になっていない。既存事業での売上が増加しても、生産性を向上できなければ、A社長が懸念している根本的な問題は解決しない。

　既存事業のみでは、「人数×単価」で売上が決定してしまうため、単価交渉は継続するが、自社の努力による生産性の向上には限界がある。A社長は、顧客との単価交渉の難しさや業界の問題点について語り始めた。中小企業の経営者が自社の課題を見つけるのは、非常に簡単なことである。

　しかし、確かに課題はあるが、中小企業では当面の借入金の返済に苦慮しているケースも多く、A社長の長期的な視点での悩みは恵まれた状況とも考えられる。

　「改めて御社の強みや、以前に伺った顧客からの要望について、詳しく聞かせてください」と伝え、SWOT分析を用いて生産性の高い新事業を模索していった。

必要売上・必要粗利と「破局のシナリオ」との差額概算整理表

(単位：千円)

科目	売上科目	商品または顧客	前年度実績		科目	売上科目	商品または顧客	必要売上	
売上	1	通信事業に関する営業支援	176,323		売上	1	通信事業に関する営業支援	190,000	
						2	営業支援・改善売上	24,000	
						3	新戦略売上	50,000	
		売上合計	176,323				売上合計	264,000	必要差額売上
変動費		原材料・仕入（売上原価）			変動費		原材料・仕入（売上原価）		87,677
		外注費	52,681				外注費	63,938	
		労務費					労務費		
		その他製造原価					その他製造原価		
		原価計	52,681				原価計	63,938	
		粗利合計	123,642				必要粗利合計	200,062	必要差額粗利
		平均粗利率	70.1%				平均粗利率	75.8%	76,420
固定費		役員報酬（法定福利・福利厚生込）	9,646		固定費		役員報酬（法定福利・福利厚生込）	11,000	
		人件費（法定福利・福利厚生込）	87,884				人件費（法定福利・福利厚生込）	146,430	
		雑給					雑給		
		支払手数料					支払手数料		
		旅費交通費	5,572				旅費交通費	6,129	
		販促広告費	3,081				販促広告費	5,000	
		消耗品費	1,261				消耗品費	1,387	
		水道光熱費	522				水道光熱費	574	
		減価償却費	50				減価償却費	55	
		通信費	1,987				通信費	2,186	
		車輌費	926				車輌費	1,019	
		地代家賃	5,246				地代家賃	6,500	
		誘客費					誘客費		
		雑費					雑費		
		その他経費	3,343				その他経費	3,677	
		販管費合計	119,518				販管費合計	183,957	
		営業利益	4,124				必要営業利益	16,105	
営業外		営業外支出	63		営業外		営業外支出		
		営業外収益	1,321				営業外収益		
		経常利益	5,382				必要経常利益（最低の返済から算出）	16,105	

（6）「強み分析」のポイントと検討結果（194 ～ 197 ページ参照）

　SWOT 分析は A 社長との 1 対 1 で実施された。場所は H 社の本社のほか、会社の従業員が多く出入りする行きつけの喫茶店で行われることもあった。

　A社長と面談をしていると、男性育休を取得した従業員の I さんが「育休取得の際はありがとうございました」と声掛けしてくる。

　社長に伺うと、彼は非常に優秀な従業員で、営業トップの成績を上げているらしい。彼がイベントの支援に行くと売上が 1.5 倍程度になることもあるというのだから、どんな魔法があるのだろうかと感嘆するばかりである。このような従業員の単価は、交渉してある程度上がっているらしい。

❶「強み」は社員の接客応対の質

　H 社の強みとして、従業員の営業力や接客対応の質が全体的に高いことが挙げられる。H 社が営業支援を行ったイベント等において、全国トップレベルの成績を上げることが複数回生じている。

　また、対応に感謝したイベントの来場者が、後日お礼の品を持って訪れたというのだから、よほど印象的な接客をしているのだろう。このような成果を聞いた販売代理店から H 社に対する引き合いが多く生じている。

　H 社の従業員は、なぜこのように営業力や接客対応の質が高いのだろうか。私は不思議に思い、A 社長に伺ってみた。

❷週 1 日の終日ミーティングで「強み」の社内共有

　A 社長が言うには「顧客に喜んでもらうこと。営業の基本を学んで、売ることを好きになることが大事」とのことである。そのために H 社では、週 1 日の終日ミーティングを行い、全従業員がノウハウや最近の出来事を社内プレゼンしている。

　このミーティングにより、顧客が喜んでくれたエピソードや、イベントでの成功した配置、接客のノウハウなどが共有される。

　さらに、各自がプレゼンをすることで伝える力が向上する。もちろん A 社長が学んできたコーチング技術や営業ノウハウも共有されている。従業員が 1 つの場所に集まることでチーム力向上にもなっているようだ。

　週 1 日をミーティングに使っているので、当然、その日は売上が生じない。A

社長はこのミーティングを非常に重要視しており、顧客から依頼されても該当日の案件は断っている。

同業他社にいた従業員は、「前職ではイベント会場と客先の往復で会社に顔を出せず、会ったことがない同僚がいた。H社の取り組みは考えられない」という。

A社長は「人員派遣のように思われたくない。営業・売ることのプロ集団として活動していきたい」という強い意志を持っている。

また、H社は、このように強い営業力で成果を上げてきたため、直接の顧客の販売代理店だけではなく、大手通信事業者からの評価が高い。

過去には、大手通信事業者の担当者が関東に異動した際に、関東進出の要請を受け営業所を設立した経緯がある。

販売代理店は大手通信事業者からの要望には積極的に答えるため、大手通信事業者からの信頼があると円滑な受注につながる。

❸ 従業員からのクチコミで採用にコストがかからない

他の強みとして、H社ではコストをかけずに、若い従業員を採用できていることが挙げられる。従業員からのクチコミ・紹介により、自然と採用できるのだ。

ヒアリングの際に会った従業員は、皆とても明るい表情でA社長に話しかけており、A社長を慕い自社に満足している様子が感じられた。

老若男女問わず、知人からのクチコミの影響力は大きい。また、従業員からの紹介であれば、A社長としても安心して採用することができる。

さらにイベントでH社の従業員が楽しそうに働いているのを見て、自分もここで働きたいという志望者が面接に来た例もあった。

「従業員が広告塔となれば人材を獲得できる」というのがA社長の言葉である。

強み（内部要因）の深掘り

強みカテゴリー	強みのヒント	ヒントの答え
●既存顧客、既存チャネルの強み	顧客台帳・リスト数・DM先数・アポがとれる客数	●通信事業の販売代理店15社と継続取引、1社で20〜30店舗の運営もあり、合計110店舗 ●その他、販売代理店から10社程度の依頼があるが、人員不足で未対応 ●大手通信事業者との信頼関係
	常連客、A客の数、ロイヤルカスタマーになった理由	●営業支援を行った結果、売上が増大して、継続的な支援の依頼を受けた
	有力な顧客となぜその顧客が生まれたか	●営業支援の売上向上実績 ●責任者への売上向上や従業員教育のアドバイスなどが喜ばれている
	その他、顧客や販売先自体が強みと言えるもの	
●既存商品、既存仕入先、取引業者の強み	この取扱商品があることでのプラスの影響	●通信事業の販売代理店の営業支援を得意としており、営業をかけなくても、新規の引き合いが頻繁にある ●大手通信事業者もH社の支援実績を認めている
	この仕入先、外注先、取引先があることでのプラスの影響	●人員が不足した場合は、外注先に協力を要請できる
	この販売エリア、マーケティングチャネルを持っていることのプラスの影響	●イベントでの営業支援実績が認められ、通信事業以外のイベントからも依頼がある
	その他、既存商品を持つ強み	

なぜそうなのか、どこ（誰）がそう言うのか	その「強みの原因」をどう横展開・多角化すればよいか
・元同僚の知人から、販売代理店を紹介された。営業支援の結果、売上が大幅に上がった ・その後、クチコミで紹介があり、販売代理店への顧客が増加した ・対応した販売代理店の成績が上がることで、大手通信事業者との直接の対応も増加	・大手通信事業者とも関係を築けているので、そこからの紹介で販売代理店へ対応したい ・ただし、現時点でも人員不足で対応しきれていないことから、新規顧客への対応体制の構築は課題
・営業支援をしたショップが公式な記録で全国トップレベルの実績となり、それ以降、大手通信事業者、販売代理店からの引き合いが多くなった	・販売代理店は、大手通信事業者からの要望には積極的に応える傾向にある ・このため、大手通信事業者からの依頼に基づいて、販売代理店に対応していきたい
・販売代理店の中間管理職（店長）などは、若く経験が乏しいケースがあり、具体的なアドバイスが喜ばれている ・一般のクルーが、仕事が楽しくない、やる気がない場合など、部下への寄りそい方、具体的な声掛けの方法などをアドバイス ・課題発見への協力	・営業支援での依頼に対しても、単なる接客対応・売上向上だけでなく、販売代理店の円滑な運営、従業員の育成などもアドバイスしていく
・H社が対応した販売代理店が全国トップレベルの実績を上げた ・大手通信事業者から、H社のように販売代理店の従業員を育成したいとコメントがあった	・大手通信事業者の営業担当者が転勤で他地域に異動するので、同様の展開を他地域でも展開できる可能性がある
・販売代理店からのH社の要請が大きいため、外注先もH社からの依頼に期待している	・外注化するべき業務と従業員が対応すべき業務を明確にして、従業員を高付加価値な業務に集中してもらう
・実際にH社の営業支援の様子を見た方から、同じように対応してほしいと声がかかった	・さまざまな業種からの依頼が生じてきており、幅広い業種への対応できる可能性がある。しかし、現状では通信関係よりも条件が悪く、人員も不足していることから、実際の受注までは至っていない

強み（内部要因）の深掘り　続き

強みカテゴリー	強みのヒント	ヒントの答え
● 技術、人材、知識、ノウハウ、経験の強み	技術、ノウハウの具体的な「強み」で顧客から評価されていること	● 営業支援で全国トップレベルの公式な成果 ● 営業力、わかりやすく、丁寧な対応
	顧客が評価する技術や知識、経験を持った人材の内容	● A社長は、コーチングスキルや具体的な成果の出る営業手法を学んでいる
	顧客が評価する社内の仕組み、システム、サービス	● 営業結果を個人のセンスで終わらせない。成功事例の言語化、ロールモデルの作成
● 設備、機能、資産の強み	他社との優位性を発揮している生産設備、什器備品、不動産	
	顧客が認める組織機能（メンテ、営業サポート、物流など）	● イベントのディレクション、コンテンツの選択、レイアウト、人員配置など、人材の能力を把握したうえで、適切な配置ができる
	その他、持っている資産・経営資源で商売上貢献しているもの	● 若い人材を社員からのクチコミによって採用できている
強みカテゴリー	強みのヒント	ヒントの答え
● 外部から見て「お金を出してでも手に入れたい」と思われていること	もしM&Aされるとしたら、買う側はどこに魅力を感じるか	● 社内研修で育てたスタッフの能力
	買う側が魅力に感じる顧客資産とは	● 通信事業の販売代理店と継続取引 ● 大手通信事業者との信頼関係
	買う側が魅力に感じる商材資産とは	● 営業支援で全国トップレベルの公式な成果
● 外部から見て「提携」「コラボ」「相乗り」したいと思われること	協業を求める他社が魅力を感じる顧客資産	
	協業を求める他社が魅力を感じる商材・技術資産	● 営業支援で全国トップレベルの公式な成果 ● 営業力、わかりやすく、丁寧な対応
	協業を求める他社が魅力を感じる組織機能資産	

なぜそうなのか、どこ（誰）がそう言うのか	その「強みの原因」をどう横展開・多角化すればよいか
● 販売代理店が行っているアンケートで、顧客からのH社の従業員が名指しで評価されており、また、差し入れをいただくなどの事例もある ● その後、顧客から直接、他の顧客を紹介していただいた	● 社内において、営業に対する考え方、必要な姿勢などを共有し、H社の従業員は一定の水準が確保されていることをアピールしていく
● A社長が従業員に教育を行った結果、他社よりも営業成績が向上している	● 営業ノウハウをマニュアル化して、新人教育などを円滑化
● 販売代理店からもH社の従業員の説明は好評で、クレームが少なく、契約内容にも満足度が高いと言われている ● 現在、社内ミーティングを週1回実施、そこでは全従業員が発表を行う。この場で営業の事例などを共有、5分間の発表で、パワーポイント資料を作成 ● 社内ミーティングの日は外部業務を入れていないので売上は下がるが、H社では非常に重視している	● 従業員はこのミーティングを楽しんでおり、コミュニケーションの場としても機能 ● 営業実績以外にも、趣味や時事ニュースの発表を行っており、話題を広げられ、雑談力も高まる。実際に新人の教育にも好影響と考えている
● 木、金、土、日にイベントがある 木曜に施設のピークタイム、人流の把握をして、翌日以降に配置などの提案をしている。実際に営業成績も出ている	● イベント販売のノウハウは、通信事業に限ったものではなく、他事業にも展開可能
● 従業員からの紹介での採用実績が生じている ● また、イベントで従業員が働く姿をみて、話を聞きたいと面接に来たことがある	● 従業員が広告塔となれば人材を獲得できると考えている。求職者がH社で働く姿をイメージできるようにPRしていく
なぜそうなのか、どこ（誰）がそう言うのか	その「強みの原因」をどう横展開・多角化すればよいか
● 販売代理店の店長や役職者と比べても、H社の従業員は営業能力が高いと顧客から評価されている	
● 北海道で販売を考えているメーカーから、販売プロモーション会社を探しているとの引き合いがある	

「強み」のヒアリングでわかったように、H 社の従業員は営業や接客の能力が高く、顧客（販売代理店）や大手通信事業者からの評判が非常によい。一方で、顧客（販売代理店）では自社販売員の教育に苦慮しているらしい。

❶クライアントが期待する H 社の社員教育

A 社長は、顧客（J 社）の責任者から「A 社長はどのように従業員を教育しているのですか？」と聞かれたことがあった。A 社長は、いつものように「顧客に喜んでもらうこと。営業の基本を学んで売ることを好きになることが大事」と伝えた。J 社の責任者から「機会があれば、当社の従業員に詳しく教えていただけないだろうか」という返答があった。

A 社長としては、自身のノウハウをもとに従業員を成長させてきたが、他社の従業員の教育として話すことは考えておらず、少し戸惑いながら引き受けた。「わざわざ従業員の時間を空けてもらって申し訳ないな」という感覚であった。

後日、販売代理店の従業員向けに話をする機会が設けられたが、A 社長の心配は杞憂であった。いつも自社の従業員にしている営業の基本を伝える。そして、H 社の週 1 回のミーティングの要領で、J 社の従業員に日頃のエピソードなどを話した。A 社長としては、当たり前のことをしただけだったが、J 社従業員のイキイキとした様子を見て、J 社の責任者は非常に満足していた。

❷「強み」をどう横展開していくか

J 社では、入社から数日の研修で販売店に配属されるのだが、業務は店舗ごとの OJT に任されていて、教育にはバラつきがあるようだ。このため、思うように成果が出せない従業員もいた。しばらくして、A 社長のミーティングに参加した J 社の従業員から「入社後初の契約が取れた」と報告があった。

J 社の責任者からは、「これまでは気持ちで売る」というスタンスの店舗が多かったが、A 社長の話を聞いて考えが変わった。「従業員ごとの営業スキルの把握」、「店長の部下への教育方法」などについて、改めて社内で検討していきたいと伝えられた。J 社は大手通信事業者から従業員の教育体制を強化するように要請を受けており、対応方法を模索しているところだったのだ。

A 社長は、これまでも他社の従業員が「営業の楽しさ」をわからずに、つま

らなそうに働いているのを見かけると歯がゆく感じていた。しかし、自社の経営に手いっぱいだったので、他人事として深く考えてはいなかった。

だが、このことをきっかけに、A社長は「他社の従業員にも、H社のノウハウを伝えて、楽しく働いてほしい」と思うようになった。

A社長は、「従業員が楽しく働けるか」に重点を置いており、売上が上がる仕事でも、「楽しくない」ものには積極的ではない姿勢がある。これは単に「面倒・きつい仕事をやらない」ということではなく、「従業員の成長につながる仕事＝楽しい仕事」というA社長の仕事観である。

「A社長のほかにも、営業ノウハウなどを話せる従業員はいますか？」と私は伺った。

「営業トップのI君ならば、他社の従業員の前でも話せると思う」とA社長は答えた。

顧客からの要望に対して、H社の強みをどのように活かせるか、A社長との議論は続いていった。

機会（外部環境）の深掘り　これから求められるニッチ分野、顧客が費用を払うニーズ

	深掘りする質問	聞き出すヒント
1	B、Cランク客の具体的なニーズ	●めったに買いに来ない顧客が求めるニーズ ●日ごろ購入する業者で買わず少量・臨時の購入で自社に来た理由
2	予期せぬ成功、新たな可能性	●まさかそんな使い方をしているとは……そういうアイデアを顧客が持っているとは……想定していなかったニーズ
3	既存客・新規見込み客が使ううえで、いら立っていること（困りごと）	●なぜそこまで時間がかかるのか、なぜそんなに高いのかの不満は何か ●どこも対応してくれないから仕方なく顧客が諦めていること
4	そこまで要求しないから、もっと低価格のニーズ（そぎ落としの低価格需要）	●必要な機能やスペックはここだけで、他はいらないと顧客が思っていること ●無駄な機能スペック、過剰なサービスを減らしても顧客が喜ぶもの
5	おカネを払うから、もっとここまでしてほしいニーズ（高価格帯需要）	●顧客が困っていることに適応するなら高くても買う理由 ●この顧客なら、こんな高スペック・高品質の商品を買うだろう
6	こんな商品があったら買いたい、こんな企画ならいけそうというニーズ	●このターゲット顧客なら喜びそうな商品とは ●このターゲット顧客なら、こんなイベントや販促、企画、アフターサービスを求めているだろう
7	他社がやっている企画、商品で真似したいこと	●あの同業者のあの商品の類似品ならいけそうだ ●二番煎じでもいけそうな商品とターゲット顧客
8	知り合い（同業者・関係先・仕入先・コンサル・税理士等）から聞いた善意の提案	●直接の顧客以外から聞いた新たな提案 ●新たな気づきの善意の提案は何があるか
9	その他、新しいビジネスモデルでの要望	●コロナで生まれた新たなニーズ ●これからの顧客が求める商品やサービスは何か

どんな顧客が（どんな特性の顧客が）	具体的に何があるか	なぜそう思うのか、何が原因か（具体的に）
● B to C の営業を行っている事業者	● フルコミッション型商品（成果報酬型）の販売、営業支援	● イベントでの売上成果を見た事業者から依頼が生じている。（現状は断っている）
● 通信事業の販売代理店 ● 従業員の教育に苦慮している責任者	● 責任者（店長・20 ～ 30 代が多い）向けの研修	● 従業員の教育について、顧客の経営者、責任者と話しているなかで、H 社の社員教育を深く学びたいという要望があった
● 低コスト化を図りたい販売代理店	● 低単価の販売員要請	● 販売代理店では、単に人員がほしいケースもあり、そのような際はスキルがない者でもよいので低単価での対応が要求される
● 通信事業の販売代理店 ● 新人の教育に課題がある事業者	● 新人向けの営業研修	● 販売代理店では、メーカーから営業力強化の要請が来ており、従業員の研修、教育を形にしていく必要がある ● 新人は経験が少なく、現場で手探りで対応をしている。OJT だけでなく、座学でしっかり学ぶ機会を求めている
● 通信事業の販売代理店 ● 従業員の教育を制度化したい事業者	● 従業員の営業力のチェック、指導	
● 通信事業代理店へのノベルティ卸販売	● 現在外部から購入しているイベントでの配布ノベルティを H 社で仕入れ、販売代理店に納入する	● 販売代理店から、H 社でノベルティの仕入をしてもらえると助かると伝えられている

（8）固有の「積極戦略」が生まれた背景（204〜205ページ参照）

　新たな売上を検討するうえで「積極戦略」が最重要課題となる。A社長からヒアリングした「強み」や「機会」をふまえ、即実行できる戦略が望ましい。

　筆者は「強み、機会をふまえて、新たな戦略として浮かぶものはありますか？」と伺った。A社長は「顧客の販売代理店では従業員の教育に苦慮している。当社のノウハウを提供できれば、貢献できるかもしれない」と答えた。「機会」のヒアリングの途中から、すでに意識していたことだが、A社長は「他社従業員への研修」事業について考え始めている。

　H社の人的リソースを考えると、多くの事業を同時に実施することは難しい。今回は、大きく分類すると「研修事業」を軸とした方向性で3つの「積極戦略」を策定した。

❶販売代理店の新人への営業強化研修

　1つめの「積極戦略」は、「販売代理店の新人への営業強化研修」である。H社の顧客（販売代理店）では、特に若手の成長に苦慮している。OJTを中心とした教育であるが、実際は製品の知識やマニュアルを詰め込まれているだけで、「営業・販売のノウハウ」について十分に学んでいない。既存顧客はH社の従業員の優秀さを知っており、すでに「従業員が広告塔」となっている。H社の研修への期待値は高いと考えられる。

　A社長としても、H社のノウハウで教育を行えば、販売力を向上させる自信がある。新人研修を専門に行っている業者は数多くいるが、H社のように全国トップレベルの販売実績を持つ研修講師はいないだろう。さらに、顧客の従業員とは現場でも顔を合わせるので、継続的にフォローアップが可能だ。研修の結果が具体的に出れば、「入社1か月の新人が5件契約獲得」など、より効果をイメージできる訴求が可能となるので、A社長には売上への道筋が見えているようだ。

　悩んだのは「研修の単価」である。これまでの事業では業界の慣習から、ある程度の単価が決まっていた。しかし、今回の研修単価は最終的にはH社に決定権がある。A社長は「当社のノウハウには自信があるが、値段をいくらにしてよいかわからない」と不安な表情であった。筆者からは「研修のパンフレット・料金表に掲載するので、低すぎるのはよくない。強気に行きましょう」と伝えた。最終的には、研修の相場などを参考にしつつ、H社の担当する従業員にプレッシ

ャーがかかり過ぎないことも考慮し、「5日間の研修で60万円」という単価を想定した。

②管理職・店長へのコーチング・チームビルディング研修

2つめは、「管理職・店長へのコーチング・チームビルディング研修」である。「新人への営業強化研修」で短期的に結果が出ても、日々接する管理職の対応によっては、従業員の継続的な成長は見込めない。しかし、顧客（販売代理店）では、「店長の部下への教育方法」に店舗ごとにバラつきが大きいことに悩んでいる。そうなると、必要となるのは管理職・店長への研修である。

A社長は、コーチングやチームビルディングなどのコミュニケーション手法に関する知識が豊富である。これをコンテンツ化していくのだ。さらにH社では、イベントや販売店を管理する管理職・店長向けに、「効果の出るレイアウトや導線などの考え方」も提案できる。これはさまざまな業種に適用できるものと考えているが、まずはH社の得意とする「通信事業」に特化して、既存顧客への研修を行うことで、他の研修業者との差別化が図られると考えている。

顧客の販売代理店では、複数店舗を運営している企業が多い。管理職・店長クラス10名程度を1日研修することで、単価を20万円と想定した。

③営業力チェックテスト・検定

3つめは、「営業力チェックテスト・検定」である。顧客（販売代理店）では、従業員の販売結果に差が出るが、その理由がわかっていない。従業員ごとの営業スキルの把握ができていないのだ。A社長としても「他社の従業員を研修しても、単発では継続的な成長は期待できない」と懸念していた。

そこで検討したのが、「営業力チェックテスト・検定の実施」である。定期的に自身の営業力チェックを行うことで、日頃の業務を見直し、改善点の確認ができるというものである。この検定については、「気軽に受けてもらいたい」というA社長の考えから、単価を低く設定し、他の研修のオプションのような形で活用してもらいたいと考えている。一方で、本格的な実技指導などを含めた中級・上級検定についても対応を検討していくこととなった。

今回、積極戦略の策定に際して、A社長の思いをふまえ、以下の3つを特に意識した。①生産性を向上できること、②従業員の成長につながること、③すぐに実行できること。「誰も思いつかないような特別なアイデア」はないかもしれないが、「社員のやる気が出て、翌期の売上につながる内容」になったと考えている。

「強み」と「機会」の組み合わせによる「積極戦略」

	既存商品に関する戦略名	何を（商品サービス名）	どこに（ターゲット、チャネル）
既存商品での売上・粗利の改善	通信事業代理店の営業強化研修 （組み合わせ　A、C×5）	●若手社員を対象に営業の基礎から研修を実施	●通信事業の販売代理店、B to C の営業を行う企業
		どう差別化・差異化して	**どう作る、どう販売する**
		●全国トップレベルの営業支援実績、効果が出るまで現場でもフォローアップ	●H 社の社内教育をコンテンツ化
	既存顧客に関する戦略名	何を（商品サービス名）	どこに（ターゲット、チャネル）
既存顧客での売上・粗利の改善	管理職向け「コーチング・チームビルディング研修」 （組み合わせ　A、C×2）	●管理職向けの営業力強化・離職防止などに効果のある研修（1日研修）	●通信事業の販売代理店、B to C の営業を行う企業
		どう差別化・差異化して	**どう作る、どう販売する**
		●H 社の営業実績を活かし、最終的に営業力の強化につながることを意識した研修を実施	●A 社長のコーチングスキル、営業ノウハウをコンテンツ化
	新商材に関する戦略名	何を（商品サービス名）	どこに（ターゲット、チャネル）
新商材での売上・粗利の改善	営業スキルチェックテストの実施 （組み合わせ　A、C×6）	●営業スキルチェックテスト（初級・中級・上級）を実施	●通信事業の販売代理店、B to C の営業を行う企業
		どう差別化・差異化して	**どう作る、どう販売する**
		●研修との相乗効果、中級・上級では現場での実技チェック	●研修コンテンツと連動して、チェックリスト・指導ポイントを作成

どんな手段（マーケティング）	収支への反映概算			
●研修メニュー・パンフレットを作成し、既存顧客へ周知、HP掲載	科目／年度	2024年	2025年	2026年
	●売上可能性	7,200	18,000	36,000
	●数量／単価	12回/60万円	30回/60万円	60回/60万円
主要プロセス	●原価／粗利率	人件費を増加計上 ※5日間の研修を想定		
●研修内容をテキスト・動画化 ●研修プログラム、単価表、研修仕様書の詳細パンフレット	●経費／償却等			
	●利益効果	7,200	18,000	36,000
	●KPI（研修回数）	12回	30回	60回
どんな手段（マーケティング）	収支への反映概算			
●研修メニュー・パンフレットを作成し、既存顧客へ周知、HP掲載	科目／年度	2024年	2025年	2026年
	●売上可能性	2,400	6,000	12,000
	●数量／単価	12回/20万円	30回/20万円	60回/20万円
主要プロセス	●原価／粗利率	人件費を増加計上 ※1日の研修を想定		
●チームビルディング研修プログラム、単価表、研修仕様書の詳細パンフレット	●経費／償却等			
	●利益効果	2,400	6,000	12,000
	●KPI（研修回数）	12回	30回	60回
どんな手段（マーケティング）	収支への反映概算			
●研修を実施のオプションとして、定期的な効果測定として提案	科目／年度	2024年	2025年	2026年
	●売上可能性	300	1,200	2,400
	●数量／単価	60人	180人	320人
主要プロセス	●原価／粗利率	人件費を増加計上 初級　5,000円 中級　10,000円 上級　15,000円		
●スキルアップの見える化 ●研修との相乗効果	●経費／償却等			
	●利益効果	300	1,200	2,400
	●KPI（受講者数）	60人	180人	320人

(9) 3か年基本方針

　3か年経営改善基本方針では、経営計画策定の前後でビジネスモデルを比較し、改善点が明確になるようにした。

❶商品

　H社は、これまでA社長の個人事業の時代からのビジネスモデルに変化はなく、顧客からの評判のよさから、紹介・クチコミなどの集客が中心で、特別な施策を行わずに成長してきた。

　主力商品は「通信事業の顧客（販売代理店）に対する営業支援」であり、ほぼ100％の売上がここから計上されている。

　営業支援事業の課題としては、単価の決定権が取引先にあり、「人員×単価＝売上」であり、生産性の向上がH社の努力では難しいことであった。

　このような状況を打開するため、「これからのビジネスモデル」では、「研修・検定事業として、「販売代理店に対する新人への営業強化研修」「管理職・店長へのコーチング・チームビルディング研修」「営業力チェックテスト・検定の実施」を開始する計画である。

　研修・検定事業は、顧客（販売代理店）が従業員教育に苦慮しており、A社長が相談を受けたことを「機会」として検討された。この事業はH社の独自商品となるため、単価の設定はH社が行うことができる。もちろん、個別案件では顧客との交渉となるが、「人員×単価」の事業ではなく、交渉のスタート地点が既存事業とは大きく異なる。

　交渉では、研修講師の世間相場を参考に示すことも有効だろう。従業員にとっても、これまでの営業・販売スキルを活かしながら、キャリアアップできるので、A社長が考える「従業員が成長できる業務」に合致する。

　また、本稿では省略した改善戦略のうち、後述する中期収支計画に組み込んだ「ノベルティの卸販売事業」については、これまでのH社のビジネスモデルとはまったく異なるものである。顧客（販売代理店）からの要望は強いものの、H社の現在の体制ですぐ対応することは難しい。しかし、「人員×単価」のビジネスから脱却するという意味では、中長期的な期待が寄せられる。

❷顧客・マーケティング

「研修・検定事業」の対象顧客については、まずはH社への信頼が厚い既存顧客から対応することが想定される。

そこで実績が上がれば、H社のHPに研修実績や動画コンテンツ等を掲載し、オンライン研修やコンテンツ販売にもつなげていく。もちろん、一般の企業がHPを直接閲覧する機会は少ないだろう。しかし、顧客の販売代理店では、地域を超えた横のつながりがあるので、顧客のクチコミからHPでのコンテンツ閲覧につながる可能性がある。

「通信事業の販売代理店向けの研修」はニッチであり、業界内での評判が広がれば、全国的な受注に広がる可能性があると考えている。

❸組織

これまでは単一のチームでの活動であったが、「研修・検定事業」「ノベルティ卸事業」などが開始されれば、自社内の複数のチームが対応することになる。

❹コスト構造

❶商品の項で述べた「ノベルティの卸販売事業」の実施に際しては、これまでの人件費中心の事業と異なり、仕入にキャッシュを要するようになる。現在は実質無借金経営であるが、今後、銀行融資の必要性が生じる可能性がある。

以上の「これからのビジネスモデル」をふまえ、次ページの表にある目標値を設定した。

A社長が最も重視しているのは、「労働生産性の向上」である。

3か年　経営改善基本方針

これまでのビジネスモデル		これからのビジネスモデル
●商品 ・主要商品 ・付加価値商品 ・差別化商品等	通信事業に関する営業支援	通信事業に関する営業支援
		研修・検定事業
		ノベルティ卸事業
●顧客 ・主要顧客 ・主要代理店 ・主要地域等	通信事業の販売代理店（対面）	通信事業の販売代理店（対面）
		B to C で営業を行い、従業員の研修を考えている企業
		イベント開催会社へのノベルティ販売
●マーケティング ・販促 ・見込客開拓 ・ブランディング等	クチコミや紹介による顧客対応	クチコミや紹介による顧客対応
		HP、動画での研修・検定のコンテンツ化 研修実施企業としてのブランディング
		ノベルティ販売サイトの構築
●組織 ・組織構造 ・ビジネス構造等	フラットな営業支援チーム	営業支援チーム
	人員×単価での売上	研修検定チーム
		卸事業チーム
●コスト構造 ・原価（仕入） ・販管費	人件費が中心	人件費
		卸事業の仕入

3か年中期経営方針（実抜計画の目標値）	
中期戦略目標	「人員×単価」にとらわれない新規事業の展開
	1人当たり生産性を上げたうえでの従業員の増員
	ニッチな分野での研修実施企業としてのブランド力向上
収支目標（売上・粗利・営業利益）	年間売上　300,000千円
	営業利益　　15,000千円
財務改善目標	付加価値労働生産性を500千円向上
	営業利益率　5%
その他	研修・検定チーム担当者を中心に、さまざまな経験を積ませながら、幹部社員を育成する

（10）中期収支計画（212〜215ページ参照）

　以上の「積極戦略」や「3か年基本方針」から、クロスSWOT分析の具体策と連動した「中期収支計画」を策定した。

❶既存売上

　「既存売上カテゴリー」にある「通信事業に関する営業支援」は、「破局のシナリオ」で示したとおり、ある程度増加の傾向で想定している。これに加えて、後述する「差別化戦略」での「従業員の魅力を活かした採用サイト構築」における採用の円滑化を予定し、2025年度から売上の増加を積み上げている。これに連動して、労務費・外注費も増加する。

❷新規売上

　次に「新規売上カテゴリー」では、積極戦略で策定した「研修・検定事業」がメインとなる。

　1つ目の「販売代理店に対する新人への営業強化研修」では、5日間の研修を60万円と設定し、2024年度から年間12回の受注を想定する。当初は社長自身が対応することもあるが、順次、従業員が研修を実施できるように育成していく。2026年度には、研修担当者5名が月1回対応することで、年間60回の実施、売上36,000千円を見込む。当初から一部の既存顧客からの受注は想定できるが、毎年繰り返し受注できるか、対象企業を拡大できるかが成功のカギとなる。

　2つ目の「管理職・店長へのコーチング・チームビルディング研修」では、管理職向けの1日研修を20万円と設定する。「販売代理店に対する新人への営業強化研修」を受けた事業者に対して行うことを基本に考え、回数は同数の年間12回の受注を想定する。2026年度についても、同様の考えで年間60回の実施、売上12,000千円を見込む。管理職・店長向けの研修は、1日研修のため、さまざまなメニューを提示し、反復して受注することを期待している。

　3つ目の「営業力チェックテスト・検定の実施」では、単価1件5,000円と対応しやすい価格に設定し、研修のオプション等として対応することを考えている。2024年度は初級コースを60名に対して実施、2026年度には180名に対して実施を見込む。さらに、中級・上級の検定テストも策定し、実技での対応を含めて個別に指導する内容として、2026年度には合計で2,400千円の売上を想定している。

4つ目は「改善戦略」で計上した「通信事業代理店へのノベルティ販売事業」である。本事業は積極戦略と異なり、2026年度から売上計上を想定した。A社長にとっても、本事業は十分な知見がなく「すぐの対応が難しい」ということで積極戦略ではなく改善戦略に盛り込んだ。

　顧客の販売代理店では、1週間で1個100円のノベルティが3,000個程度必要となる。H社が対応する販売代理店の営業店舗・イベントは常に100件程度あり、ほぼ毎週販促活動を行っている。単純な計算で言えば、年間52週×100件＝5,200件の需要があるのだ。仮にノベルティ3,000個を月10件、年間120件分販売した場合、36,000千円の売上となる。売上原価は85％と想定して、粗利益は5,400千円だ。現時点では「絵に描いた餅」の段階であるが、顧客の販売代理店からのニーズがあるのは確かである。

　本事業は、H社にとって新たなチャレンジであり、事業構造の大きな変化が生じる可能性があり、このため、A社長は精力的に仕入先との交渉を始めた。筆者は、新たな事業への意識を高めてもらいたいと考え、多少性急だとしても「通信事業代理店へのノベルティ販売事業」を事業計画に盛り込むことにした。

❸販売費および一般管理費

　人件費を増加させているのがポイントとなる。1人当たりの人件費を「破局のシナリオ」で想定したように平均給与（3,745千円）と設定し、法定福利費を15％見込んだ。この結果、付加価値労働生産性が574千円増加した。これはA社長の「従業員の成長に合わせて賃金を上げていきたい」という思いを反映させた形である。

　一方で、人件費の増加は今後の経営を圧迫する可能性があるのは間違いない。本計画では、「人件費増加に耐えられる事業計画」という点を意識して、意図的に人件費を増加させている。今後、具体的な賃上げについては、「差別化戦略」に記載した「キャリア・パス」を作成したうえで、職務内容に応じた適正な賃金を設定していくことが必要である。

　以上のような内容をふまえ、新事業を反映すると、2026年度の売上が324,400千円、営業利益が19,380千円となった。「破局のシナリオとの差額概算整理表」の必要差額売上と比較しても、売上が増加しているが、これは当初想定していなかった「ノベルティ卸事業」を計上したことが大きな要因である。

　A社長は新事業を含めた収支計画を見て、意気込みを新たにした。特に既存事業の積み上げではなく、新規事業での売上が数字として見えていることは、よい刺激になったようだ。

具体策連動 中期収支計画

科目	売上科目	商品または顧客	前年度実績	今期（24年度）予想	来期（25年度）予想	再来期（26年度）予想
売上	既存売上カテゴリー	通信事業に関する営業支援	176,323	180,000	185,000	190,000
		通信事業に関する営業支援（採用サイトでの増加）			24,000	48,000
	新規売上カテゴリー	通信事業代理店の営業強化研修		7,200	18,000	36,000
		管理職向け「コーチング・チームビルディング研修」		2,400	6,000	12,000
		営業スキルチェックテストの実施		300	1,200	2,400
		通信事業代理店へのノベルティ販売事業				36,000
		売上合計	176,323	189,900	234,200	324,400

戦略での概算数値（売上・原価・経費）整理				
クロス分析の戦略と具体策から捻出される売上概況・内容 （新商材・新規チャネル等売上の増や既存商材の売上減等）			年度	新たに増減する売上高
（限界または下落傾向）既存売上	〈1〉	既存売上は、従業員の採用にともない増加傾向であり、本計画における戦略と関係なく、一定の増加を見込んでいる	2024 年	3,677
			2025 年	8,677
			2026 年	13,677
	〈2〉		2024 年	
			2025 年	
			2026 年	
既存売上の改善対策	〈4〉	従業員の魅力を活かした採用サイト構築により、2025 年に 4 名採用、2026 名にも 4 名採用を見込む。従業員 1 名当たり 6,000 千円の売上増とする	2024 年	
			2025 年	24,000
			2026 年	48,000
	〈5〉		2024 年	
			2025 年	
			2026 年	
新戦略・新規売上対策	〈6〉	通信事業代理店の営業強化研修：5 日間研修の単価 60 万円 2024 年 12 回、2025 年 30 回、2026 年 60 回の実施を見込む	2024 年	7,200
			2025 年	18,000
			2026 年	36,000
	〈7〉	管理職向け、コーチング・チームビルディング研修：1 日間研修の単価 20 万円 2024 年 12 回、2025 年 30 回、2026 年 60 回の実施を見込む	2024 年	2,400
			2025 年	6,000
			2026 年	12,000
	〈8〉	営業スキルチェックテストは、研修のオプションとして活用する実技も含めて中級、上級の実施も行い、継続的な支援につなげる	2024 年	300
			2025 年	1,200
			2026 年	2,400
	〈9〉	通信事業代理店へのノベルティ販売事業では、1 回の発注が 100 円×3,000 個程度、月 10 回の受注を想定した。本事業は改善戦略であり、すぐの実行は難しいため、2026 年から売上を見込んでいる	2024 年	
			2025 年	
			2026 年	36,000
	〈10〉		2024 年	
			2025 年	
			2026 年	

具体策連動 中期収支計画　続き

	科目	前年度実績	今期（24年度）予想	来期（25年度）予想	再来期（26年度）予想
原価	原材料・仕入（売上原価）				30,600
	外注費	52,681	55,393	64,317	73,242
	労務費				
	その他製造原価				
	原価計	52,681	55,393	64,317	103,842
	粗利合計	123,642	134,507	169,883	220,558
	平均粗利率	70.1%	70.8%	72.5%	68.0%
販売費および一般管理費	役員報酬（法定福利・福利厚生込）	9,646	10,097	10,549	11,000
	人件費（法定福利・福利厚生込）	87,884	96,902	126,834	163,657
	雑給				
	支払手数料				
	旅費交通費	5,572	5,758	5,943	6,129
	販促広告費	3,081	3,500	4,000	5,000
	消耗品費	1,261	1,303	1,345	1,387
	水道光熱費	522	539	557	574
	減価償却費	50	50	50	50
	通信費	1,987	2,053	2,120	2,186
	車輌費	926	957	988	1,019
	地代家賃	5,246	6,500	6,500	6,500
	誘客費				
	雑費				
	その他経費	3,343	3,454	3,566	3,677
	販管費合計	119,518	131,114	162,451	201,179
	営業利益	4,124	3,393	7,432	19,380
営業外	営業外支出	63			
	営業外収益	1,321			
	経常利益	5,382	3,393	7,432	19,380
	従業員数	23	25	31	38
	付加価値労働生産性	4,705	4,678	4,883	5,279

（単位：千円）

クロス SWOT 分析の戦略と具体策に該当する仕入または粗利に関する概況・内容（新商材・新規チャネル等で発生する原価や仕入、既存商材の売上ダウンに伴う仕入減、または粗利率の変動も含む）			新たに増減する原価・仕入	
既存ビジネスでの原価増減	〈1〉	致命傷回避・撤退縮小戦略での低単価受注の外注化により、外注費を増加	2024 年	1,613
			2025 年	1,837
			2026 年	2,133
	〈2〉		2024 年	
			2025 年	
			2026 年	
	〈3〉		2024 年	
			2025 年	
			2026 年	
新規売上での原価増減	〈4〉	改善戦略「通信事業代理店へのノベルティ販売事業」により、ノベルティの仕入れ原価を計上（原価率 85%）	2024 年	
			2025 年	
			2026 年	30,600
	〈5〉		2024 年	
			2025 年	
			2026 年	
	〈6〉		2024 年	
			2025 年	
			2026 年	
	〈7〉		2024 年	
			2025 年	
			2026 年	
クロス分析の戦略と具体策に該当する経費支出・削減の科目と金額に関する科目の概況と内容（新対策で新たに発生する経費も含む）			新たに増減する経費	
既存ビジネスでの経費増減	〈1〉	業務改善をふまえた役員報酬の増加	2024 年	451
			2025 年	903
			2026 年	1,354
	〈2〉	原価高騰などをふまえ、一定割合で各項目を増加	2024 年	
			2025 年	
			2026 年	
	〈3〉		2024 年	
			2025 年	
			2026 年	
新規売上での経費増減	〈4〉	新規事業、既存事業での人件費を賃上げを含み 増加 計画策定時、従業員 23 名 2024 年度 25 名、2025 年度 31 名、2026 年度 38 名と想定 2026 年度時点平均賃金 3,745 千円、法定福利費 15% を見込む	2024 年	9,018
			2025 年	38,950
			2026 年	75,773
	〈5〉	新規事業の経費として販促広告費を増加	2024 年	419
			2025 年	919
			2026 年	1,919

（11）中期ロードマップ（218〜219ページ参照）

　今後3か年の具体的な取り組みを項目ごとに示した「中期行動計画（ロードマップ）」である。

　200〜201ページの図では、今回の積極戦略に挙げた「販売代理店に対する新人への営業強化研修」「管理職・店長へのコーチング・チームビルディング研修」「営業力チェックテスト・検定の実施」を「研修・検定事業」としてまとめて記載している。

　本事業は2024年度からすぐに実行に移す予定だ。他社への研修については、「機会」の項目で記載したように、過去に一度、顧客からの打診があり、A社長が営業のポイントを他社の従業員に話したことがある。非常に好評な結果となったが、継続的な実施を意識せず、その場限りの対応であった。今後の事業化を考えると、研修内容をパッケージとしてコンテンツ化していくことが必要である。

　中小企業の経営は、どうしても「走りながら考える」ことが前提となる。2024年度の上半期で研修を実施しながら、「商品」としての研修コンテンツの内容を固めていくことになった。

　研修コンテンツの内容が固まり、研修受講者の感想や成果が出てきた段階で、「マーケティング」の項目に記載したように、H社のHPに研修関連の動画やメニューを掲載していく。

　まずは「販売代理店に対する新人への営業強化研修」の実施が想定されるが、「管理職・店長へのコーチング・チームビルディング研修」「営業力チェックテスト・検定の実施」についても、同様のプロセスで「研修コンテンツの作成」「研修実施」「研修コンテンツの改善」「HP上にコンテンツ掲載」に取り組んでいく。

　研修の実施と改善を繰り返し、2025年上半期頃にはベースとなる研修メニュー・コンテンツを固めていくことを想定している。

　A社長は「対応すべきことが盛りだくさんですね」と険しい表情だ。今回の事業計画では、H社の人的資源もふまえ、できるだけ内容を絞り込みながら対応した。したがって、早急に対応すべき内容はそう多くない。しかし、具体的な期限が見えたことでプレッシャーを感じているようだ。

　筆者は「まずは今日からできることを整理していきましょう」と伝え、「アクションプラン」の作成に取り掛かった。

（12）単年度アクションプラン （220 〜 221 ページ参照）

2024 年度に取り組むべき内容を記載した「モニタリング用アクションプラン」である。202 〜 203 ページの図では、2 か月ごとに期限を区切って、対応すべき内容を整理し、具体的に何から始めるべきかを明確にしている。

❶中心的な担当者は誰にするか

今回の場合、スタートを切るためには、最も重要な積極戦略である「研修・検定事業」の担当者を決める必要がある。実際には 4 月に顧客（販売代理店）での新人教育が多いことを考えると、まさに「走りながら考える」ことになるだろう。当初は A 社長が中心となり、担当従業員と共に研修などに対応することも想定している。

❷研修コンテンツの作成とブラッシュアップ

研修コンテンツの内容については、研修を実施しながら固めていくことになるが、A 社長の得意とするコーチングや H 社の営業ノウハウから、A 社長の頭の中に原型はできているようだ。

H 社では全国トップレベルの売上実績があるため、それを実現したノウハウを共有するのである。今後は、研修コンテンツの内容について、H 社の毎週のミーティングの議題とする予定だ。研修担当者だけではなく、従業員全体を巻き込みながらロールプレイを繰り返し、研修コンテンツを改善していく。

❸想定される顧客

顧客については、開始時は既存顧客（販売代理店）が想定される。まずは「販売代理店に対する新人への営業強化研修」についての簡単なチラシを作成し、既存顧客へ配布する。A 社長の感覚では、既存顧客に対する初回の研修実施は、ある程度の件数が見込むことができるようだ。

「マーケティング」に記載したように、H 社の HP に「研修・検定事業」のページを作成し、研修受講者のアンケート、受講後の成果、研修動画などを更新していく予定だ。また、「販売代理店向けの営業力向上」に役立つニッチ分野でのメルマガを配信していく。既存顧客や研修受講者に登録してもらい、H 社でのノウハウや顧客とのエピソード、新たな研修メニューのお知らせなどを定期的に配信し、継続的な受注につなげていく。

中期行動計画（ロードマップ）

3 か年中期方針および実施戦略 （3 か年で構築する「商材」「顧客」 「マーケティング」「組織」「コスト」）			成果の期限 （年月）	2024 年度	
				上半期	下半期
商品	1	通信事業に関する営業支援		●採用強化を図りながら、売上増加を目指す	
	2	研修・検定事業		●新人営業研修コンテンツ作成	●管理職研修コンテンツ作成
	3	ノベルティ卸事業		●協力企業・仕入れ先との交渉	
顧客	4	通信事業の販売代理店（対面）		●対応体制強化を図りながら、顧客開拓	
	5	B to C で営業を行い、従業員の研修を考えている企業		●既存顧客への研修実施	
	6	イベント開催会社へのノベルティ販売			
マーケティング	7	クチコミや紹介による顧客対応		●大手通信事業者、既存顧客への新規事業の周知	
	8	HP、動画での研修・検定のコンテンツ化 研修実施企業としてのブランディング		●研修メニューの HP への掲載、動画作成、SNS, メルマガなどでの配信	
	9	ノベルティ販売サイトの構築			
組織	10	営業支援チーム		●採用サイト、組織の強み分析	●採用サイト公開
	11	研修検定チーム		研修、検定の担当者決定	週1ミーティングでの研修担当者の育成
	12	卸事業チーム			
コスト	13	人件費、労働生産性の向上			
	14	卸事業の仕入れにかかるコスト			
	15	広告宣伝費、HP 構築費		●研修検定事業、HP 作成、更新 コンテンツ作成	

2025年度		2026年度		2027年度	
上半期	下半期	上半期	下半期	上半期	下半期
●ベースとなる研修コンテンツを固める	●顧客にヒアリングを行いながら、検定メニュー 研修メニュー、研修教材を拡充していく				
	●事業HP、メニューなど準備	●ノベルティ事業開始	●ノベルティのアイテム強化		
●既存顧客以外への研修実施					
	●既存顧客への事業周知	●既存顧客を中心とした販売		●新規顧客開拓	
●HP、メルマガ、SNSなどでの継続的な情報発信、ニッチな研修事業者としてのブランディング					
	●ノベルティHP作成	●新規ノベルティの掲載、HPの更新 ECサイト化			
	●キャリアパス作成	●採用サイトにキャリアパス公開	●新規事業の状況を見ながら、職務内容等を更新		
●研修内容ブラッシュアップ、ロールプレイの継続					
●卸事業の担当者決定		●卸事業対応者の育成			
		●キャリアパスに従った職務や役割に応じた給与体系の構築			
	●ノベルティの仕入れ、金融機関からの借入検討				
	●ノベルティ事業HP構築	●コンテンツ作成、更新費用			

モニタリング用アクションプラン

3か年中期方針および実施戦略 （3か年で構築する「商材」「顧客」 「マーケティング」「コスト」）「組織」			重要実施項目	責任者・担当	成果の期限 （年月）
商品	1	通信事業に関する営業支援	●採用の強化による対応体制強化	A社長	2025年3月
	2	研修・検定事業	●新人向け営業向上研修のコンテンツ作成、初級営業力チェックテスト作成、ブラッシュアップ	研修担当①	2024年5月
			●管理職向け、コーチング・チームビルディング研修コンテンツ作成、中級・上級営業力チェックテスト作成、ブラッシュアップ	研修担当②	2024年7月
	3	ノベルティ卸事業	●仕入先との交渉	A社長	2025年9月
顧客	4	通信事業の販売代理店（対面）	●営業支援の単価交渉	A社長	2025年3月
			●研修メニュー、営業力チェックテストの提案 ※早い段階で研修の契約を行う	A社長 研修担当	2024年5月
	5	B to Cで営業を行い、従業員の研修を考えている企業	●既存顧客への紹介依頼	研修担当	2025年3月
			●HPへの研修コンテンツ、動画掲載 ●SNS・メルマガ・オンラインセミナーの実施	研修担当	2025年3月
	6	イベント開催会社へのノベルティ販売	●ノベルティ需要のヒアリング	A社長	2025年3月
マーケティング	7	クチコミや紹介による顧客対応	●既存顧客へ研修メニューチラシ、成果・実績を共有	A社長 研修担当	2025年3月
	8	HP、動画での研修・検定のコンテンツ化 研修実施企業としてのブランディング	●研修メニュー、紹介動画の作成	研修担当	2025年3月
			●セミナー（オンライン・オフライン）の開催		
	9	ノベルティ販売サイトの構築	●A社長による仕入れ先、協力先との交渉	A社長	2025年3月
組織	10	営業支援チーム	●採用サイト担当者決定（1名）	採用サイト担当	2024年4月
			●採用サイトに掲載するH社の強み深掘り、採用サイトの構築		
	11	研修検定チーム	●担当者決定（2名）		2024年4月
			●チームメンバー決定（翌年以降の研修担当候補）		2025年3月
	12	卸事業チーム			
コスト	13	人件費、労働生産性の向上	●営業支援の低利益率案件の改善		
			●新規事業での生産性向上		
	14	卸事業の仕入れにかかるコスト	●A社長による仕入れ先、協力先との交渉	A社長	2025年3月
	15	広告宣伝費、HP構築費	●研修検定事業のHP作成、動画作成、採用サイト作成	研修担当、採用サイト担当	2025年3月

2024 年度					
4-5 月	6-7 月	8-9 月	10-11 月	12-1 月	2-3 月

❶ A 社長の反応

今回、「SWOT 分析を活用した根拠ある経営計画書」を作成して、A 社長からは「第二創業のつもりで頑張っていきたい」という声をいただいた。

創業から脇目もふらず走り続けてきた A 社長だが、今回の経営計画書作成を H 社の新しい出発と感じてくれたようだ。新事業の結果は、今後の取り組み次第だが、A 社長の意識に変化が起きたことは間違いない。

特にロードマップシートやモニタリング用アクションプランにより、進捗を意識できることは非常に喜ばれた。

今後は、アクションプランに沿って対応を進めつつ、定期的に見直しをする予定である。また、計画開始後は顧客からのさまざまな声が届くことになるので、小まめに「機会」を更新して、「SWOT 分析」をアップデートし、戦略を改善していきたいとのことだ。

さらに、A 社長から「SWOT 分析は企業だけでなく、個人単位でも使えるのでは？」と聞かれたので、嶋田先生の著書『最適なキャリアデザインのためのパーソナル SWOT』を紹介した。A 社長はアイデアが豊富であり、人事施策にも SWOT 分析を活用することを自ら思いついたようだ。

❷ 「SWOT 分析を活用した根拠ある計画書」を作成した感想

筆者としても、社会保険労務士の顧問先を分析することで、顧客の経営課題等が把握でき、非常に有益であった。社労士の立場で付き合いを始めると、どうしても労務関係を中心に意識するし、もちろん顧客も社労士としての対応を期待している。

しかし、コンサルタントとして顧客への貢献を考えれば、対応内容に壁を作る必要はないはずである。社会保険労務士・中小企業診断士として幅広い活動を PR してきたつもりだが、業務範囲などの固定観念に捉われていたのかもしれない。

今後、社労士の立場で対応する場合にも、SWOT 分析を積極的に提案・活用していきたい。結果として、労務問題等についても、より適切な支援ができるようになると確信している。

今回、SWOT 分析を議論するなかで、特に「機会」の捉え方にポイントがあると感じた。一般的な SWOT 分析では外部環境を「マクロ」で見る傾向にあるが、

嶋田先生の手法では「ミクロ」な視点で分析する。特に中小企業が「すぐ成果が出る戦略」を考える場合、顧客の声をもとにした「ミクロ」な機会を活かすのが最善と感じた。

（14）その他

　SWOT分析では、「強み」×「機会」＝「積極戦略」、「弱み」×「脅威」＝「致命傷回避・縮小撤退戦略」、「弱み」×「機会」＝「改善戦略」、「強み」×「脅威」＝「差別化戦略」について検討していくが、中小零細企業においてはリソースが限られており、着手できる戦略も限られてくる。ニッチ市場の「機会」に自社の（小さく、少ない）「強み」を掛け合わせて、なんとか「積極戦略」をしぼり出していくことが精一杯で、「改善戦略」や「差別化戦略」にまで手を出せないのが現実であろう。

　本事例では「致命傷回避・縮小撤退戦略」「改善戦略」「差別化戦略」についてあまり解説していないが、実際には「改善戦略」や「差別化戦略」の考察も行っているので、参考までにそれらの概略を紹介して本稿を締めくくる。

❶改善戦略について

　改善戦略の「通信販売代理店へのノベルティ卸事業」については、仕入先との交渉の目途がついた後に本格的なスタートとなるので、当初1年間はA社長を中心に事業可能性調査を行う。2025年上半期にH社での担当者を決定し、2025年下半期に顧客（販売代理店）への業務案内、2026年度から業務開始を想定した。

❷差別化戦略について

　差別化戦略の「従業員の魅力を活かした採用サイト構築」については、営業支援チームの「組織」欄に記載した。2024年度の上半期に担当者を決定し、まずはH社の採用上の「強み」について深掘りをする。この過程で採用上の課題があれば、労働環境の改善を図る必要がある。

　採用サイトに掲載する「強み」を整理したうえで、HP事業者に依頼し、2024年度下半期に公開することを予定した。

　「将来像がわかるキャリア・パス」については、「研修・検定事業」が形となり、「ノベルティ卸事業」が開始する2025年度下半期から作成に着手する。各チームでの必要な役割・職種を把握しながら、H社でのキャリア・パスを作成していく。

事例④ 食品包装資材開発販売業 執筆：星野裕司

（1） SWOT分析を活用した「根拠ある経営計画書」の効果

　会社員勤務時代に200人を超える経営者と接する中で、自社の経営方針や考え方が正しいのか不安になったり、会社を成長させるには何をすべきなのかという悩みを持つ経営者が多いことに気づいた。

　そこに共通しているのは「孤独」。社内はもちろん、社外にも相談相手がいない。そこで話を聞いてみると、不思議と次々と解決策が見えてきた。

　経営者の話を聞きながら、経営者の頭の中を整理することで、ありたい姿と解決策を一緒に導き出していく。特別なテクニックや法則を使ったわけではなく、答えは経営者の頭の中にあった。いわば、経営者の第2の頭脳（セカンドブレイン）として、課題解決を図ってきた。

　当社が得意とするのが「事業計画」の策定である。これまで約600件の補助金申請支援や経営革新計画、経営改善計画などの事業計画策定のサポートを行ってきた。事業計画の策定時に大切に考えているのが、現状分析とありたい姿（あるべき姿）の設定である。現状を正しく把握し、目標とするゴールを定め、そこへ向かうための取り組みを具体的に事業計画に落とし込んでいく。

　事業者の内部要因である「強み」「弱み」と、外部環境の「機会」「脅威」をマトリックスにして行うSWOT分析は、現状分析の必須のアイテムであり、当社でもパートナーも含めて活用している。しかし、事業者や業種によっては、SWOT分析を行っても、ゴールに向かった戦略を出しにくかったり、根拠に乏しい計画になってしまうケースも散見された。

　そこで、より精度の高いSWOT分析を学び直したいと考え、SWOT分析の第一人者である嶋田先生を師匠と仰ぐこととした。嶋田先生から学ぶSWOT分析には、その奥深さや広がりが感じられた。さらに、SWOTから導き出す「根拠ある経営計画書」は、まさに私が求めていたものであり、事業者や金融機関を納得させられる手法であると実感した。

(2) 企業概要

> 株式会社T（以下T社）
> 設　立：2012年7月
> 資本金：2,000万円
> 年　商：7億3,000万円（2023年6月）
> 従業員：10名（パート・アルバイトを含む）
> 所在地：東京本社 東京都目黒区、北海道支店 北海道札幌市
> 役　員：代表取締役社長CEO Y（43歳）、取締役会長　Y
> 事業内容：食品・包装資材等の販売および商品開発の企画・コンサルティング

❶事業内容

株式会社Tは、食品ならびに食品の包装資材（フードパッケージ）の企画・製造・販売を営んでいる。包装資材とは、食品メーカーやスーパー等が販売する食品の個別包装パッケージである。包装資材のほかに食品のOEM・ODM製造や、自社ブランドで飲食店向けテイクアウト用容器の販売も行っている。

❷業歴（沿革）

T社は、現社長Yの実父（現会長）が、2012年に北海道で食品用の包装資材の会社として創業した。食品メーカーの営業責任者の経験と幅広いネットワークを活用し、2020年には本社を東京へ移し、北海道を支店とし、2拠点の体制とした。

現社長のYは、米国留学や米国での就労を経験した後にT社に入社、2021年に代表取締役に就任した。米国でデザインやアートなどの文化に感化を受け、デザイン重視のものづくりによって商圏を拡大したり新規ビジネスに取り組むなど、積極的にチャレンジを続けている。

❸業績（経営状況）

創業4年目から黒字となり販路拡大や業務拡大を続けてきた。4年前の2020年に大手食品メーカーのOEM受託により売上は大きく伸びた。半面、利益率は低く、全社の売上総利益率は低下した。その後は、主力の包装資材は一定の売上

を確保していたものの、OEM受託が減少したこともあり、直近の決算では、売上7億3,000万円、800万円の営業損失となった。

❹従業員体制

T社は自前の製造施設は所有せず、国内協力会社に製造を委託するファブレス企業である。

従業員は10名。営業、デザイン・制作、総務部門に分かれている。社内デザイナーのほかに、外部のデザイナーやフードプランナーなど、クリエイティブ（制作）スタッフには外部人材を活用している。

❺主な経営課題

主な経営課題は、以下のとおりである。

A：単価の低い商品を扱って売上と利益を確保すること

スーパーやコンビニなどで販売される食品・菓子などの小売単価は数十円から数百円である。当然そのパッケージ（包装資材）のメーカーへの納入価格は、1枚数銭〜数円といった低単価である。食品のOEM／ODM受託も同様であり、食品や包装資材でビジネスを継続するには、数量の拡大とコスト削減が必須である。

B：取引先の業績や経営方針に左右されずに、売上を確保すること

食品OEMや包装資材は、すべて取引先からの発注によることから、取引先の業績や経営方針などに左右される。したがって、当社の売上や利益は、取引先次第という他社主導である。こうした下請け的な受注体質から脱却して、自社の経営方針や活動によって、売上や利益を確保する自社主導のビジネスが望まれる。

C：全社一丸となって事業を推進すること

売上や利益を確保するために、Y社長は新しい方法を試したり、新しいビジネスにチャレンジしている。これまで経験したことのない取り組みにもかかわらず、方法論や体制が整っていなくても走りながら考えるスタイルで、次々にチャレンジを続けてきた。そのため従業員は会社がどこを目指しているのかわからずに混乱を招いている。まして業績が低迷してくると、社長への求心力が弱まり、従業員のパフォーマンスが落ちている。

既存ビジネスはもちろんのこと、新規ビジネスに全社一丸となって取り組める体制や仕組みが必要とされている。

（3）　SWOT分析による根拠ある経営計画書を作成した背景

❶補助金を検討したが…

　Y社長は事業承継した際に、父親が創業した会社を自分の力で伸ばしたい、父親を超えたい、世界に向けたビジネスをしたい、という大きな夢を描いていた。そのため、新しいことにチャレンジし積極的なビジネス展開を行ってきた。その一例が大手食品メーカーとのOEM契約や自社ブランドによるテイクアウト用容器の開発である。経験のない新しい取り組みであり、多少の混乱はあるものの、いずれも先陣を切って進めてきた。

　この新規事業が波に乗ったことで、Y社長はさらに新しい取り組みを行うために、地元の信用金庫に借入の相談と同時に、補助金の獲得についても相談を持ち掛けていた。

　このようないきさつから、地元の信用金庫からの紹介で、筆者が信用金庫職員とともにT社を訪問し、経営者から事業概要を伺った。

　T社は大手企業との直接の取引があり、新規事業にも積極的に取り組んでいることから、筆者は「成長が楽しみな企業」という印象を持った。しかし、事業の構想は社長の頭の中だけにあり、事業計画としてはまとまっていなかった。

　そこで筆者は、「補助金を得るには、実現可能性の高い事業計画が必要」である旨を説明し、さらに「会社経営には事業計画が必須。事業計画に基づいて経営するなかで、必要であれば補助金を活用するというのが正しい順番です」と付け加えた。

　結果的に、その時点では諸条件やタイミングが合わずに、補助金の申請は行わず、筆者がT社を支援することはなかった。

　それから半年後、筆者の携帯電話が鳴った。電話の主は、Y社長だった。

　「事業計画の作成について相談したい」という。半年前の「会社経営には事業計画が必須」という筆者の話が印象的だったようだ。

　半年前と経営状況は変わっていた。

　食品OEMは、全国規模で出荷され売上は伸長したが、商品のライフサイクルから、売上は徐々に低減している。利益率も低かった。順調に売上が上がっていることに慢心していたので、食品包装資材の営業が手薄になるなど経営が悪化した。

　Y社長はなんとか手を打とうと奮起し、従業員に働きかけるが、従業員は思うようには動かず、退職者も出ていた。

❷新規事業に活路

Y社長の悩みは、

● 会社の将来像について、大きなイメージややりたいことがあるが、どのように進めたらよいかわからない。

● 従業員がなかなか定着せず、新しいことに取り組めない。

ということであった。思うように進まずに、もどかしい思いをしていたのである。

社長は勉強熱心であり、経営書やマネジメントに関する書籍を読んだり、セミナーに参加するなどして、自分なりに模索していた。

「自分が頭で考えていることが正しいのか、どのように進めていけばよいのかわからない。事業計画の策定が必要とわかったので、計画づくりを手伝ってほしい」ということであった。

筆者は「事業計画の作成には、SWOT分析を用いて、現在の御社の状況を正しく把握し、将来のありたい姿を明確にしていく必要がある」と説明した。

すると、「SWOT分析なら会長と2人で経験した」とのことであったので、その結果を見せていただいた。確かに形の上ではSWOT分析であった。しかし、目の前の現象を並べているにすぎず、そこから戦略を策定したり、実行に移すには、やや物足りないものであった。

そこで、本格的にSWOT分析をやり直して、根拠ある経営計画書を作成することを提案した。経営者は、事業計画を作ることで会社の方向性を明確にして、従業員にパフォーマンスを発揮してほしい、という想いがあった。

「ぜひお願いしたい。私の考えの壁打ち(テニス)になってほしい」と依頼された。

大手企業との直取引や新規事業への果敢なチャレンジにより、ここまで成長してきた当社である。その成長の源泉となる「強み」を深く分析すれば、そして従業員を巻き込めれば、成長戦略を描けるだろうと、筆者はイメージできた。

(4) 破局のシナリオ

筆者は過去3期分の決算書類を預かり、売上、売上総利益、営業利益、経常利益、当期純利益の分析を行った。コロナ禍で一時的に減少したものの売上は回復基調にあった。

しかし、売上総利益率が低下している。23年6月には、800万円の営業欠損となり、かろうじて資産超過だが、翌期には債務超過になる危険性があった。

Excelシートの「破局のシナリオ」に入力した直近の数値を見て、「破局のシ

ナリオ」という言葉に顔色が変わった。

「現在の経営状況を正しく認識することが必要だと思います」

「何も手を打たなかったら、この2〜3年がどうなるのかをイメージし、そうならないためには、何をすればよいかを検討するのです」

納得したY社長とともに、今後3年間の売上と経費の見込みを作ってみた。「楽観的」ではなく、むしろ「悲観的」に、このまま何もせずにいたら、という前提である。

包装資材、食品OEM、テイクアウト用容器の3つの事業別に売上を区分、利益を分析した。もともと単価が低い包装資材であるが、低価格で数を追求する競合他社も多い。さらに、材料費の高騰も考えなくてはいけない。食品OEMは、全国の店舗に展開されれば数量は見込めるが、粗利率は低く、収益性が悪い。商品ライフサイクルを考えれば売上は減少し、死筋商品となれば、廃番となるであろう。今後の維持・成長は未知数である。自社ブランドのテイクアウト用容器については、商品開発から3年が経過し、一巡感がある。テイクアウト需要の増加は見込めるが、差別化を図れないと、価格競争に巻き込まれる。

こうして、今後の3年間を見てみると、営業欠損が続く。経営の改善どころか、経営悪化していくことが見てとれた。

「これは、ヤバイですね」

今期が赤字となり危機感は持っていたが、想像以上の悪さに驚きを隠せなかった。追い打ちをかけるようであるが、借入金の返済も考慮しなければならない。コロナ融資も含め、金融機関からの借入が、1億2,300万円、売上の16.9％、月商の約2か月分である。毎月の返済が218万円、年間2,616万円に上り、最低でも返済額と同じだけの営業利益が必要である。加えて支払利息もある。

仮に、営業利益が確保できないと手持ち現預金を使って返済するしか方法はない。現預金は、1億500万円と1.75か月分である。仕入と支払のバランスから考えると運転資金として、現金は売上の1〜2か月分は確保しておきたい。このままだと、赤字が続き、資金繰りに余裕がなくなる可能性もある。債務超過になると、金融機関からは追加融資を受けられず、経営がますます困窮するおそれがある。

Y社長の表情はすぐれない。具体的にどのようにすればよいのかが見えていないようであった。

破局のシナリオ　現状努力の延長線上の中期収支予想

（単位：千円）

科目	売上種別	商品または顧客	前年度実績	今期（24年度）予想	来期（25年度）予想	再来期（26年度）予想
売上	包材		500,000	550,000	600,000	650,000
	食品OEM		170,000	150,000	130,000	120,000
	テイクアウト容器		60,000	70,000	75,000	80,000
売上合計			730,000	770,000	805,000	850,000
変動費	期首商品棚卸高		2,761	5,550	6,600	8,000
	仕入高		622,066	654,000	684,000	723,000
	期末商品棚卸高		▲ 5,550	▲ 6,600	▲ 8,000	▲ 10,000
	原価計		619,277	652,950	682,600	721,000
粗利合計			110,723	117,050	122,400	129,000
平均粗利率			15.2%	15.2%	15.2%	15.2%
固定費	役員報酬（法定福利・福利厚生込）		20,100	21,000	21,000	21,000
	人件費（法定福利・福利厚生込）		50,804	59,041	70,000	70,000
	研修採用費		1,972	2,000	2,000	2,000
	支払報酬		6,666	7,000	7,500	8,500
	地代家賃		11,540	12,000	12,000	12,000
	水道光熱費		514	600	600	600
	減価償却費		2,749	2,500	2,300	2,000
	旅費交通費		7,304	7,500	7,800	8,500
	通信費		3,975	4,000	4,500	4,500
	事務用消耗品費		1,494	1,500	1,800	2,000
	広告宣伝費・販売促進費		4,027	6,000	6,500	7,000
	接待交際費		3,971	4,000	4,500	5,000
	支払手数料		1,757	1,800	2,000	2,000
	荷造運賃		178	200	300	400
	その他経費		3,952	3,004	3,000	3,000
	販管費合計		121,003	132,145	145,800	158,000
営業利益			▲ 10,280	▲ 15,095	▲ 23,400	▲ 29,000
営業外	営業外支出		589	500	500	500
	営業外収益		2,039	0	0	0
経常利益			▲ 8,830	▲ 15,595	▲ 23,900	▲ 29,500

売上・原価・経費・利益率等に与えるマイナスインパクトの科目別の根拠（金額、％、数量）			
種別			内容
売上・粗利関係	〈1〉	売上（包装資材）	既存顧客からリピートがあるが、コスト減要請や納入価格の指定など、金額・数量ともに他社都合であり、先を読みにくい
	〈2〉	売上（テイクアウト用容器）	商品開発から3年が経過し、一巡感がある。テイクアウト需要の増加は見込めるが、競合も増え、差別化を図れないと価格競争に巻き込まれる
	〈3〉	売上（食品OEM）	大手食品メーカーのOEMを受託しているが、2品種程度。商品の入れ替えも多く、商品ライフサイクルから売上減少か場合によっては、廃番なども想定され、今後の維持・成長は未知数である。従来から粗利は10%程度にとどまり、収益性が悪い
	〈4〉	売上（包装資材、OEM）	包材、OEM商品ともに、コストダウンの要請が強く、同時に原材料の高騰により、収益性が悪化傾向である
原価関係	〈1〉	原材料仕入れ	原油値上がりにより、コロナ前より製造原価が上昇している
	〈2〉	売上	新規案件では、競合との相見積により、低価格での受注になりがちである。物価高により製造原価が上昇し、原価率が上昇傾向である
	〈3〉	外注費	原材料コストの高騰
その他経費関係	〈1〉	人件費	厳しい中でのベースアップをせざるを得ない。最低賃金の引上げにも対応。売上拡大に向けて営業担当者を採用、増員する必要があり、人件費増となる。2,000万円増
	〈2〉	人件費	販促費、償却費、自社便（トラック）、労働環境整備（休憩室を作る）
	〈3〉	経常利益	赤字幅が拡大し、純資産123千円とかろうじて資産超過であるが、欠損が続くと債務超過となる。債務超過になると、金融機関の追加融資を受けられず、経営がますます困窮するおそれがある
	〈4〉	営業外収益	コロナ関連で獲得していた補助金・助成金は見込めない
	〈5〉	借入金	コロナ融資も含め、金融機関からの借入が123百万円。売上の16.9％、月商の約2か月分である

（5）現状の業績課題と必要売上

「破局のシナリオ」を回避するために必要な売上額や粗利と現状との差異を検討した。

❶ 10億円の売上が必要

まずは、借入金の返済や累損の解消をするには、3,600万円の営業利益が必要だということがわかった。さらに、利息の支払も必要になる。

家賃や人件費などの固定費（一般管理費）、それに販売促進などにかかる販売費の合計は1億2,000万円だが、3年後には人件費や物価高騰、販売促進を考慮して1億8,000万円と見積もった。粗利率が現状の15％だと、売上13億円。粗利率が20％に改善したと仮定すると、10億円の売上が必要である。

はからずもY社長は「3年後には10億円の売上がほしい」と考えていた。そして、先の話ではあるが、将来的には50億円規模の会社にしたいというイメージを持っていた。

❷ 3年後に累損解消、粗利率20％に

そこで、現状は赤字、債務超過寸前、累積損失1,800万円であるT社は、3年後に累損の解消、金融機関への返済等を考慮すると、必要な粗利率は20％を当面のあるべき姿と設定し、ここを目指すことにした。

しかし、数量も価格も取引先の動向に左右される食品OEMや包装資材だけでは、この売上・利益には届かない。テイクアウト用容器については、自社ブランドであることから、T社の工夫次第で売上を維持・拡大していける可能性はある。

しかし、テイクアウト用容器だけでは、まだ不足である。

何か新しい取り組みがなければ……。
すべては、ここから始まった。

必要売上・必要粗利と「破局のシナリオ」との差額概算整理表

（単位：千円）

科目	売上科目	商品または顧客	前年度実績	科目	売上科目	商品または顧客	必要売上	
売上		包装資材	500,000	売上		包装資材	680,000	
		食品 OEM	170,000			食品 OEM	200,000	
		テイクアウト容器	60,000			テイクアウト容器	80,000	
		その他				自社ブランド（新規）	120,000	
		売上合計	730,000			売上合計	1,080,000	必要差額売上
変動費		期首商品棚卸額	2,761	変動費		期首商品棚卸額	10,000	350,000
		仕入高	622,066			仕入高	867,000	
		期末商品棚卸高	▲ 5,550			期末商品棚卸高	▲ 13,000	
		原価計	619,277			原価計	864,000	
		粗利合計	110,723			必要粗利合計	216,000	必要差額粗利
		平均粗利率	15.2%			平均粗利率	20.0%	105,277
固定費		役員報酬（法定福利・福利厚生込）	20,100	固定費		役員報酬（法定福利・福利厚生込）	21,000	
		人件費（法定福利・福利厚生込）	50,804			人件費（法定福利・福利厚生込）	80,000	
		研修採用費	1,972			研修採用費	4,000	
		支払報酬	6,666			支払報酬	8,000	
		地代家賃	11,540			地代家賃	12,000	
		水道光熱費	514			水道光熱費	600	
		減価償却費	2,749			減価償却費	3,000	
		旅費交通費	7,304			旅費交通費	8,500	
		通信費	3,975			通信費	5,000	
		事務用消耗品費	1,494			事務用消耗品費	2,000	
		広告宣伝費・販売促進費	4,027			広告宣伝費・販売促進費	12,000	
		接待交際費	3,971			接待交際費	5,000	
		支払手数料	1,757			支払手数料	4,000	
		荷造運賃	178			荷造運賃	3,000	
		その他経費	3,952			その他経費	11,900	
		販管費合計	121,003			販管費合計（この段階では役員報酬を下げない）	180,000	
		営業利益	▲ 10,280			必要営業利益	36,000	
営業外		営業外支出	589	営業外		営業外支出	500	
		営業外収益	2,039			営業外収益	0	
		経常利益	▲ 8,830			必要経常利益（最低の返済から算出）	35,500	

（6）「強み分析」のポイントと検討結果

SWOT 分析は T 社の「強み」を見つけるところから始まる。「強み」を既存顧客、既存チャネルといった「顧客」、既存商品、既存仕入先、取引業者といった「商品」、技術・人材知識・ノウハウ・経験などの「経営資源」というように項目別で分析を行った。その過程で、T 社の強みとして以下のことが抽出された。

- 著名大手企業を含む多数の取引先がある
- 顧客の要望を聞き出し、企画・デザインする提案力、営業力がある
- 社長と会長のネットワークや発想力
- サプライチェーンのすべての機能を有していること（マーケティング機能）
- 食品メーカー、卸売業、スーパー・小売店との取引
- 自社ブランド EC 販売でのエンドユーザーとの接点
- 北海道という地の利
- 地元の特産物、地元食品メーカーとのつながり　など

❶デザインへのこだわり

今回の SWOT 分析では、単に「強み」を挙げるだけではなく、その「強み」がなぜ生まれたのか、その「強み」は今後どう生かせるのか、売上につなげられるのか、という観点も含めて議論を進めた。なぜ、大手の食品メーカーやスーパーなどの仕事がとれたのか、そして長続きしているのか。Y 社長は「それはデザインと提案力」と言い、続けて次のように語った。

「包装資材であるパッケージの役割は、食品の保存・保護、成分や消費（賞味）期限、製造者表示などの表示機能に加えて、装飾などの宣伝機能があります」

「単にデザイン的に美しいとか優れているというだけではだめです」

「その商品の販売ターゲット層や商品イメージに合わせた色や、形状、素材などトータルのデザインが必要です」

「店頭で手に取ってもらえる、美味しそう、そして中身を連想させるデザインが求められます」

Y 社長はデザイナーではないが、アート感覚が鋭い。その背景には、米国留学経験とデザイン・アートに対するこだわり、センスがある。また、T 社入社後に、一時的に大手コンビニエンスストアの食品子会社に出向し、商品開発や市場導入の経験も持つ。社内デザイナーのほかに外部のデザイナーとのネットワークがあ

り、顧客の要望に合わせて、最適なデザイナーに依頼する。社内と社外にクリエーターがいるので臨機応変に対応できる。

T社は単なるデザイン会社ではない。商品の企画・デザイン、そして制作・製造までも行う。顧客の要望をうまく取り入れながら、スピーディに対応できる。

❷顧客を知っている（流通）

「強み」の2つめは、顧客を知っているということ。食品の最終消費者は個人。しかし、食品メーカーが直接小売りをするわけではない。商品はメーカー、卸売業者、食品スーパーや小売店、オンラインと流れていく。

T社の取引先は食品メーカーに限らない。卸売業者、食品スーパー、小売店と取引があり、それぞれのデザインやパッケージを作っている。例えば、食品スーパーのオリジナルブランドやプライベートブランドのデザインを行う。すると食品スーパーの要望を聞くことになり、スーパーの現場や仕入、展示などがよくわかる。最終消費者に向けての売り方の工夫をしている。

食品メーカーの包装資材の企画デザインには、食品スーパーとのやりとりで得た知識や経験が役に立つ。スーパーの店頭に並べやすいとか、バイヤーの意向などをふまえて、パッケージをデザイン・製造する。だから評判がよい。

また、自社ブランドであるテイクアウト用容器は、自社サイトでオンライン販売も行っている。商品の企画・デザインからすべての流通経路との取引があり、求めるもの、必要なことがわかっており、その対応ができるのが大きな強みとなっている。

❸北海道とのつながり、各地域とのつながり

T社の発祥は北海道。北海道の食品メーカーや水産加工会社、スーパーなどのパッケージ制作から事業が始まった。北海道は海産物、農作物をはじめ食材が豊富である。食品メーカーや加工業者も多い。こうした事業者の包装資材はもちろんのこと、北海道の食材を全国に届けるという業務も行っている。

例えば、東京の食品メーカーが北海道産の食材を求めていれば、北海道の加工会社を紹介するなど、産地業者とメーカーや流通につなぐ。こうしたマッチングによって信頼関係が構築され、次の仕事につながっている。東京に本社を移転しても、北海道支店として地元での取引は継続されている。一方で、東京本社での営業展開は全国区となり、全国各地の食品・食材を扱うようになった。九州の食材を東京のメーカーにつなぐということも始まっている。

強み（内部要因）の深掘り

強みカテゴリー	強みのヒント	ヒントの答え
●既存顧客、既存チャネルの強み	顧客台帳・リスト数・DM先数・アポがとれる客数	●大手企業（食品メーカー、流通業）と取引がある（O社、L社、流通業U社、食品卸売業のK社、冷凍食品N社） ●取引口座数 500、仕入先 400
	常連客、A客の数、ロイヤルカスタマーになった理由	●顧客の要望を聞き出して、企画提案ができる ●取引先が求めるデザインや販売促進提案ができる
	有力な顧客となぜその顧客が生まれたか	●社長、会長（元食品メーカー・食品営業責任者）の営業力 ●デザインや商品提案にとどまらず、包装資材の製造、販売促進提案までも行える ●既存取引先からの紹介が多い
	その他、顧客や販売先自体が強みと言えるもの	●メーカー、卸、小売との接点があり、最終消費者の立場で小売へ、小売の立場で卸へ、メーカーへと提案できる ●自社製品（テイクアウト用容器）の製造販売により、メーカーの立場、小売の立場を理解している ●大手スーパーとの取引、PBへの展開
●既存商品、既存仕入先、取引業者の強み	この取扱商品があることでのプラスの影響	●著名メーカーのOEM、PBを手掛ける ●商品アイテム数 9,859 ●全国流通の商品もあり、ヒット商品になれば、大きな売上になりうる
	この仕入先、外注先、取引先があることでのプラスの影響	●大手スーパーやコンビニとの取引。大手企業であるがゆえに、発注量が大きい ●大手企業との取引実績により信頼増大
	この販売エリア、マーケティングチャネルを持っていることのプラスの影響	北海道に営業拠点がある ●北海道の顧客との取引 ●北海道産の野菜、肉類、魚類の取扱店が豊富
	その他、既存商品を持つ強み	●テイクアウト用容器の導入飲食店 914、サンプル発送数 1,619

なぜそうなのか、どこ（誰）がそう言うのか	その「強みの原因」をどう横展開・多角化すればよいか
・顧客の要望をヒアリングする際に、顧客の要望の奥底や今後の展開までを推察することができる（社長・会長のみ）	・複数の商品・サービスのラインナップを構築する ・新商品開発のワンストップサービス
・メーカー、流通業、卸売業、小売業のすべてのサプライチェーンと取引口座がある ・それぞれの求める商材やサービス、提供方法を熟知しており、提案ができる ・提案したデザインが、顧客の要望に合っている ・修正や変更を要する場合でも、短期間で対応ができる（自社内デザイナーと社外提携デザイナー） ・フードコーディネーター、プランナー、各種クリエーターなどとネットワークがある	・自社ブランド商品により、知名度と利益の拡大を図る
・会長は、食品メーカーの元営業責任者 ・社長は、家業（食品包装資材業）で父親の背中を見て育った ・米国留学でデザインの重要性、最新マーケティングを習得。外資系に就職し、営業スキル、能力主義を学んだ ・営業成績を上げるために、学習・実践を繰り返してきた	・デザインに強い会社として、企画から製品の納品までのワンストップサービスを提供する
・ダイレクトマーケティングを行っており、サプライチェーンのすべてを担っている ・飲食店リスト	・自社製品（食品）の開発販売
・PB、留め型の提案が可能となる ・デザイン	
・取引先からの紹介、実績が顧客を呼ぶ ・メーカーからは流通業者、流通業者からは卸店、小売店の紹介がある	
・代表の実父（相談役）が、北海道で関連会社創業	・北海道産の食品を全国に販売できる ・北海道の食材（野菜・肉類・魚類）を原材料とした自社ブランド品の開発
・飲食店のリスト	・飲食店への容器、食品メニュー提供、メニューレシピ提供

強み（内部要因）の深掘り　続き

強みカテゴリー	強みのヒント	ヒントの答え
●技術、人材、知識、ノ ウハウ、経験の強み	技術、ノウハウの具体的な「強み」 で顧客から評価されていること	●デザイン力、企画力 ●デザイン性の高い Web サイト
	顧客が評価する技術や知識、経 験を持った人材の内容	●顧客目線で発想できる営業（代表） ●センスのよいデザイナー（内部、外部パートナー） ●デザイナーの活動や店舗を紹介する Web マガジンの掲 載 ●デザイナー、コーディネーターなどの豊富な外部人材
	顧客が評価する社内の仕組み、 システム、サービス	●企画からデザイン、製造、販売（物流）までの一気通貫 ●定期的な新製品の提案（テイクアウト用容器）
●設備、機能、資産の強 み	他社に比べて優位性を発揮して いる生産設備、什器備品、不動 産	●ファブレスであり、協力工場が多数ある ●食材豊富な北海道と大商圏東京の 2 拠点体制
	顧客が認める組織機能（メンテ、 営業サポート、物流など）	●テイクアウト用容器の EC 販売サイト ●企画デザインから物流までのサプライチェーン
	その他、持っている資産・経営 資源で商売上貢献しているもの	●会長・代表の持つ人的ネットワーク ●代表の海外ネットワーク
強みカテゴリー	強みのヒント	ヒントの答え
●技術、人材、知識、ノ ウハウ、経験の強み	もし M&A されるとしたら、買 う側はどこに魅力を感じるか	●企画力、デザイン力、提案力
	買う側が魅力に感じる顧客資産 とは	●食品メーカー、流通大手との取引口座
	買う側が魅力に感じる商材資産 とは	●機能性とデザイン性を両立させたテイクアウト用容器
●設備、機能、資産の強 み	協業を求める他社が魅力を感じ る顧客資産	●食品メーカー、流通大手との取引口座
	協業を求める他社が魅力を感じ る商材・技術資産	●機能性とデザイン性を両立させたテイクアウト用容器
	協業を求める他社が魅力を感じ る組織機能資産	●内部のデザイナー、外部のデザイナー ●クリエイティブ人材のネットワーク

なぜそうなのか、どこ（誰）がそう言うのか	その「強みの原因」をどう横展開・多角化すればよいか
● 代表が米国（NY）でデザイン・アイデアに感化され、デザイン重視をコンセプトにした ● 内部と外部デザイナーを効果的、効率的に活用 ● フードコンサル、デザイナー、外部企業経営者からの助言を求める体制	
● デザインのみ、包装資材製造のみに留まらず、売り方や売り場提案までも行う ● トータルの提案ができるのは、社長・会長にとどまる。一般社員は、目の前のもの、見えているものまでしか視野に入らず ● フードコーディネーター（メニュー開発）、アドバイザー	
● 提案を作り出す仕組み（属人的ではある） ● 代表のフットワークとつなげる力（代表のみ）	
● 大手企業の OEM を受けることで、QCD のバランスとった製造（協力工場）システム ● 北海道と東京の拠点	
● 顧客から、ワンストップサービスを評価されている	● EC 販売のコンサルティングサービス ● デザインコンサルティング
● 会長が食品メーカー出身 ● 営業マネージャーは、大手コンビニにて商品開発 ● 代表が NY 大学卒、NY での就業経験あり	
なぜそうなのか、どこ（誰）がそう言うのか	その「強みの原因」をどう横展開・多角化すればよいか
● メーカー、流通の商品開発、流通に関与しているため、業界のノウハウを有している	
● 全国規模のメーカー、流通と小規模ながら独自色を持つ全国各地の地域メーカーや流通業との取引	
● 標準品、セミオーダー、カスタムオーダーのテイクアウト用容器を提供できる ● 業務開始から 3 年で、約 1,000 店の飲食店が導入している	
● 全国規模の食品メーカーや流通	
● 何ら特徴のないテイクアウト用の容器があふれている中で、飲食店の差別化を図ることができる商品であるから	
● 取引先の要望をふまえ、期待以上の企画やデザインの提案ができるから	

（7）「機会分析」のポイントと検討結果（244～245ページ参照）

「機会」（外部環境）については、以下のポイントで分析した。

- コロナ禍で生まれた新たなニーズ（テイクアウト市場の急拡大、インターネット利用者の増大）
- 環境問題への関心（SDGs、アップサイクル商品、環境配慮）
- インターネットでの購入（ふるさと納税）
- メーカー担当者の知識不足（ネットで購入する商品のデザイン）

❶コロナ禍で生まれた新たなニーズ

まず、飲食店の在り方の変化である。休業要請やテレワークが拡大した影響で、飲食店の営業時間が減り、同時にテイクアウトの需要が拡大した。外食の機会は減少したが、こだわりの店やメニューに特徴のある店などが好まれた。飲食店もテイクアウトや提供メニューの工夫が必要となった。

テイクアウトには、テイクアウト用の容器が必要である。新メニューの開発には、さまざまな種類の食材や仕入が必要になる。

また、巣籠り需要も話題になった。外出せずにインターネットで注文する。デリバリーもあれば、訳あり商品、売れ残り商品を安く販売する手法も一般的になった。さらに、ふるさと納税の普及で地方の特産品を手に入れることが習慣になった。ふるさと納税をきっかけに、特産品を全国的に売りたいという生産者の要望も出てきている。

❷環境問題への関心

SDGs という言葉も一般的となった。脱炭素、脱プラスティックなど環境に配慮した製品が求められ、素材についても人や地球にやさしいものを使う傾向がある。食品ロスを防ぐためのアップサイクル商品も注目を集めている。

商品企画を行うメーカー担当者やバイヤーは、商品企画開発のすべての工程に強いわけではない。メニューなどの食材・食品の開発は得意でも、商品のパッケージについては知識が乏しいこともある。また、商品を作ってみたけれど、その売り方や展示の仕方などがわからず、商品企画の相談相手、実際の作り手、パートナーを求めているのではないかと考えた。

(8) 固有の「積極戦略」が生まれた背景 (246 ～ 247 ページ参照)

「強み」と「機会」を掛け合わせた積極戦略として、以下が導き出された。

> ● 食品のワンストップサービス（企画から販売まで、デザイン屋から企画屋へ）
> - デザイン力×食品メーカーの企画力不足×顧客数×ファブレス
> - パッケージデザインに留まらず、企画提案から販売促進までをトータルで提供。
> - キーワード「困りごとを解消する」
> ● 自社ブランド製品の開発による自社主導体制
> （オリジナルブランド：セレクトパックインデリ）
> - デザイン力・ネットワーク力× EC 直販の経験×卸・流通網との取引×北海道の地の利×地元食材を販売したいという要望

❶商品開発のワンストップサービス

　著名企業や大手食品・流通メーカーにも採用されている「デザイン力と提案力」に加え、「顧客を知っている」という「強み」と「競合他社と差別化した売れる商品を開発したい」という「機会」を掛け合わせた。

　食品メーカーや流通業者としては、他社と差別化した商品を開発し、販売したいと思っている。商品企画や開発にエネルギーをかけているが、企画から製造・販売までのすべての工程を自社単独で行える企業はほとんどいない。大企業であってもそれは同じで、外部の企業や専門家の力を借りているのが現状である。デザインがそのよい例である。

　商品開発担当者はどちらかというと、すべての工程の知識や経験のあるエキスパートではなく、できれば外部の力をうまく使って「売れる商品」を作りたい、売りたい、というのが本音である。したがって、各工程を外部の専門家や企業に委託するが、どの会社を選ぶか、悩みどころである。例えば、企画は A 社、デザインは B 社、印刷は C 社、プロモーションは D 社などといった具合だ。だが、担当者は、各外注先に依頼すると、その整合や納期管理、コストの管理や調整が煩雑となっている。

　そこで、T 社が企画からデザイン、製造、印刷そして販売促進のプロモーションまで、すべての工程を請け負う「商品開発のワンストップサービス」を展開する。

従来は、デザインを依頼したいとか、パッケージの印刷を見積もってほしいという要望を受けていた。いわゆる単一の工程の受注である。こうした依頼や引き合いがあったときに、経験豊富なY社長や営業担当者であれば、デザインやパッケージの印刷も提案し、商談につなげることができる。

　今後の対応としては、

- 引き合いがある前に、商品企画の提案をする
- 売り方の提案、販売促進物の作成、売り場づくりの提案など、前工程、後工程の提案を行う

　取引先にとってみれば、諸々の調整も必要なく、担当者の業務の煩わしさが解消されることに加え、商品と売り場のPOPなどデザインの統一感が生まれて、訴求しやすい商品開発が可能となる。

　T社にとっては、単一工程の受注に比べて売上増になる。さらに全工程もT社主導で管理できるので、納期調整やコストダウンも望める。依然として他社主導ではあるが、商品開発のサポーターとして、ある程度はT社のペースで業務進行していく余裕も生まれる。

❷自社ブランドの商品開発

　脱下請け、自社主導、利益率の向上を目指して、新規事業（新商品）を模索した。
　T社の「強み」は、「北海道」「デザイン・企画力」「外部ネットワーク」である。東京と北海道2拠点を活用して、地元の食材を全国に販売するとともに、飲食店のメニューの充実という「機会」を組み合わせた事業を検討した。既存事業とのシナジーも考慮したビジネスである。

❸新規事業に対する社内の温度差

　SWOT分析を行いながら、新規事業が絶対に必要と感じていた。同時にY社長には、「新規事業を全社が同じ方向を向くきっかけにしたい」という思いがあった。しかし、社内の一部では、「経営が厳しくなっている今は既存顧客をしっかりケアし、足元を固めていくのが精一杯。とても将来の、しかも海のものとも山のものともわからない新規事業を考えている暇はない。その時間を営業に充てたい」という、懐疑的な意見もあった。

　だが、どうしても新規事業を実現させたいY社長は、既存の営業チームとは別に、新商品プロジェクトを結成した。営業チームはオブザーバーとしての参画にとどめた。時には社内だけではなく、社外のブレーンにも検討会に参加しても

らいながら新規事業のコンセプトを固めていった。

新規事業に対するY社長の強い想いは「自社主導、自社ブランド、食品、高収益」である。これは、「下請けから脱却」を意味する。食品の包装資材から食品のOEM受託へと歩んできた。そして次のステップである「ファブレスの企画屋」を経て「ファブレスの食品メーカー」「海外展開」、いずれは「自らが企画する食品メーカー」へ。社長の夢は膨らむが、現実とのギャップもある。

❹「強み」と「機会」を深掘りして再発見

あらためてT社の「強み」と「機会」を見直してみた。

> 強み……「EC販路の経験」「全国多数の取引先」「北海道」「飲食店とのつながり」「デザイン」「イベント」「フードコーディネーター」「インフルエンサー」「ファブレス」「マッチング」ほか
>
> 機会……「ネット購入の増大」「飲食店メニューの刷新希望」「地元の食材を全国に販売したい」

「強み」と「機会」を掛け合わせる固有の「積極戦略」。キーワードを並べ直したり、重ねたりした。社内や社外メンバー、クリエーターとも幾度もなく議論を重ねた。数か月の検討の中で、ある日閃いた。自社ブランド製品は「アソートデリバッグ」。

地元北海道の食材・食品を厳選し、組み合わせて自社ブランド製品として、全国にEC販売する。売り先は、新メニューを検討する飲食店や嗜好にこだわりを持つ個人。単なる名産品の組み合わせではなく、料理専門家のレシピやコメントなどの付加価値付き。当初は、既存製品の組み合わせでスタートするが、いずれ自社製品として製造も行う。強みと機会が掛け合わさった新戦略が誕生した瞬間だった。「そうか、これがSWOT分析か！」社長の胸の高まりを感じた。

自社ブランド製品は、自社で企画・製造から販売までをすべて行う。高い利益率を確保できる反面、販売にかかわる在庫・物流・宣伝などすべての工程を自社で行うことになる。企画・デザインはお手のもの、製造はファブレス企業として、多数の製造委託先とのつながりがある。そして、3年前から自社ブランドによるテイクアウト用容器で在庫管理、ECサイトでの販売、宅配便などを活用した物流の仕組みについては経験済みであった。また、テイクアウト用容器の取引先として全国1,000件を超える飲食店の顧客リストも有している。食品・食材の仕入

先として、北海道の多数の食品メーカーや加工業者とのつながりもあった。ブランド認知がなされ、一定の売上があがるまでは、仕入商品を中心とした販売を行

機会（外部環境）の深掘り　これから求められるニッチ分野、顧客が費用を払うニーズ

	深掘りする質問	聞き出すヒント	どんな顧客が（どんな特性の顧客が）
1	B、Cランク客の具体的なニーズ	●めったに買いに来ない顧客が求めるニーズ ●日ごろ購入する業者で買わず少量・臨時の購入で自社に来た理由	●包装資材は地元企業に依頼したいが、洗練されたデザインはほしい ●できるだけコストを押さえたい ●顧客ニーズにマッチした売れる商品を開発したい
2	予期せぬ成功、新たな可能性	●まさかそんな使い方をしているとは……そういうアイデアを顧客が持っているとは……想定していなかったニーズ	●包装資材や商品企画だけでなく、売り方や見せ方の助言 ●売場づくりや店舗設計の助言 ●店頭POPの作り方や商品の魅力を伝える売り方を知りたい ●Web制作やEC通販の支援もお願いしたい
3	既存客・新規見込客が使ううえで、いら立っていること（困りごと）	●なぜそこまで時間がかかるのか、なぜそんなに高いのかの不満は何か ●どこも対応してくれないから仕方なく顧客が諦めていること	●顧客独自の商品の企画 ●小ロットでの対応 ●顧客商品のマーケティング ●紙上の提案だけでは、良し悪しを判断しにくい
4	そこまで要求しないから、もっと低価格のニーズ（そぎ落としの低価格需要）	●必要な機能やスペックはここだけで、他はいらないと顧客が思っていること ●無駄な機能スペック、過剰なサービスを減らしても顧客が喜ぶもの	●手軽にデザインを変えたい ●手軽に自社ロゴなどが入った包装資材（パッケージ）を作りたい ●オリジナルでなくてもよい。差別化できる器がほしい
5	おカネを払うから、もっとここまでしてほしいニーズ（高価格帯需要）	●顧客が困っていることに適応するなら高くても買う理由 ●この顧客なら、こんな高スペック・高品質の商品を買うだろう	●店舗コンセプトから始める店舗経営コンサル ●顧客商品の開発、マーケティング、販促（営業・デザイン・販売・接客） ●季節やイベントごとの商品 ●販促提案 ●SDGs、アップサイクル商品の企画
6	こんな商品あったら買いたい、こんな企画ならいけそうというニーズ	●このターゲット顧客なら喜びそうな商品とは ●このターゲット顧客なら、こんなイベントや販促、企画、アフターサービスを求めているだろう	●実績のある会社にデザインを頼みたい ●売場コーナー提案 ●季節毎の商品提案（売り方も含む） ●売れ筋・売り方のデータベースやコンサル ●どんな容器・包装資材にしたらよいのかわからない ●環境に配慮した資材を使いたい ●どこのデザイン会社に頼めばよいかわからない
7	他社がやっている企画、商品で真似したいこと	●あの同業者のあの商品の類似品ならいけそうだ ●二番煎じでもいけそうな商品とターゲット顧客	●商品ブランディングの支援 ●商品の撮影やWeb、POPなども制作してほしい
8	知り合い（同業者・関係先・仕入先・コンサル・税理士等）から聞いた善意の提案	●直接の顧客以外から聞いた新たな提案 ●新たな気づきの善意の提案は何があるか	●地元の食材を全国規模で販売したい
9	その他、新しいビジネスモデルでの要望	●コロナで生まれた新たなニーズ ●これからの顧客が求める商品やサービスは何か	●テイクアウト需要の増大 ●簡単だけど美味しいレシピ、具材の提供 ●健康にもよいスナック ●アップサイクル商品 ●商品企画・開発のサポート

えば、在庫リスクも少なく始めることができる。

新事業を脳裏にイメージした、ワクワクした社長の表情が思い浮かぶ。

具体的に何があるか	なぜそう思うのか、何が原因か（具体的に）
◉企画からデザイン、包装資材、納品までの発注	◉売れる商品を作りたいが、作り方がわからない。メーカー（流通）担当者として、業者に対してわからないとは言えない ◉他社の事例やノウハウを蓄積している当社からの助言や提案がほしい
◉フードビジネスのワンストップサービス（販売増コンサル付き） ◉Web制作、ECサイトの構築・運営サポート	◉メーカー担当者も、開発が得意な人、販促が得意な人はいるが、企画からデザイン、販売まですべての流れを得意とする担当者はいない ◉ワンストップで助言、俯瞰して見れる当社の助言や提案を望んでいる
◉商品開発のコンサルティングとその後の製造 ◉テストマーケティング ◉迅速なサンプル提供、3D投影	◉競合他社と差別化した商品を開発したい ◉自社独自のパッケージを作りたいが、ビジュアルですぐに見てみたい。イメージを湧かせたい
◉イージーオーダーシステム（パターンの組み合わせ） ◉オンラインでのデザイン確認、顧客によるセルフデザイン（テンプレート提供）	◉簡単、手軽に発注したい
◉フードビジネスコンサルティング（外部コンサルとの連携） ◉新店舗開発、商品開発、販売促進のコンサルティング ◉季節、イベント毎の食材提供 ◉特選レシピの提供	◉自社担当者の発想には限界があり、専門家の力を借りたい
◉デザインの基本、パッケージの基礎知識などの情報発信 ◉デザイン、パッケージのオウンドメディア化 ◉デザイナーコラム、オンライン講座 ◉売れ筋商品のセット販売	◉自社には、マーケティングに長けた人材がいない ◉どの会社に任せたらよいのかわからない ◉地方の食品メーカーは、地元業者以外に接点がない
◉トータル商品プロデュース	◉面倒なことは丸投げしたい ◉専門家に任せたい
◉Webマーケティングの実践とそれを活用したコンサルティング	◉全国各地の食品メーカー、スーパなどとのつながり ◉知られていない、手に入りにくい特産品
◉健康的なスナック菓子 ◉SDGs対応 ◉アップサイクル商品の開発 ◉各地の名産品の提供	◉ネットで購入したい ◉訳アリや生産者の顔が見えると好評

「強み」と「機会」の組み合わせによる「積極戦略」

重点商材名	何を（商品サービス名）	どこに（ターゲット、チャネル）
企画デザインから入る 食品包装資材 （組み合わせ　B 顧客要望対応 C デザインから販促）	美味しく見えるパッケージ	自社製品の売上を伸ばしたい食品メーカー・流通業者
	どう差別化・差異化して	**どう作る、どう販売する**
	Web サイトでデザイン例提示。デザインメルマガ・デザインセミナー	デザインメルマガ、Web サイトで顧客名簿獲得 お試しデザイン

重点商材名	何を（商品サービス名）	どこに（ターゲット、チャネル）
食品メーカーの OEM、PB、留型 （組み合わせ　デザイン力×5 高価格帯）	食品・流通の商品企画室	新商品・売れ筋商品を望む食品メーカー、スーパーなどの流通業者
	どう差別化・差異化して	**どう作る、どう販売する**
	売場で美味しそうに見えるパッケージ。安心・安全・手軽・美味しい食品の開発	過去事例の提案。デザイナー・フードコンサル等のプロジェクト。売り場・売り方提案も含む。全国の特産品の組み合わせ、廃棄物などのルート活用

重点商材名	何を（商品サービス名）	どこに（ターゲット、チャネル）
自社ブランド商品	デリデリパック（セレクトアソート）	全国の飲食店とグルメ個人
	どう差別化・差異化して	**どう作る、どう販売する**
	飲食店の新メニュー開発に寄与。シーン・テーマ別 パッケージ、特選レシピ付き	料理家やフードコーディネーター、既存取引先の素材・商品を活用（海産物、農産物）、卸などと組んで商品開発

重点商材名	何を（商品サービス名）	どこに（ターゲット、チャネル）
美味しく見える テイクアウト用容器	美味しく見えるテイクアウト用デザインパッケージ	テイクアウトを行う飲食店、惣菜店
	どう差別化・差異化して	**どう作る、どう販売する**
	業種・用途別の品揃え 汎用品、カスタマイズ、オリジナル器をラインアップ	Web にてサンプル。組み合わせでイージーオーダー、カスタムオーダー。Web デザイン講座

重点商材名	何を（商品サービス名）	どこに（ターゲット、チャネル）
デザイン・コンサルティング	食品業界の成長コンサル。商品・売り方のコンサルティング（本業との関連）	全国エリアの食品メーカー、新規顧客獲得（デザイン・包装資材顧客の見込客化）
	どう差別化・差異化して	**どう作る、どう販売する**
	小規模から大企業までの商品開発、販売のノウハウの提供	実績をベースにしたコンサルコンテンツ制作、コンサルすることによる営業力向上

(単位：千円)

どんな手段（マーケティング）	収支への反映概算		
Web 中心のインサイドセール デザイン、食品など展示会出展	科目／年度	2024 年	2025 年	2026 年
	●売上可能性	10,000	15,000	20,000
	●数量／単価	500 × 20 件	500 × 30 件	500 × 40 件
主要プロセス	●粗利率	20%	20%	20%
企画・デザインを入り口にして、包材の制作につなげる	●経費／償却等			
	●利益効果	2,000	3,000	4,000
	● KPI（商談数）	20 件／月	30 件／月	40 件／月

どんな手段（マーケティング）	収支への反映概算		
顧客目線のマーケティング重視 問い合わせ先に社名を記載	科目／年度	2024 年	2025 年	2026 年
	●売上可能性	170,000	155,000	150,000
	●数量／単価	7 社	5 社	5 社
主要プロセス	●粗利率	15.1%	15.5%	16.0%
美味しい、手軽、安心・安全、アップサイクル。トータルプロデュース	●経費／償却等			
	●利益効果	25,600	23,950	24,000
	● KPI（社数）	5 社	6 社	6 社

どんな手段（マーケティング）	収支への反映概算		
テイクアウト容器利用店から店内飲食店へ、食材とパッケージを EC 販売	科目／年度	2024 年	2025 年	2026 年
	●売上可能性	5,000	4,000	160,000
	●数量／単価	10 × 500 個	10 × 4,000 個	10 × 16,000 個
主要プロセス	●粗利率	30%	35%	35%
各地の名産品のセレクト、シーンに合わせたアソート	●経費／償却等	製造コスト 35%	製造コスト 35%	製造コスト 35%
	●利益効果	1,500	14,000	56,000
	● KPI（品数）	100 アイテム	500 アイテム	2,000 アイテム

どんな手段（マーケティング）	収支への反映概算		
EC サイトでの販売実績 飲食店のニーズ調査	科目／年度	2024 年	2025 年	2026 年
	●売上可能性	5,000	15,000	20,000
	●数量／単価	20 × 250	20 × 750	20 × 1,000
主要プロセス	●粗利率	25%	25%	25%
美味しく見える オリジナル 環境（ゴミ処理、素材）	●経費／償却等	サイト量 2,000	Web 広告 2,000	Web 広告 2,000
	●利益効果	1,250	3,750	5,000
	● KPI（コンバージョン）	5%	6%	7%

どんな手段（マーケティング）	収支への反映概算		
食品・飲食業界専門誌への広告出稿 Web 改定（LP）	科目／年度	2024 年	2025 年	2026 年
	●売上可能性	2,000	3,000	4,000
	●数量／単価	500 × 4 件	500 × 6 件	500 × 8 件
主要プロセス	●粗利率	60%	60%	60%
実績の整理と提案	●経費／償却等	デザインフィー	デザインフィー	デザインフィー
	●利益効果	1,200	1,800	2,400
	● KPI（コンバージョン）	10%	10%	10%

(9) 3か年基本方針

前項で紹介したいくつかの「積極戦略」を具体化するために、さまざまな改革・改善をしなければならない。どのようにしてそれらの戦略を具体的に組み立てるのか —— それを示したのが「3か年基本方針」である。

❶ビジネスモデルの変更

これまでのT社は、食品の包装資材（パッケージ）や食品OEM製造を中心に進めてきた。食品メーカーや流通などの顧客の要望に合わせて、下請け的に食品包装資材や食品を製造し、納品するビジネスモデルである。

企画や価格、数量などは顧客主導であり、T社の売上は顧客の戦略や経営状況に左右される。また、単価は低く利益率も低かった。

大手食品メーカーの製品を担当しているという自負はあるものの、T社の社名やブランドが表に出るわけでもなく、知名度の向上にはつながっていない。

今後は、自社ブランド製品の開発や自社の意思で生産や販売ができる自社主導のビジネスに転換していく。顧客の指示どおりに作るのではなく、企画提案から製品の販売促進まで、ワンストップで提供できるようにする。

また、EC直販を行っている自社ブランド品のテイクアウト用容器に加えて、新たな自社製品を開発し、収益の柱にする。

❷人材活用の方向性（組織・構造）

ビジネスモデルを変更していくには、従業員の考え方や行動が同じ方向に向いている必要がある。現状では、従業員各人がそれぞれに努力しているものの、例えば利益の考え方や価値観が異なっていた。結果的に、十分なパフォーマンスが発揮できているとは言い難い状態であった。

統一感のとれていなかった現状をふまえて、経営理念に基づき、経営方針、行動基準を明確にする。職務記述書や評価基準を新たに作成し、目標に向かって全社が一丸となって動く体制とする。

❸マーケティング

効率的で売上効果を高めるために、営業ノウハウの共有化や営業ツールを作成し、活用する。

インサイドセールスを取り入れることで、外勤営業の効率化を図る。

外部クリエーターの積極的な活用により提案力の強化を図る。

❹ コストと利益

収益力拡大のために、売上総利益の拡大、経費の削減により、利益の出る会社に転換する。

❺ 中期戦略目標

中期経営計画の戦略目標として、以下の3点を掲げた。

①他社主導から自社主導型ビジネスに転換することにより利益率を改善する（脱下請け）

②指示されたものを作る「包材屋」から、顧客ニーズを先取りした「企画屋」へ転換する

③既存ビジネスを維持・発展させながら、自社ブランド商品を開発することにより、当社の存在価値を高め、収益性を向上させる

そして、具体的な「収支目標」を、「破局のシナリオからの差異」に基づいて、売上高10億円、売上総利益率を15%➡20%に引き上げ、売上総利益2億円、営業利益3,600万円（営業利益率3.6%）とした。

この営業利益を獲得できれば、債務超過を回避し、借入金の返済を継続してもなお、内部留保が残せるようになる。

スローガンは、「食の価値を高める日本一の企画会社を目指す」とした。

3か年　経営改善基本方針

これまでのビジネスモデル	
●商品 ・主要商品 ・付加価値商品 ・差別化商品等	食品包装資材の製造販売。顧客の要望に合わせて下請け的に製造・納品を行うモデル。価格は顧客主導であり、利益率が低い。デザイン、製造が分断
	食品メーカーのOEM。開発には一部関与するが、仕様・価格等は顧客主導。顧客の戦略や売上方針・動向に左右される（売上、商品ラインなど）
	自社製品としてテイクアウト用容器のEC販売。既製品をECサイトに並べて受注・発送。自社ブランドであるため一定利益は確保
●顧客 ・主要顧客 ・主要代理店 ・主要地域等	食品メーカー、流通（スーパー）
	北海道、首都圏が中心、一部大阪
	EC販売は全国
●マーケティング ・販促 ・見込客開拓 ・ブランディング等	営業担当者が既存顧客を中心に訪問営業。新規は紹介や引き合いへの対応に限定
	営業、デザイン制作などが属人化
	テイクアウト容器は、EC直販
●組織 ・組織構造 ・ビジネス構造等	営業部と制作部門、総務部門が分断 包装資材・OEM・テイクアウト容器がそれぞれに活動
	個々のスタイルで業務遂行。成功事例や失敗事例が共有・蓄積されず非効率
	従業員の入れ替わりが激しく、採用・育成コスト増、成長に時間を要す
●コスト構造 ・原価（仕入） ・販管費	発注側の意向に従い、低い収益性
	従業員の入れ替わりが激しく、採用・育成コスト増、成長に時間を要す

これからのビジネスモデル
包装資材・商品の企画・提案を起点に、デザイン・製造・納品までのワンストップサービスを提供する。言われたものを作るだけでなく、当社からの提案を強化する
商品開発のアイデアの提供も行う。パッケージに問い合わせ先として社名を記載し、認知度を上げる
包装資材・OEM・EC 直販の経験をベースとして、テイクアウト用容器以外にも自社ブランド商品を開発・販売する。自社ブランド製品により、脱下請けと粗利率改善を同時に実現する
大手食品メーカー・流通のパッケージ企画・制作や OEM 提供により売上基盤を確保する 大手取引をブランディングに結び付け、全国の中規模メーカーも顧客対象にする
新規開発の自社ブランド商品については、日本国内に加えて、海外マーケットも視野に入れる（中国や米国）直販の他、卸店を通じて商圏を拡大する
Web サイトの活用により、包装資材・自社製品についても商圏を全国エリアに拡大する。リアル訪問営業の包装資材も Web 活用、テイクアウト容器も営業アイテムに加える
営業体制の再構築（営業力の強化、Web マーケティングとインサイドセールスを活用する）
デザイン、マーケティングに強い会社。パッケージ、プランニング、プロモーション、プロデューサーとしてブランディング コンサルティング営業（出口から導く企画・デザイン提案）により受注拡大
メーカーから小売との取引（企画会社・ファブレス）、自社製品（メーカー）、EC 販売（Web 流通）のトータルソリューションを PR
経営理念の明確化、共有による組織のベクトル合わせ
役割分担、職務記述書、評価制度の整備などによる従業員の意識・思考・行動の改善
社内勉強会による知識拡大、適切な評価による人材定着
事業計画と連動した粗利確保のために、見積りの標準化を図る
部門別・担当別の売上・利益や進捗管理を行う
従業員の定着による採用費・教育費などの削減

3 か年中期経営方針（実抜計画の目標値）	
中期戦略目標	他社主導から自社主導型ビジネスに転換することによる利益率の改善。脱下請け、自社主導
	言われたものを作る「包材屋」から、顧客ニーズを先取りした「企画屋」へ転換する
	既存ビジネスを維持・発展させながら、自社ブランド商品を開発することにより、当社の存在価値を高め、収益性を向上させる
収支目標（売上・粗利・営業利益）	売上 10.8 億円（既存事業 7.3 億→8.5 億円、新規事業 2.3 億円加算）
	売上総利益 2 億円 （売上総利益率 15 → 20%）
	営業利益 3,600 万円（営業利益率 3.6%）
財務改善目標	売上・利益などの経営数値を迅速に把握し、社内共有を図る
	累積赤字を解消し、内部留保を確保する
その他	営業・営業サポートなどの役割分担を明確にする。行動を共有化・マニュアル

（10）中期収支計画

　自社主導のビジネスへのシフトチェンジを目指して、以下の中期収支計画を立案した。具体的な売上・粗利・経費について解説する。

❶中期収支計画

　既存事業で一定の売上と利益を確保しながら、ゆるやかに新規事業分を加えていく。

　現在は、既存事業（他社主導案件）が90％、自社ブランドテイクアウト用容器の自社主導が10％である。自社主導を徐々に拡大し、3年後には80：20として、5年後には半々にしたい考えである。3年後には既存事業8億円、新規事業2億円の総売上10億円以上を目指す。

　売上総利益率は、他社案件15％、自社案件30％として、平均値で20％を確保する。

❷既存売上

　既存事業の包装資材（パッケージ）については、競合は多いものの需要は見込める。ただし、材料費の値上げなどで厳しいコスト要求に対応する必要がある。

　案件獲得のために、顧客との接触頻度を増やし、質が高く、密度の濃い商談機会を増やす。

　具体的には、既存顧客を売上・利益実績の大きさからSABCの4段階にランク分けを行い、ランクの高い顧客に対して、優先的・集中的に訪問営業を行う。すべての顧客に均等に労力をかけるのではなく、売上・利益の増加が見込めそうな顧客を重要顧客として位置づけ、集中的に訪問営業を増やす。

　他方、インサイドセールスにも取り組む。Webサイト情報発信を強化し、問い合わせには内勤担当者が対応し、基礎的な商談を行う。見込み度の高い顧客については外勤の営業担当者につなぎ、訪問商談をしていくことで、営業の効率化を目指す。1工程に留まらず、企画・デザインから印刷、製造や販売提案までの複数の工程の受注に努めることで、案件当たりの売上を高める。

　包装資材については、現状の5億円 ➡ 6億5,000万円の30％アップとして、利益率も標準見積の導入により改善を図る。

　既存事業の食品OEMについては、完全に他社主導であり、T社のコントロー

ル下にはないので、追加オーダーに迅速に対応することに努める。既存製品は商品のライフサイクル上、いずれ売上は減少する見込みである。食品OEMについては、別の取引先を新たに開拓する。

❸ 新規ビジネス

食品OEMについては、主に食品スーパーをターゲットとして、商品企画の段階から参画する。商品のブランディングなども含めた企画段階から入り込むことで、製造から販売までの工程に関わり、案件当たりの売上を拡大する。さらに、問い合わせ先に社名を記載することで、認知度も向上させる。3年目に1.5億円の売上を見込む。

新規ビジネスとして、自社ブランドでの食品の製造・販売に取り組む。当初は、既存取引先の製品を組み合わせたアソート販売から始め、徐々に自社開発・製造の製品に切り替えていく。製造は、従来どおり協力工場に委託する。テイクアウト用容器のECサイトを利用しながら、全国に販売する。3年目に1.6億円の売上、利益率30%を目指す。

❹ 粗利

既存の商品包装資材については、社内での標準見積制度の改善を目指し、現状の15%から2%改善する。

食品OEMは13%程度の粗利であり変更はない。売上額が徐々に減少していくため、既存事業の総計では17%となる。

新商品の食品OEMについては、企画から製造まで請け負うので粗利を24%に改善する。自社ブランドのテイクアウト用容器とアソート食品については30%。既存事業と併せて、20%の粗利を確保する。

❺ 経費

インサイドセールスを機能させるため、Webサイトの制作・更新料を計上する。

自社ブランド製品については、開発費用、マーケティング経費、広告宣伝費を計上する。

自社製品であり、T社の責任において販売まで行うことから、物流コストなども併せて計上する。

具体策連動 中期収支計画

科目	売上科目	商品または顧客	前年度実績	今期（24年度）予想	来期（25年度）予想	再来期（26年度）予想
売上	既存売上カテゴリー	包装資材	500,000	550,000	600,000	650,000
		食品 （食品OEM）	170,000	150,000	130,000	120,000
		テイクアウト用容器	60,000	70,000	75,000	80,000
		既存売上計	730,000	770,000	805,000	850,000
	新規売上カテゴリー	企画デザインから提案する食品包材		10,000	15,000	20,000
		食品メーカーのOEM、PB、留型		20,000	25,000	30,000
		美味しく見えるテイクアウト用容器		5,000	15,000	20,000
		自社ブランド商品（アソート）		5,000	40,000	160,000
		新規売上計		40,000	95,000	230,000
		売上合計	730,000	810,000	900,000	1,080,000

戦略での概算数値（売上・原価・経費）整理				
クロス分析の戦略と具体策から捻出される売上概況・内容 （新商材・新規チャネル等の売上増や既存商材の売上減等）			年度	新たに増減する売上高
既存売上（限界または下落傾向）	〈1〉	包装資材（パッケージ）の制作は、価格競争が激しい。取引先の要望は、低価格の要求により失注、もしくは材料費・燃料の値上がりにより、利益率が低下するが、既存顧客との関係性を高めることで、微増を狙う	2024 年	50,000
			2025 年	50,000
			2026 年	50,000
	〈2〉	食品 OEM は、人的ネットワークによって実現できた。取引先の都合により売上が上下する。低コスト化の要望が強く、商品ライフサイクルから売上に低減が見込まれる	2024 年	▲ 20,000
			2025 年	▲ 20,000
			2026 年	▲ 10,000
	〈3〉		2024 年	
			2025 年	
			2026 年	
既存売上の改善対策	〈4〉	既存顧客を SABC にランク分けをし、重要顧客について訪問、案件獲得を狙う。取引先の概要・要望を理解し、引き合いを待つのではなく、商品企画の提案を行う	2024 年	50,000
			2025 年	100,000
			2026 年	140,000
	〈5〉	社内で受注案件の概要を共有。取引先にも制作実績を見せながら、当社の得意分野や提案力を認識してもらう （現状では取引先からの引き合いに応じるのが精一杯であった）	2024 年	
			2025 年	
			2026 年	
	〈6〉		2024 年	
			2025 年	
			2026 年	
新戦略・新規売上対策	〈7〉	自社ブランド製品の開発と販売によって、売上と高い利益率を確保する。自社ブランドを訴求することにより、間接的に包装資材や OEM 製造の受注・売上を拡大する	2024 年	5,000
			2025 年	35,000
			2026 年	120,000
	〈8〉	自社ブランド製品の発売により、卸商社、既存取引先（食品スーパー）などへの営業活動。顧客の業態別のアプローチ。食品メーカー：OEM・ODM、パッケージ企画、販促企画。流通：パッケージ、PB、留型、販売促進	2024 年	20,000
			2025 年	5,000
			2026 年	5,000
	〈9〉	Web サイト（EC サイト）の拡充、オウンドメディア化し、デザイン・パッケージを求める食品、メーカーを集客し、商談にむすびつける（インサイドマーケティング）	2024 年	10,000
			2025 年	10,000
			2026 年	15,000
	〈10〉	実績・機能・能力を効果的に伝えられるツールの作成、Web サイト構築により、企画からデザイン・製造・販促という食品のワンストップサービスを提供する	2024 年	10,000
			2025 年	15,000
			2026 年	20,000

具体策連動 中期収支計画　続き

科目		前年度実績	今期（年度）予想	来期（年度）予想	再来期（年度）予想
原価	既存売上カテゴリー原価	619,277	647,000	669,800	706,200
	既存売上原価率	84.8%	84.0%	83.2%	83.1%
	新規売上カテゴリー原価	—	30,650	68,500	157,800
	新規売上原価率	—	76.6%	72.1%	68.6%
	その他製造原価				
	原価計	619,277	677,650	738,300	864,000
粗利合計		110,723	132,350	161,700	216,000
平均粗利率		15.2%	16.3%	18.0%	20.0%
販売費および一般管理費	役員報酬（法定福利・福利厚生込）	20,100	20,100	20,100	21,000
	人件費（法定福利・福利厚生込）	50,804	55,000	65,000	80,000
	研修採用費	1,972	2,000	2,000	4,000
	支払報酬	6,666	7,000	8,000	8,000
	地代家賃	11,540	12,000	12,000	12,000
	水道光熱費	514	600	600	600
	減価償却費	2,749	2,500	2,200	3,000
	旅費交通費	7,304	7,800	8,300	8,500
	通信費	3,975	4,200	4,500	5,000
	事務用消耗品費	1,494	1,600	2,000	2,000
	広告宣伝費・販売促進費	4,027	6,000	10,000	12,000
	接待交際費	3,971	4,500	5,000	5,000
	支払手数料	1,757	2,000	3,000	4,000
	荷造運賃	178	1,000	2,500	3,000
	その他経費	3,952	4,000	4,000	11,900
	販管費合計	121,003	130,300	149,200	180,000
営業利益		▲ 10,280	2,050	12,500	36,000
営業外	営業外支出	589	500	500	500
	営業外収益	2,039	0	0	0
経常利益		▲ 8,830	1,550	12,000	35,500

クロスSWOT分析の戦略と具体策に該当する仕入または粗利に関する概況・内容 （新商材・新規チャネル等で発生する原価や仕入、既存商材の売上ダウンに伴う仕入減、 または粗利率の変動も含む）			新たに増減する原価・仕入	
既存ビジネスでの原価増減	〈1〉	低コスト要求、原料費、燃料費高騰による原価の増加により、売上総利益の圧縮	2024年	▲ 10,000
			2025年	▲ 10,000
			2026年	▲ 5,000
	〈2〉	仕入先の選別、新規取引先の開拓等により、原価の上昇を予防、要求に合う仕入先を探す	2024年	10,000
			2025年	5,000
			2026年	5,000
	〈3〉	社内勉強会カレッジにより、社長以下、全従業員が数値感覚を持つように知識を得る	2024年	▲ 5,000
			2025年	▲ 5,000
			2026年	▲ 5,000
新規売上での原価増減	〈4〉	標準見積書のフォーマットの作成。仕入先、製造委託先の選別と価格交渉	2024年	5,000
			2025年	5,000
			2026年	5,000
	〈5〉	品質管理、工場管理として新たな経費増が見込まれる。製造物責任はもとより、HACCPの対策など、製造原価を増加させる要素も考慮する	2024年	▲ 10,000
			2025年	▲ 10,000
			2026年	▲ 10,000
	〈6〉		2024年	
			2025年	
			2026年	
	〈7〉		2024年	
			2025年	
			2026年	
クロス分析の戦略と具体策に該当する経費支出・削減の科目と金額に関する科目の概況と内容 （新対策で新たに発生する経費も含む）			新たに増減する経費	
既存ビジネスでの経費増減	〈1〉	顧客をランク分けし、効率的・効果的な営業を行う インサイドセールスの活用によって、営業効率を向上させる 案件受注後の制作工程においては、営業の関与を最小限に抑える	2024年	3,000
			2025年	3,000
			2026年	3,000
	〈2〉	職務記述書とキャリアプランを作成する 営業の意識改革によって、営業効率の向上を期待する	2024年	▲ 2,000
			2025年	
			2026年	
新規売上での経費増減	〈3〉	広告費、交際費、交通費の戦略的経費、ならびに外部委託の支払手数料、販売促進費を活用する。Web関連、インサイドマーケティング費用	2024年	▲ 2,000
			2025年	▲ 4,000
			2026年	▲ 2,000
	〈4〉	インサイドセールスにより、外勤営業効率を高め、旅費交通費などの削減につなげる	2024年	1,500
			2025年	1,500
			2026年	1,500
	〈5〉	自社ブランド製品の在庫、倉庫費用、物流コストが増大する。ECの拡大に伴い、フルフィルメントサービスの活用も検討する	2024年	▲ 2,000
			2025年	▲ 2,000
			2026年	▲ 4,000

（11）中期ロードマップ（260〜261 ページ参照）

中期ロードマップでは、新規事業のアソート販売について解説する。

- 12 月までに、新規事業の方向性を検討
  - ブランドコンセプト、商品コンセプトの検討
  - アソート用商品、仕入先の選択、契約
  - アソート・物流システム（業者の仕組み）解説
- Web サイトオープン、プレスリリース
- 4 月に開発開始

---

❶新規事業はプロジェクトチームで行う

　新規事業の成功のポイントは、既存事業を維持・発展しながら、新規事業を立ち上げることである。そのためには、社内の営業体制の組み換え、効率化により、人員リソースを確保、プロジェクトチームで新規事業に取り組む。

　「誰に」「何を」「どのように」「いつまでに」「どうやって売るのか」を明確にして、実行に移すことである。基本方針は、①小さく始めて大きく育てる、②外部ネットワーク、専門家の活用、③リアルと WEB の活用である。

　「誰に」のメインターゲットは、全国の飲食店。特に新しいメニューや食材の入手を求めている積極的な飲食店やメニュー開発まで手が回らない飲食店とする。

　「何を」の商品は、各地の名産品や食材、隠れた逸品、手に入りにくい食材・商材のアソート（組み合わせ）である。テーマを持った組み合わせ、例えば、ワインに合う食材など、飲食シーン別に組み合わせを変えていく。季節や旬の食材にも注目する。例えば海産物、ハム・ソーセージ、チーズ、アイスクリーム、菓子、おつまみなどである。

　「どのように」は、著名料理家やフードコーディネーターのレシピ付き、食材・商品の背景をストーリー性を持たせて展開し、付加価値の高い食品として EC 通販で販売する。カタログも単なる名産品の詰め合わせを載せるのではなく、食材の作り手の想いや背景をエモーショナルな写真を添えて紹介し、ファッション性豊かに伝えていく。

　「どうやって」のプロモーションは、Web サイトでは外部デザイナー、クリエーター、インフルエンサーなどを活用することで認知度を上げ、選ばれる商品、

付加価値の高い商品を目指す。初回購入は割引、追加リピートには特典を設ける。既存のECサイトとリンクする、別のECサイトを設ける。

❷新規事業はテストマーケティングから始めてみる

いきなり自社製品を開発するのではなく、取引先の既存商品を組み合わせてアソート商品を作り、テストマーケティングを行う。第1弾は、地の利のある北海道の素材を利用する。その後は、東北や九州などの全国の名産品をアソートし、2年目には、自社企画・製造の商品を加えていく。

こうした方針や進行を、「誰が」「いつまでに」「何をするか」として行動計画（ロードマップ）に落とし込み、進捗確認をしながら進めていく。

（12）単年度アクションプラン（262 〜 263 ページ参照）

3か年の中期経営計画をさらに単年度に落とし込んだアクションプランである。中期経営計画の作成の終盤にさしかかった頃に、Y社長から「方向性が見えてきた。ただ、これを進めていくためには、外部からの目で確認してほしい」という要請があった。「計画づくりがゴールではなく、スタートです」と、継続して支援することになった。社長と話し合いのうえ、人事制度の構築、営業スタイル、計数管理のモニタリングに注力することにした。

人事制度は経営理念とビジョンの達成に向けて求める人材像を規定し、そこから行動基準を定め、職務記述書、評価制度、キャリアプランを作成していく。新たな人事制度を運用することで、従業員の定着、やりがいや士気の向上、パフォーマンスの向上を目指す。

営業スタイルとしては、訪問営業とインサイドセールスを組み合わせた営業手法の再検討と目標の管理である。営業のための知識・ノウハウの習得と共有（勉強会の実施）、営業手法の共通化（マニュアル、チェックリスト）、見積の基準設定（売上総利益率の確保）、営業ツールとしての「アプローチブック」（会社の強みやこだわり、提供する商品やサービス、実績を記載）の作成と活用を行う。

売上対策として、顧客リストの洗い直し（SAB）、顧客カルテ作成、過去の取引実績を記載。営業は科学であり、売上は案件数に、案件数は訪問数に比例する。そのためのKPIを作成し、進捗管理を行う。営業会議に参加することで、営業の仕方の改善、進捗管理などの確認を行う。

中期行動計画（ロードマップ）

		3か年中期方針および実施戦略 （3か年で構築する「商材」「顧客」「マーケティング」「組織」「コスト」）	成果の期限 （年月）
商品	1	包装資材・商品の企画・提案を起点として、デザイン・製造・納品までのワンストップサービスを提供する。言われたものを作るだけでなく、当社からの提案を強化する	
	2	商品開発のアイデアの提供も行う。パッケージに問い合わせ先として社名を記載し、認知度を上げる	
	3	包装資材・OEM・EC直販の経験をベースとして、テイクアウト用容器以外にも自社ブランド商品を開発・販売する。自社ブランド製品により、脱下請けと粗利率改善を同時に実現する	
顧客	4	大手食品メーカー・流通のパッケージ企画・制作やOEM提供により売上基盤を確保する。大手取引をブランディングに結び付け、全国の中規模メーカーも顧客対象にする	
	5	新規開発の自社ブランド商品については、日本国内に加えて、海外マーケットも視野に入れる（中国や米国） 直販の他、卸店を通じて商圏を拡大する	
	6	Webサイトの活用により、包装資材・自社製品についても商圏を全国エリアに拡大する。リアル訪問営業の包装資材もWeb活用、テイクアウト用容器も営業アイテムに加える	
マーケティング	7	営業体制の再構築（営業力の強化、Webマーケティングとインサイドセールスを活用する）	
	8	デザイン、マーケティングに強い会社。パッケージ、プランニング、プロモーション、プロデューサーとしてブランディング。コンサルティング営業（出口から導く企画・デザイン提案）により受注拡大	
	9	メーカーから小売との取引（企画会社・ファブレス）、自社製品（メーカー）、EC販売（Web流通）のトータルソリューションをPR	
組織	10	経営理念の明確化、共有による組織のベクトル合わせ	
	11	役割分担、職務記述書、評価制度の整備などによる従業員の意識・思考・行動の改善	
	12	社内勉強会による知識拡大、適切な評価による人材定着	
コスト	13	事業計画と連動した粗利確保のために、見積りの標準化を図る	
	14	部門別・担当別の売上・利益や進捗管理を行う	
	15	従業員の定着による採用費・教育費などの削減	

2024 年度		2025 年度		2026 年度		2027 年度	
上半期	下半期	上半期	下半期	上半期	下半期	上半期	下半期
社内体制・仕組み化	提案開始						
商談開始							
新事業の企画検討	テストマーケティング	新事業販売開始（仕入）		新事業（自社オリジナル）			
		開始					
	国内トライアル			海外調査開始		海外方針決定	
	Web サイト活用検討	・Web サイトリニューアル ・自社ブランドWeb サイト					
社内体制・仕組み化	社内研修	新組織稼働					
	社内研修	営業展開 Web 展開					
	Web サイト活用検討	・Web サイトリニューアル ・自社ブランドWeb サイト					
経営理念の再確認	経営方針確定	年 2 回の全社大会実施					
検討開始	制度設計・構築	テスト運用		細部改善 テスト運用		実運用	
検討開始							
	標準化						
データベースの共有	定例会議にて確認						
	経費見直し						

モニタリング用アクションプラン

3か年中期方針および実施戦略 （3か年で構築する「商材」「顧客」「マーケティング」 「組織」「コスト」）			重要実施項目	責任者・担当
商品	1	包装資材・商品の企画・提案を起点として、デザイン・製造・納品までのワンストップサービスを提供する。言われたものを作るだけでなく、当社からの提案を強化する	企画実績を記載した商談用ツール「アプローチブック」作成	営業マネージャー
			既存顧客に対する新規案件の商談	営業全員
	2	商品開発のアイディアの提供も行う。パッケージに問い合わせ先として当社名を記載し、認知度を上げる	顧客分析、商品ラインの把握による傾向把握	営業マネージャー
			メーカーとの役割分担、問い合わせ窓口の設置	社長
	3	包装資材・OEM・EC直販の経験をベースとして、テイクアウト用容器以外にも自社ブランド商品を開発・販売する。自社ブランド製品により、脱下請けと粗利率改善を同時に実現する	新事業プロジェクトによる新事業の企画立案	社長 プロジェクトメンバー
			新商品の仕入れ先の確保	社長 プロジェクトメンバー
顧客	4	大手食品メーカー・流通のパッケージ企画・制作やOEM提供により売上基盤を確保する。大手取引をブランディングに結び付け、全国の中規模メーカーも顧客対象にする	顧客カルテの整備と優先順位づけ、顧客別の営業戦略策定	営業マネージャー
			Webリニューアルによるブランディング	営業マネージャー
	5	新規開発の自社ブランド商品については、日本国内に加えて、海外マーケットも視野に入れる（中国や米国）直販の他、卸店を通じて商圏を拡大する	国内の市場分析	社長 営業マネージャー
			流通網への働きかけ	社長
	6	Webサイトの活用により、包装資材・自社製品についても商圏を全国に拡大する。リアル訪問営業の包装資材もWeb活用、テイクアウト用容器も営業アイテムに加える	Webサイトから問い合わせの仕組み構築	社長
			インサイドセールスの活用	営業マネージャー
マーケティング	7	営業体制の再構築（営業力の強化、Webマーケティングとインサイドセールスを活用する）	外勤・内勤営業の仕組み化と研修	社長 マネージャー
			インサイドセールスのマニュアル、トークスクリプト作成	社長 管理マネージャー
	8	デザイン、マーケティングに強い会社。パッケージ、プランニング、プロモーション、プロデューサーとしてブランディングコンサルティング営業（出口から導く企画・デザイン提案）により受注拡大	食品・パッケージ・ギフトなどの展示会出展	社長 営業マネージャー
			Webマガジン、ブログなどによるオウンドメディア化	営業マネージャー
	9	メーカーから小売との取引（企画会社・ファブレス）、自社製品（メーカー）、EC販売（Web流通）のトータルソリューションをPR	Webサイトのリニューアル	営業マネージャー
			アプローチブックの作成と活用	営業マネージャー
組織	10	経営理念の明確化、共有による組織のベクトル合わせ	経営理念の勉強会	社長
			定例会議での確認、事業計画の進捗確認	社員全員
	11	役割分担、職務記述書、評価制度の整備などによる従業員の意識・思考・行動の改善	職務記述書、キャリアプランの作成	社長・管理M
			トライアルの実施	社長・管理M
	12	社内勉強会による知識拡大、適切な評価による人材定着	月1回のテーマ別の勉強会	全社員
			月1回の上司とのワンオンワンミーティング	全社員
コスト	13	事業計画と連動した粗利確保のために、見積りの標準化を図る	外注先の製造能力・納期などのリスト化と共有	社長 営業マネージャー
			標準見積サンプルの作成と共有	社長・管理M
	14	部門別・担当別の売上・利益や業進捗管理を行う	営業会議にて、予実管理	社長 マネージャー
			KPIの設定と進捗と管理	社長 マネージャー
	15	従業員の定着による採用費・教育費などの削減	勉強会による知識の習得による意欲向上	社長 マネージャー

成果の期限 （年月）	2024 年度					
	4-5 月	6-7 月	8-9 月	10-11 月	12-1 月	2-3 月
月 1 回の勉強会						
		講師社長			社員講師	
面談						
月例会議						
月 1 回の勉強会		講師社長			社員講師	

（13）SWOT分析の結果とその後の行動

SWOT分析を活用して事業計画書を策定し、2023年7月上旬に事業計画を発表する全社決起大会を行った。T社はこれまで、詳細な事業計画はなく、初めて従業員全員に説明した。

❶一体感の醸成

従業員の反応は「初めて会社の方向性がわかった」「会社の経営状況がわかった」「自分達の役割が見えてきた」などであった。

今までは、営業担当の売上予算と実績を従業員と共有するのみで、全社の売上・利益などは経営者層しか把握していなかった。今回、経営状況や目指すべき姿や目標、実績などを共有することで、従業員の目線が変化したとY社長は感じているようだ。

その他、経営者の感想として、

- 会社の方向性や進むべき道が明確になった
- 頭の中のモヤモヤが整理できた
- 社員の一体感を醸成することができた
- 金融機関から事業計画書の提出を求められたが、すぐに提出することができた
- 数値計画、アクションプランも作成し、毎月の進捗確認ができるようになった

との意見があった。

じつは、SWOT分析を起点として会社の方向性を定め、事業計画を策定する中で、会社を去ることになった従業員もいた。

経営者の意思に賛同できなかったり、方向性が合わないと感じたものと推測される。従業員の退職により、一時的な人手不足に陥ったものの、同じ価値観を持つメンバーが残ってくれた。不足人員の補充はスムーズに行えたようだ。

「会社の目指す姿、将来像を見せることができたので、応募者が増え、当社の方向性を理解し、共通の価値観を持つ人を採用できた」とY社長は喜んでいた。今後はさらに、社員の団結が進むと期待している。

❷ SWOT 分析に高評価

T社ではもともと経営者層でSWOT分析を行っていた。しかし、筆者が支援に入ってからは、SWOT分析を見直した。具体的には、社員代表4名をプロジェクトメンバーとして選出し、社長とともにSWOT分析を行った。

社員代表者にとってはSWOT分析は初めての経験であったが、自社の強みや弱みを自らの発言で提示し分析することで、自社の状況を客観的に見ることができたようだ。社長は、従来行っていたSWOT分析とはその中身や視点がまったく異なることに興味を抱くとともに、社員代表の参加を通じて、社員側から見た会社像を知り、人材の大切さや能力などにも気づいた様子である。

❸ 経営者の漠とした事業イメージを明確にする

これまでの筆者の経験から、多くの経営者には「ああしたい」「こうしたい」というアイデアやイメージを持っている。しかし、頭の中だけにあるために、従業員にはうまく伝えられないことが多い。また、やりたいことは多くあるが、どこから手をつければよいのかわからないことも多い。

今回のケースでは、デザインやクリエイティブセンスを持つアーティスト的な経営者であるがゆえに、社長の思いつきで経営しているのではないかと、周囲から見られているように思えた。だからこそ、数値化や言語化が必要であった。

そこで、筆者のスタンスとしては、経営者や社員代表の声を拾い上げながら、その発言や考え方を整理することに努めた。表面的な事象に留まらず、「なぜそうなったのか」「なぜ実現できているのか」などを深掘りしていった。

その結果、社長の考えをまとめるとともに、社員の代表も参画意識が高まり、自らが作った事業計画になった。社長の思いつきがヒラメキに変わり、さらに数字や言葉、行動計画に落とし込むことができたことは大きな成果である。詳細なSWOT分析を行ったからこそ、導き出せた戦略であり、計画であると思う。

現在はモニタリングをしている段階である。必ずしも計画どおりに進んでいないことも多いのが正直なところである。しかし、計画があることで、目標に向けて行動し、進捗管理を行い、必要に応じて議論をしたり対応策を練る、取り決めをするという流れになってきた。間違いなく、組織が成長していくことを予感する。

こうした詳細なSWOT分析と根拠ある事業計画を策定できるということを筆者の「強み」に加えて、今後のコンサルティング業務に活かしていきたい。

事例⑤ 繊維製造販売業　　　　執筆：小宮　建

これまで17年間、一貫して人事労務の専門家である社会保険労務士からのアプローチで企業と接してきた。逆に、それ以外の会社経営に関する相談は、「専門外だよね」ということで、相談していただくケースが少なかった。

寂しく残念な想いが私にはあった。企業から「本当の意味で相談していただける存在」になりたい。そのために本格的に会社経営を学び、経験したいとの思いから「SWOT分析と根拠ある経営計画書マスターコース」に参加することを決意した。

（2）　企業概要

株式会社A社

社　歴：15年

事　業：繊維製造販売業

売　上：1億8,557万円（2023年度）

従業員：社員8名

本社のほかに自社工場を持つ繊維製造販売の企業である。直近3年間は増収増益を続けている。直面する経営課題については、その都度タイムリーに解決措置を講じてきている。業績は堅調であり、さらなる売上拡大を目指している。

A社は、日本伝統の手ぬぐいの企画から製造、販売を行っている。自社工場には100年以上も前、大正時代の織機が今も現役で稼働している。海外での大量生産が主流となり、日本では衰退している繊維産業にあって、こだわりぬいた生地と伝統の技術で「我が道を行く」。また、独自のオリジナルデザインでコラボ商品の企画実績も多数ある。

（3） SWOT 分析と根拠ある経営計画書を実施した背景

　「会社の売上を拡大したい。そのためのアドバイスがほしい」と A 社から提携会計事務所に情報が入った。売上のことであれば筆者、と会計事務所担当者の頭に浮かんだようだ。同担当者から筆者に A 社の相談に乗ってくれないかと紹介があった。

　社会保険労務士である筆者になぜ会社の売上についての相談が入ったのか。それは、筆者が SWOT 分析を学んでいることを同担当者が知っていたからだ。SWOT 分析であれば、売上を拡大するための戦略が組み立てられるのではないか。

　A 社の社長と面会することになった。筆者が学んでいた SWOT 分析から、売上の新戦略が生まれるということを社長に事例を見せながら説明した。すると社長からは、「戦略や問題についてはその都度いろいろ手を打ってきている。だから、もう何も出ないと思うよ」ということであまり期待しているという印象はなかった。それでも私は SWOT 分析を強く勧めた。社長は渋々だったが、やってみようということになった。

（4） 破局のシナリオ

　SWOT 分析に期待していないということは、社長の表情からうかがえた。筆者は SWOT 分析の概要を事前に説明した後、まず「破局のシナリオ」について説明した。

　すると、「なんだ、この破局のシナリオっていうのは。縁起でもない」ということで社長は不機嫌になった。社長は SWOT 分析を行う前からマイナスイメージを持っていた。筆者が「破局のシナリオ」について、また全体像の説明をしっかりしなかったことに反省はある。しかし、いずれこの「破局のシナリオ」が後に、社長にとっては重大事だということがわかるのだが……。

　筆者は「破局のシナリオ」に続いて、SWOT 分析や経営基本方針、中期収支計画、ロードマップ、アクションプランと一連の流れを説明した。概要はわかっていただいたようだ。社長は当初渋々であったが、進めていくうちに明らかに表情が変わり、また口調もなめらかになっていった。特に SWOT 分析から出た新戦略がそのままお金に変わる姿を見せたことによって非常に理解が深まり、スムーズな形で進んだ。

結論から言うと、SWOT 分析を実施した結果、社長には新しい気づきが生まれ、そのヒントからさまざまな新戦略が編み出された。最後に、社長からはこのSWOT 分析について大変高い評価をいただいた。

破局のシナリオ　現状努力の延長線上の中期収支予想

（単位：千円）

科目	売上種別	商品または顧客	前年度実績	今期（24年度）予想	来期（25年度）予想	再来期（26年度）予想
売上	売上	法人顧客	149,012	156,000	170,000	185,000
	小売	個人顧客（国内）	18,129	19,000	21,000	24,000
	海外	個人顧客（海外）	18,432	21,000	24,000	27,000
	売上合計		185,573	196,000	215,000	236,000
変動費	原材料・仕入（売上原価）		89,181	94,000	103,000	113,000
	外注費		0	0	0	0
	労務費		0	0	0	0
	その他製造原価		0	0	0	0
	原価計		89,181	94,000	103,000	113,000
	粗利合計		96,392	102,000	112,000	123,000
	平均粗利率		51.9%	52.0%	52.1%	52.1%
固定費	役員報酬（法定福利・福利厚生込）		7,520	7,520	7,520	7,520
	人件費（法定福利・福利厚生込）		34,108	36,800	41,200	45,300
	雑給		817	900	1,000	1,100
	荷造運賃		7,948	8,600	9,500	10,400
	広告宣伝費		7,615	8,200	9,100	10,200
	接待交際費		2,417	2,600	2,800	3,100
	旅費交通費		7,412	8,100	8,900	9,700
	通信費		2,278	2,400	2,600	2,800
	水道光熱費		959	1,000	1,100	1,200
	支払手数料		2,062	2,200	2,400	2,600
	地代家賃		4,258	4,500	4,800	5,200
	租税公課		1,856	2,000	2,200	2,400
	減価償却費		5,236	5,300	5,300	5,300
	消耗品費		2,307	2,500	2,700	2,900
	その他経費		8,638	9,200	10,400	11,400
	販管費合計		95,431	101,820	111,520	121,120
	営業利益		961	180	480	1,880
営業外	営業外支出					
	営業外収益					
	経常利益		961	180	480	1,880

売上・原価・経費・利益率等に与えるマイナスインパクトの科目別の根拠（金額、％、数量）		
	種別	内容
売上・粗利関係 〈1〉		
〈2〉		
〈3〉		
〈4〉		
原価関係 〈1〉		
〈2〉		
〈3〉		
その他経費関係 〈1〉	人件費	海外現地社員採用
〈2〉	広告宣伝費	海外向け Web 通販サイト制作 PR 用動画制作
〈3〉		
〈4〉		
〈5〉		

（5）現状の業績課題と必要売上

「破局のシナリオ」をもとに算出した、必要となる売上・粗利益・営業利益と現状との差額を検証した。

A社の売上額は1億8,557万円、粗利益9,639万円で、粗利益率は51.9％、営業利益は96万円である。

現状のビジネスモデルのままでも中期的に売上、利益を確保できるであろう。しかし、今後の販売体制強化のための営業人材採用やWeb通販サイトの拡充、さらに長期的には増産のための新工場建設や織機増設などを計画している。

これら将来への投資のためにも、営業利益の確保が必要であると社長も認識していた。社長と検討した結果、営業利益1,000万円が必要と設定してシミュレーションを続けた。

差額シミュレーションの結果、営業利益1,000万円が必要とした場合、現状との売上差額は7,800万円、粗利益は4,000万円となった。

社長の反応が気になった。筆者は社長の顔色をうかがった。しかし、筆者の心配は取り越し苦労であったことにすぐに気づく。

「どうやって売上を作っていきましょうか？　まずは……じつは今これ準備中なんですが……」

筆者がこれから始めようとしているSWOT分析より先に、準備している海外戦略についての資料を見せてくれた。そして、その説明を始めた。

筆者は、手元の「SWOT分析」シートを開いて、社長の戦略プランの説明を必死に記録していった。

必要売上・必要粗利と「破局のシナリオ」との差額概算整理表

(単位：千円)

科目	売上科目	商品または顧客	前年度実績		科目	売上科目	商品または顧客	必要売上	
売上	売上	法人顧客	149,012		売上	売上	法人顧客	185,000	
	小売	個人顧客（国内）	18,129			小売	個人顧客（国内）	24,000	
	海外	個人顧客（海外）	18,432			海外	個人顧客（海外）	27,000	
							新規	28,000	
	売上合計		185,573			売上合計		264,000	必要差額売上
変動費	原材料・仕入（売上原価）		89,181		変動費	原材料・仕入（売上原価）		127,000	78,427
	外注費		0			外注費		0	
	労務費		0			労務費		0	
	その他製造原価		0			その他製造原価		0	
	原価計		89,181			原価計		127,000	
粗利合計			96,392		必要粗利合計			137,000	必要差額粗利
平均粗利率			51.9%		平均粗利率			51.9%	40,608
固定費	役員報酬（法定福利・福利厚生込）		7,520		固定費	役員報酬（法定福利・福利厚生込）		7,520	
	人件費（法定福利・福利厚生込）		34,108			人件費（法定福利・福利厚生込）		50,300	
	雑給		817			雑給		1,100	
	荷造運賃		7,948			荷造運賃		10,400	
	広告宣伝費		7,615			広告宣伝費		10,900	
	接待交際費		2,417			接待交際費		3,100	
	旅費交通費		7,412			旅費交通費		9,700	
	通信費		2,278			通信費		2,800	
	水道光熱費		959			水道光熱費		1,200	
	支払手数料		2,062			支払手数料		2,600	
	地代家賃		4,258			地代家賃		5,200	
	租税公課		1,856			租税公課		2,400	
	減価償却費		5,236			減価償却費		5,300	
	消耗品費		2,307			消耗品費		2,900	
	その他経費		8,638			その他経費		11,400	
	販管費合計		95,431			販管費合計		126,820	
営業利益			961		必要営業利益			10,180	
営業外	営業外支出				営業外	営業外支出			
	営業外収益					営業外収益			
経常利益			961		必要経常利益（最低の返済から算出）			10,180	

（6）「強み分析」のポイントと検討結果（272〜275ページ参照）

　「強み分析」とは、A社の業績拡大につながり、外部環境の「機会」に活かせる具体的な「強み」を掘り起こしていく工程である。

　既存顧客や販売チャネルの強みでは、取引先で有力な顧客先となぜその顧客が

強み（内部要因）の深掘り

強みカテゴリー	強みのヒント	ヒントの答え
●既存顧客、既存チャネルの強み	顧客台帳・リスト数・DM先数・アポがとれる客数	●国内法人顧客160件（Aランク大手国内メーカーなど）
	常連客、A客の数、ロイヤルカスタマーになった理由	●大手国内メーカーなどが自社のプレミアムグッズ商品として販売 ●ミュージアム、記念館などでの販売実績あり、ミュージアム系は強い
	有力な顧客となぜその顧客が生まれたか	●アウトドア製造販売会社が手ぬぐいでキャンプイベント ●酒蔵のイベントで名入り手ぬぐいを販売（10数件取引）
	その他、顧客や販売先自体が強みと言えるもの	●機械メーカーの周年行事でメイドインジャパンの記念品として受注
●既存商品、既存仕入先、取引業者の強み	この取扱商品があることでのプラスの影響	●アジア製との価格の差。糸と染めのクオリティが違う（触感）
	この仕入先、外注先、取引先があることでのプラスの影響	●100年前の織機が稼働
	この販売エリア、マーケティングチャネルを持っていることのプラスの影響	●糸は関西、染めは東京のこだわり職人
	その他、既存商品を持つ強み	●欧州で開催の大規模イベントに参加し、名刺交換が約100枚

生まれたか、などをもとに「なぜそうなのか」「どこ（誰）がそう言うのか」「その強みの原因をどう横展開・多角化すればいいか」など、次々に社長に聞いていった。

　筆者の深堀り質問と社長から飛び出すアイデアや意見で、さらに新たな気づきが生まれていく。こうして進められた「強み分析」の検討結果で、A社の「強み」についてポイントとなる3点を解説する。（276ページに続く）

なぜそうなのか、どこ（誰）がそう言うのか	その「強みの原因」をどう横展開・多角化すればよいか
大手国内メーカー（ネットで注文依頼。TVで見て。販促物として配布する。キャンペーンの表彰として）ここ5年で大口取引になった理由（アジア製を増やしたらクレーム。他社からシェアを取ったツールになった）	キャンペーン型では職人系スポーツショップ、靴磨き店チェーンでキャンペーン商品として＝プレミアム系の販促にニーズが高い 生活雑貨企業が当社手ぬぐいを商品ラインナップに挙げた（カタログ掲載）
メルマガで大手国内メーカーの社員からオファー（織機を見たい）	
厚手の手ぬぐいは火に強いので、鍋を手ぬぐいで手づかみ、キャンパーに人気 ラーメン店にも手ぬぐいを以前から納入（メイン客10数社） 若い酒蔵経営者がブランドづくりの一貫として消費者に販売する	キャンプの雑誌取材も出ている キャンプ手ぬぐいで店頭販売 キャンプ向けとして提携先ブランドで、OEM生産をしたい キャンプ用手ぬぐい紹介動画
メイドインジャパンを全面に出して大手の周年行事の記念品（企業数社）→手ぬぐいへの郷愁のある社長のニーズ	メイドインジャパンで昭和を懐かしむ人へのプレミアムな引き出物としのニーズがある 周年用手ぬぐいの紹介動画を作成
生活雑貨の展示会ではキッチンのセレクトショップに手ぬぐい→かっこいい＝禅の好きな欧州人が多い 直販体制が取れる	

強み（内部要因）の深掘り　続き

強みカテゴリー	強みのヒント	ヒントの答え
●技術、人材、知識、ノウハウ、経験の強み	技術、ノウハウの具体的な「強み」で顧客から評価されていること	●厚みのある生地が織れる織機のメンテができる ●機械に合った糸、シャトルを自分たちで創意工夫してできる
	顧客が評価する技術や知識、経験を持った人材の内容	●触ったときの風合い、触り心地、何年も使える商品
	顧客が評価する社内の仕組み、システム、サービス	●1枚からでも製造できる（B to C） ●コーポレートカラーでデザイン提供できる
●設備、機能、資産の強み	他社に比べて優位性を発揮している生産設備、什器備品、不動産	●100年前の織機が稼働
	顧客が認める組織機能（メンテ、営業サポート、物流など）	●B to Cで手ぬぐいリフォーム（お直し）を実施（年間200枚超） ●愛着があるのでお直しニーズがある（10年以上使っている）
	その他、持っている資産・経営資源で商売上貢献しているもの	●数年前にオリジナルの生地の開発（手ぬぐい技術で今の機械で大きい生地寸法が可能。アパレル生地、インテリア生地などに転用）
強みカテゴリー	強みのヒント	ヒントの答え
●技術、人材、知識、ノウハウ、経験の強み	もしM&Aされるとしたら、買う側はどこに魅力を感じるか	
	買う側が魅力に感じる顧客資産とは	
	買う側が魅力に感じる商材資産とは	
●設備、機能、資産の強み	協業を求める他社が魅力を感じる顧客資産	●広告宣伝会社から手ぬぐい展で納入（チャリティーで日本の伝統グッズを毎年企画していた）
	協業を求める他社が魅力を感じる商材・技術資産	●部品屋から、廃業予定や廃業した織布メーカーの情報が入るので、生産規模拡大がしやすい
	協業を求める他社が魅力を感じる組織機能資産	

なぜそうなのか、どこ（誰）がそう言うのか	その「強みの原因」をどう横展開・多角化すればよいか
企業のカラーやイメージがわかるデザイナーがいる。そのデザイナーが顧客から評価されている	作り方、イメージ、工程、仕上がり、スタッフの思い、顧客の声のショート動画が、商品別にある（B to B）

なぜそうなのか、どこ（誰）がそう言うのか	その「強みの原因」をどう横展開・多角化すればよいか
日本の伝統、メイドインジャパンを求める企画だから	
国内で古い織機を使って売上を増やす会社が業界では珍しく、認知されているから	量産化可能な製品の製造キャパが増える

❶有力な顧客となぜその顧客が生まれたか

　厚手の生地特徴を活かして、キャンプ需要があるアウトドア会社の話が出た。

　「この2～3年間くらいで、取引が急に増え出した取引先はありますか？」

　「ありますね。アウトドアメーカーのB社さんっていう会社です。厚い生地がいいよねっていうことで発注をいただいて、それがここ数年で大きかったですね」

　私は続けて、なぜそうなのか、どこ（誰）がそう言うのか、と深掘り質問をした。

　「なぜキャンプで……理由はなんでしょうか？」

　「厚手の生地が燃えにくいっていう特徴があるんで、それでキャンパーの人たちがいいって。あと熱い鍋とか持つときにいいと」

　さらに、その強みの原因をどう横展開・多角化すればいいかを質問した。

　「キャンプ需要もこれからもどんどん増えていきますよね。例えば、今後の可能性として、キャンプ向けの商品をもう少しいろいろ手を替え品を替えやってみようかって思うとしたら、どんなものを作りたいですか？」

　「ちょっと加工して、オプションでキャンプ専用にしてとかっていうことはできるかなと思います」

❷持っている顧客、販売先自体が強みと言えるもの

　メイドインジャパンを前面に出して、周年行事関連需要のある機械メーカーの話が出てきた。

　これ自体は単発案件ではあるが、狙っていきたい分野である。

　「キャンプ需要、1ついただきました。それ以外にどうでしょう。あれっ、こんな業界からまさか発注が来るとは思わなかったっていうことはありますか？」

　「C社さんは機械メーカーです。会社で周年行事の記念品に使いたいと。他の会社さんからもそういうご依頼が最近増えていまして、その辺もちゃんと深掘りしていったら、まだまだ需要があるなっていう感じはします。会社さんが何を求めているかっていうと、メイドインジャパンのいいものを作っているっていう自負を持っておられるので。メイドインジャパンで喜ばれるものを探してらっしゃる気がするんですよね」

　今後伸ばしたいが手が打てていない分野で、注文が来るものに対応しているだけの状況であり、大きな売上が見込める商材なので、販売の仕組みを作って拡販したい意向であった。

❸技術、人材、知識、ノウハウ、経験の強み

A社の持つ経営資源の強みとして特徴的な話が出た。デザイナーのデザイン力が顧客から高く評価されていて、1枚からでも製造ができる。また、職人たちが伝統ある織機を操り、オリジナルの機械部品を製作し、自社でメンテナンスする技術力も高水準である。

「最新の機械だとそこまで厚い生地っていうのは織れないので、機械と合わせて職人たちの技術力だと思います。さらに強みでいうと、メンテナンスは技術と言えると思いますね。古い機械のことを知っている人がいないので」

そう言って、社長は突然部屋を出ていってしまった。どこに行ってしまったのだろう。社長はすぐに戻ってきた。何か手に持っている。見せてくれたのは織機の部品であった。職人たちが長い年月をかけて改良を重ねた唯一無二の完全オリジナル部品とのことで、今日に至るまでの歴史を説明してくれた。筆者に向かって話をする社長の姿が一段と楽しそうに、また誇らしげに見えた。

「オリジナルで好きな絵とか文字を入れて作れるので、たった1枚から作れます。それはよくびっくりされます」

「うちのデザイナーはお客様の窓口になって、要望を聞きながら丁寧に1枚ずつデザインを進めていくので、それもすごく評価が高くて。ここまでしてくれるっていうのはあまりないよねっていうのはよく言われます。一度購入してくれたお客様がうちのファンになってリピーターとなっていただいているケースが非常に多いです」

顧客からお褒めの言葉をいただくだけでは、「強み」とは言えないが、法人、個人にかかわらず、このデザイナーがデザインしたものがほしいと指名を受けて、繰り返し買っていただいている実績があり、社長も自信を持っている。

これは間違いなくA社の「強み」である。

（7）「機会分析」のポイントと検討結果（280 〜 281 ページ参照）

　「機会分析」とは、固定概念を取り払い、「もし○○した場合、△△は可能か」
というタラレバの質問をしながら、A社の強みを活かせる市場やビジネスを掘
り起していく工程である。社長の長年の経験と実績から「もうダメだろう」と見
切りをつけていたような事業も、ここで新たなアイデアとして復活することにな
る。
　「機会分析」検討結果の中で、機会についてポイントとなる3点を解説する。

❶若き酒蔵経営者たち

　「まさかそんな使い方をしているとは」「そういうアイデアを顧客が持っている
とは」などびっくりしたこと、意外だなと思ったことはないか、想定外のニーズ
はないか、社長に質問を投げかけた。
　筆者がこの質問をしてから、しばらく長い沈黙が続く。「強み」の質問への反
応に比べて、「機会」についての社長からのコメントのテンポが鈍る。
　海外展開と生地の新しい可能性への挑戦で社長の頭の中がいっぱいのようだ。
特に成熟した国内での新しい発見はなかなか出てこない。
　やがて社長の口が開いた。
　「あっ、それなら、日本酒の酒蔵さん。もう僕らが会社を始めた昔に営業をい
っぱいかけたんですよ。でも高すぎるって、当時は誰も相手にしてくれなくて」
　「あれから15年経って、酒蔵もグローバルにもなっているし、よりプレミアム
にもなっている。そういう酒蔵さんも代替わりして、配るのではなく売りたいと。
元々はただで配るっていう考え方が先代の人たちにあって。ですが、今は安かろ
う悪かろうものを配る時代でもないし、それがゴミになるような時代なので。オ
リジナルのいいものを作ってそれを売りたいと。それで国産のA社がいいよね
って言ってきてくれた人がいた。これは意外でしたね」
　「15年前の苦い思い出から止まっていましたけど、最近、増えているなと改め
て思います。そうだ、そんなことがあった。うん、うん」と過去を振り返りなが
ら、何度もうなずいた。
　社長の頭の中に新たな販路が1つ見えた。若い酒蔵経営者のブランディングへ
の意識変化ニーズである。海外で日本酒を造る動きもあるのだという。筆者は社
長の気づきをもらさず「機会分析シート」に記入した。

❷地域の染師とのコラボ、地域ブランドでPR

続けて筆者は、「おカネを払うから、もっとここまでしてほしいニーズ」を掘り起こすための質問をした。

「安い商品を作る考えはないですよね。逆にとんでもないプレミアム商品を出すとなったらどんなことを考えますか？」

「今までやったのはアートにしていくっていうことがありまして、関西の有名な染師さんと一緒に企画をしたことはあります」

先ほどの沈黙から打って変わってテンポが上がってくる。社長の思考が国内ニーズ掘り起こしのための「機会分析」にマインド・チェンジしたようだ。さらに続く。

「それはありえますね。各地域に残っている伝統の染師さんとコラボしていくっていうのは」

高価格帯需要である。続けて社長は、観光地の地元の伝統的なものを集めて展示し、一緒に自社商品を販売する企画の成功事例も話してくれた。

❸海外建築家やデザイナー、インテリア分野への新展開

「新しいビジネスモデルでの要望」については、社長が最も力を入れていることで、まさに取り組みを始めたことである。

「今の技術を使って、違ったものに応用できることは何かないですか？」

「例えば、ファッションの生地とかに応用できないか、とは考えています。インテリアのクッションカバーだったり椅子の生地だったり、あとは壁紙だったりとか」

現状の製造方法の延長線上で生産することが可能ということで、すでに販売に向けての準備段階に入っている。

機会（外部環境）の深掘り　これから求められるニッチ分野、顧客が費用を払うニーズ

	深掘りする質問	聞き出すヒント	どんな顧客が（どんな特性の顧客が）
1	B、Cランク客の具体的なニーズ	●めったに買いに来ない顧客が求めるニーズ ●日ごろ購入する業者で買わず、少量・臨時の購入で自社に来た理由	●酒蔵は以前、手ぬぐいは配るものというイメージだった ●マイクロブリュワーの地ビールや新興のアルコール製造業者
2	予期せぬ成功、新たな可能性	●まさかそんな使い方をしているとは……、そういうアイデアを顧客が持っているとは……　想定していなかったニーズ	●欧州のイベントで購入する方 ●キャンプでBBQをする方 ●海外で日本酒を造る業者が増えている
3	既存客・新規見込客が使ううえで、いら立っていること（困りごと）	●なぜそこまで時間がかかるのか、なぜそんなに高いのかの不満は何か ●どこも対応してくれないから仕方なく顧客が諦めていること	●既存の織布メーカーが廃業している
4	そこまで要求しないから、もっと低価格のニーズ（そぎ落としの低価格需要）	●必要な機能やスペックはここだけで、他はいらないと顧客が思っていること ●無駄な機能スペック、過剰なサービスを減らしても顧客が喜ぶもの	
5	おカネを払うから、もっとここまでしてほしいニーズ（高価格帯需要）	●顧客が困っていることに適応するなら高くても買う理由 ●この顧客なら、こんな高スペック・高品質の商品を買うだろう	●友禅染（京都） ●藍染（徳島）
6	こんな商品あったら買いたい、こんな企画ならいけそうというニーズ	●このターゲット顧客なら喜びそうな商品とは ●このターゲット顧客なら、こんなイベントや販促、企画、アフターサービスを求めているだろう	●関東のパイロットショップにてブランディング
7	他社がやっている企画、商品で真似したいこと	●あの同業者のあの商品の類似品ならいけそうだ ●二番煎じでもいけそうな商品とターゲット顧客	●トートバッグ1本勝負で、その店でしか買えない
8	知り合い（同業者・関係先・仕入先・コンサル・税理士等）から聞いた善意の提案	●直接の顧客以外から聞いた新たな提案 ●新たな気づきの善意の提案は何があるか	
9	その他、新しいビジネスモデルでの要望	●コロナで生まれた新たなニーズ ●これからの顧客が求める商品やサービスは何か	●欧州の建築家、デザイナーからインテリアの引き合い

具体的に何があるか	なぜそう思うのか、何が原因か（具体的に）
酒蔵の代替わりで職人に使わせる 酒蔵のブランディングの一環 新進のマイクロブリュワーは、ブランディングをしながらグッズ売上	酒蔵のブランディングや蔵開き、試飲会で魅せる SNS で「ばえる」ので訴求効果がある 酒蔵でブランド手ぬぐいを販売できる（リピートも可能） 新進のマイクロブリュワーがいいものをブランド価値として販売したい（新規の酒蔵開業が増えている）
キッチンで手ぬぐいを使う BBQ で火傷、汚れ防止で、手ぬぐい需要 海外の若手日本酒製造業者に日本的な手ぬぐいを使い、また販売する	日本文化、禅を好む欧州人から手ぬぐいがクールだと思われている 手ぬぐいがキャンパーにとってかっこいいから 海外の酒製造の投資案件は魅力的で投資も集まりやすい
廃業することで価値ある中古の織機が入手しやすい	この業界で後継者も使う人がいないので、機械を二足三文で入手でき、自社での技術承継もしやすくなる
地域の染師と組んで地域ブランドとして PR する	地域観光と組んで独自商品開発（地域の資源を使ってイベントやショップでの販売）
自社製品の情報提供とイメージショップ 欧州人のインバウンドから反応がいい	大手からの引き合い、SNS 発信、インバウンドからの引き合いが可能
	SDGs のイメージを PR（100 年前の機械を今でも使っている。小さい動力で全機械を動かしている） 数十年使い古した手ぬぐいは、壁掛けアート、物入、ポーチへ転換
数年前にオリジナルの生地の開発（手ぬぐい技術により今の機械で大きい生地寸法が可能。アパレル生地、インテリア生地などに転用） 高級オーダーメイドのインテリア、ワークシャツなどが欧州から引き合い	今の製造方法の延長線上で可能 海外からの注文あり 欧州人は禅や東洋のスタイルに興味を示す 当面、オンラインでオーダー売上可能

　「機会分析」で掘り起した市場やビジネス、参入可能性のある「機会」に、自社特有の「強み」を掛け合わせ、A 社独自の具体的な「積極戦略」を導き出す工程である。

　この「積極戦略」の検討は SWOT 分析において最も重要となるので、より多くの時間を割いた。「積極戦略」検討結果の中で、ポイントとなる 4 点を解説する。

❶ 地域特産と組んだ地産地消の商品開発と地域高額土産物販売

　都道府県や市区町村の観光協会をターゲットに、地域のイベントやアンテナショップ・物産展において、産地を PR する「地域限定商品」として独自にデザインされた手ぬぐいを販売する戦略である。

　産地の名物や各地のイメージキャラクター、歴史キャラクターをデザインした「各地の生糸、染め物を使った特産品手ぬぐい」を商品化する。

　まずは試作品手ぬぐいを制作して、Web サイトから YouTube で発信する。また地方観光イベントに出展するなどして露出を増やしたうえで、地域のアンテナショップや物産展で販売する。また、地域の染師と組んで高級地域商品として PR し、上記の販路を使って販売する。

❷ キャンパー向けアウトドア手ぬぐいの OEM を拡大

　既存の生地に汚れや火傷防止機能を付加して、国内外のアウトドア企業をターゲットに、動画や SNS で広告宣伝し、OEM 製造する戦略である。生地は現状の機械と技術を使ってアウトドア向けに改良可能であることはすでにテスト済みである。

　「キャンパー向けアウトドア手ぬぐい」をキャンプの体験動画を作成して YouTube で公開する。オンラインで PR する方法により顧客を取り込む。

❸ 酒蔵のブランディングとグッズ販売

　既存の手ぬぐいに酒蔵のロゴやブランド名などで差別化したデザインで、ブランディングしたい酒蔵をターゲットに、独自の高級ブランド手ぬぐいとして販売する。

　「酒蔵の PR とイメージアップにつながるかっこいい手ぬぐい」の専用 PR サ

イトを作成し、動画や使用ユーザーの声も掲載する。販売は専用サイトから。また海外向けに英訳版も作成する。

酒蔵経営者は、自社のブランディングの一環として、さらにグッズとして販売し、収益を上げたいと考えている。

日本酒の酒蔵のほかに地ビールのマイクロブルワリーも需要が見込まれる市場であり、同様のアプローチができる。酒蔵独自の高級ブランドをデザインして、海外ユーザーも好むデザインで差別化する。

アウトドア向けと同様に動画を作成して YouTube で発信し、オンラインで PR する方法により国内さらに海外からの受注を獲得する。

❹ 海外向け非手ぬぐい販売

既存商品に、従来の手ぬぐい技術をインテリアやアパレルなどの高級生地に改良して、海外の建築家やインテリアデザイナーに、オーダーメイドネット販売を展開する戦略である。

オリジナルの生地については、これまで培った手ぬぐい技術を活かして、現状の機械でインテリア用の大きな生地を製作することが可能である。

「インテリア、アパレル用オリジナル生地」は建築関係のイベントに出展して PR する。また、インテリアのイメージ動画を制作して配信する。高級オーダーメイドのインテリアやワークシャツは、欧州からの依頼実績もある。当面は、オンラインオーダー販売での売上獲得を目指す。

この「インテリア、アパレル用オリジナル生地」の開発・販売は、社長が最も力を注いでいる戦略である。高額単価商材であり、この戦略が軌道に乗れば大きな売上になる。粗利益率のいい商材でもあり、利益アップに大きく貢献する。

海外売上の実績を作ることにより、A社のブランドイメージ向上にも寄与し、今後の国内販売にも寄与する。

「強み」と「機会」の組み合わせによる「積極戦略」

	重点商材に関する戦略名	何を（商品サービス名）	どこに（ターゲット、チャネル）
既存商品での売上・粗利の改善	地域特産と組んだ地産地消の商品開発と地域高額土産物販売（組み合わせ　A ×5）	●各地の生糸、染め物を使った「○○特産手ぬぐいシリーズ」	●都道府県、市区町村の観光協会とのコラボ
		どう差別化・差異化して	どう作る、どう販売する
		●地産地消で産地をPR（デザインに産地やイメージキャラクター）	●これまでの代理店と協議
既存顧客での売上・粗利の改善	キャンパー向けアウトドア手ぬぐいのOEM先を拡大（組み合わせ　A ×5）	●キャンパー向けアウトドア手ぬぐい	国内外アウトドア企業
		どう差別化・差異化して	どう作る、どう販売する
		●火を使うBBQで汚れと火傷防止 ●キャンパー向けのかっこいいデザイン、色	●アウトドア向けの不燃糸の織り込みなどを既存機械で製造可能 ●オンラインでB to BのPR
新商材での売上・粗利の改善	酒蔵のブランディングとグッズ販売（組み合わせ　BC ×1）	●酒蔵のPRとイメージアップにつながるかっこいい手ぬぐい	●国内外の酒蔵
		どう差別化・差異化して	どう作る、どう販売する
		●酒蔵独自の高級ブランド手ぬぐいとして「神と一緒に酒を造る」心に手ぬぐい ●酒蔵独自のデザインでの提供	●既存の設備 ●専用オンラインサイトで販売
	海外の酒蔵のブランディングとグッズ販売（BC ×1）	●酒蔵のPRとイメージアップにつながるかっこいい手ぬぐい ●欧州のスタートアップで酒蔵創業	●海外の酒蔵製造（SNSからの引き合い） ●既存の海外の取引先からの紹介
		どう差別化・差異化して	どう作る、どう販売する
		●酒蔵独自の高級ブランド手ぬぐいとして「神と一緒に酒を造る」心に手ぬぐい ●酒蔵独自のデザインでの提供 ●海外ユーザーが好むかっこいいデザインで受注	●既存の設備 ●専用オンラインサイトで販売
新規顧客戦略での売上・粗利の改善の	海外向け非手ぬぐい販売（組み合わせ　ABC ×9）	●手ぬぐい技術でインテリア、アパレルなどの高級生地への転用	●海外の建築家、デザイナーが各物件で使うため
		どう差別化・差異化して	どう作る、どう販売する
		●生地のオーダーメードの製品（欧州では生地から選択の習慣がない。ソフトで色決め）	●既存設備（中古の合糸機購入済み）

(単位：千円)

1

どんな手段（マーケティング）	収支への反映概算		
代理店経由で各都道府県との接点づくり 試作品で○○特産手ぬぐいを製作し、Web と YouTube で公開 地方観光イベントへ出展	科目／年度 2024年 / 2025年 / 2026年		
	●売上可能性　450 / 840 / 1,200		
	●数量　150枚 / 280枚 / 400枚		
主要プロセス	●原価　3,000円／枚		
地産地消特産手ぬぐい 地域のイベント、アンテナショップ、物産展で地域限定商品として販売	●経費／償却等　既存経費に含む		
	●KPI　5県とコラボ / 新たに2県とコラボ / 全国10県とコラボ		

どんな手段（マーケティング）	科目／年度	2024年	2025年	2026年
代理店経由で各都道府県との接点づくり 試作品で○○特産手ぬぐいを製作し、Web と YouTube で公開 地方観光イベントへ出展	●売上可能性	450	840	1,200
	●数量	150枚	280枚	400枚
主要プロセス	●原価	3,000円／枚		
地産地消特産手ぬぐい 地域のイベント、アンテナショップ、物産展で地域限定商品として販売	●経費／償却等	既存経費に含む		
	●KPI	5県とコラボ	新たに2県とコラボ	全国10県とコラボ

どんな手段（マーケティング）	科目／年度	2024年	2025年	2026年
キャンパー向け YouTube を頻繁にアップ（ユーザー体験） SNS を増やすために、拡散してくれたらポイントと名入り手ぬぐいプレゼント	●売上可能性	3,000	4,500	5,000
主要プロセス	●数量	1,500枚	2,250枚	2,500枚
キャンプ専用手ぬぐい 使用イメージの YouTube を制作 こだわり派向けの手ぬぐい 各県のアウトドア店に PB の紹介	●原価	2,000円／枚		
	●経費／償却等	YouTube 制作費、業界紙広告等		
	●KPI	20店のアウトドアショップ開拓	新たに20店アウトドアショップを開拓	全国50店のショップと取引

どんな手段（マーケティング）	科目／年度	2024年	2025年	2026年
酒蔵ブランドを動画で PR サイト上に「酒蔵ページ」を作り、動画や使用ユーザーの声を掲載。そこに販売ページ	●売上可能性	6,000	9,000	12,000
主要プロセス				
酒蔵オリジナルブランド手ぬぐい 酒蔵手ぬぐい専用の動画作成 酒蔵専用サイトの作成 酒蔵リストへの情報配信	●数量	3,000枚	4,500枚	6,000枚
どんな手段（マーケティング）	●原価	2,000円／枚		
日本の酒蔵ブランドを動画で PR（英語訳） サイト上に「酒蔵ページ」を作り、動画や使用ユーザーの声を掲載。そこに販売ページ インスタの英語バージョンで定期配信	●経費／償却等	YouTube 制作費、イベント出展費等		
主要プロセス				
酒蔵オリジナルブランド手ぬぐい 英訳酒蔵手ぬぐい専用の動画作成 酒蔵専用サイトの作成 インスタ定期配信	●KPI	酒蔵20社開拓	新たに20社開拓	全国で50社取引

どんな手段（マーケティング）	科目／年度	2024年	2025年	2026年
建築関係のイベント出展 インテリアとイメージの動画制作	●売上可能性	3,000	6,000	7,200
	●数量	100枚	200枚	240枚
主要プロセス	●原価	3万円／枚		
オリジナルの生地の開発	●経費／償却等	YouTube 制作費、業界紙広告等		
	●KPI	5社開拓	5社開拓	海外で12社取引

(9) 3か年基本方針（288〜289ページ参照）

❶中期戦略目標
- 地域特産と組んだ地産地消の商品開発と地域高額土産物販売
- キャンパー向けアウトドア手ぬぐいのOEM提携先拡大
- 国内外酒蔵のブランディングとグッズ販売
- 海外向け非手ぬぐい販売（海外ブランドとしての実績確立、国内向け販売のための基礎作り）

❷収支目標
- 2026年度売上2億6,000万円、営業利益1,000万円を達成する。

❸商品戦略
- これまでのビジネスモデル：昔ながらの手ぬぐいを現代風にデザイン、演出してブランディングし、国内企業や海外に向けて提案する。
- これからのビジネスモデル：手ぬぐいをオブジェや装飾で人気のあるジャパネスクとして提案する。

❹顧客戦略
- これまでのビジネスモデル：主要顧客である国内メーカーの販促物やノベルティとしてスポット提案する。また、生活雑貨店やお土産店向けに販売する。
- これからのビジネスモデル：既存の国内メーカーだけでなく、厚手の手ぬぐいニーズのあるアウトドア企業、また、厚手デザイン手ぬぐいを昔ながらのイメージブランドとして使用する酒蔵へ販路を拡大する。

❺マーケティング戦略
- これまでのビジネスモデル：海外へはWeb通販サイトで販売する。また、生活雑貨関連イベントや展示会に出展する。
- これからのビジネスモデル：海外向けWeb通販サイトの拡充、インテリア、アパレル関連イベントや展示会に出展する。また、SNSへの動画配信を強化する。

⑥組織戦略

- これまでのビジネスモデル：すべての営業、交渉は社長業務。海外展示会、イベント対応、国内既存顧客向け交渉、新規提案営業など。
- これからのビジネスモデル：欧州現地社員を増員し営業体制を強化する。

⑦コスト戦略

- これまでのビジネスモデル：国内法人顧客向け売上が主体である。
- これからのビジネスモデル：海外顧客向け販売売上を増加、また構成比率をアップさせ粗利益率を改善する。

3か年　経営改善基本方針

これまでのビジネスモデル		これからのビジネスモデル
● 商品 • 主要商品 • 付加価値商品 • 差別化商品等	昔ながらの手ぬぐいを現代風にデザイン、演出やブランディングを国内大手や海外に提案	昔ながらの手ぬぐいを現代風にデザイン、演出やブランディングを国内企業や海外に提案
		手ぬぐいをオブジェや装飾で人気のあるジャパネスクとして提案
● 顧客 • 主要顧客 • 主要代理店 • 主要地域等	主要顧客である国内メーカーの販促物やノベルティとしてスポット提案	既存の国内メーカーだけでなく、厚手の手ぬぐいニーズのあるアウトドア企業、厚手デザイン手ぬぐいを昔ながらのイメージブランドとして使用する酒蔵へ販路拡大
	生活雑貨店向け、お土産店向けに販売	海外の建築家やデザイナー、建築デザイン会社へのアプローチ、生地改良でインテリア、アパレル商材として販売
● マーケティング • 販促 • 見込客開拓 • ブランディング等	海外へは Web 通販で販売	海外の Web 通販の拡充
	生活雑貨関連イベント、展示会に出展	インテリア、アパレル関連イベント、展示会に出展
	SNS 発信	SNS 動画配信強化
● 組織 • 組織構造 • ビジネス構造等	すべての営業、交渉は社長業務。海外展示会、イベント対応。国内既存顧客向け交渉、新規提案営業など	欧州現地社員を増員
● コスト構造 • 原価（仕入） • 販管費	外注コストの比率の増加	海外顧客向け販売売上を増加、また構成比率をアップさせ粗利益率を改善

3か年中期経営方針（実抜計画の目標値）	
中期戦略目標	地域特産と組んだ地産地商の商品開発と地域高額土産物販売 キャンパー向けアウトドア手ぬぐいの OEM 先拡大
	国内外酒蔵のブランディングとグッズ販売
	海外向け非手ぬぐい販売（海外ブランドとしての実績確立、国内向け販売のための基礎作り）
収支目標（売上・粗利・営業利益）	2026 年度売上　2 億 6,000 万円達成
	2026 年度営業利益　1,000 万円達成
財務改善目標	
その他	

（10） 中期収支計画（292〜295ページ参照）

　SWOT分析や経営基本方針、中期収支計画をもとに作成した売上、原価、経費についての数値計画である。

❶既存売上の改善対策

　「各地の生糸、染め物を使った特産品手ぬぐい」を地域のイベントやアンテナショップ、物産展で販売する。

　2026年度は120万円の販売計画である。

　「キャンパー向けアウトドア手ぬぐい」を国内外のアウトドア企業に販売する。

　2026年度は500万円の販売計画である。

❷新戦略・新規売上対策

　「酒蔵のPRとイメージアップにつながるかっこいい手ぬぐい」をブランディングしたい、またグッズとして販売し収益を上げたいと考える酒蔵経営者に販売する。

　2026年度は1,200万円の販売計画である。

　「インテリア、アパレル用オリジナル生地」を海外の建築家やインテリアデザイナーにオーダーメイドでネット販売する。

　2026年度は720万円の販売計画である。

❸粗利益率対策

　粗利益率の高い新戦略である国内外酒蔵向け商品、インテリア、アパレル用オリジナル生地の販売等によって、現在の51.9％から2026年度は52.6％に改善する計画である。

❹新規売上による経費増減

　海外向けWeb通販サイト拡充やPR用動画制作の広告宣伝費、欧州現地社員を増員の人件費が2026年度は600万円の増加計画である。

（11）中期ロードマップ（296〜297ページ参照）

　中期収支計画を2027年度までに実行する計画として、おおよそのスケジュールを組み立てた。

❶商品
　2027年度までに、昔ながらの手ぬぐいを現代風にデザイン、演出やブランディングを国内企業や海外に提案する。

❷顧客
2025年度：独自のアウトドア企業をリサーチし、展示会に出展する。
2026年度：アウトドア企業とスポット販売で取引を開始する。
2027年度：アウトドア企業チェーン数社に定番商品を導入する。

❸マーケティング
2024年度：リニューアルした海外のWeb通販をオープン。
2025年度：海外でのインテリア、アパレルイベントおよび展示会へ積極参加する。
2027年度：海外の設計事務所数社とタイアップし、継続的な売上を確保する。

❹組織
2025年度から：欧州現地社員が活動を開始する。

❺コスト
　2027年度までに、海外顧客向け販売を増加させる。また構成比率をアップさせ、粗利益率を改善する。

具体策連動 中期収支計画

科目	売上科目	商品または顧客	前年度実績	今期（24年度）予想	来期（25年度）予想	再来期（26年度）予想
売上	既存売上カテゴリー	法人顧客	149,012	156,000	170,000	185,000
		個人顧客（国内）	18,129	19,000	21,000	24,000
		個人顧客（海外）	18,432	21,000	24,000	27,000
		地域特産売上 アウトドア売上	0	3,450	5,340	6,200
	新規売上カテゴリー	酒蔵関連（国内）	0	4,000	6,000	7,500
		酒蔵関連（海外）	0	2,000	3,000	4,500
		非手ぬぐい売上 （海外）	0	3,000	6,000	7,200
		売上合計	185,573	208,450	235,340	261,400

戦略での概算数値（売上・原価・経費）整理				
クロス分析の戦略と具体策から捻出される売上概況・内容 （新商材・新規チャネル等の売上増や既存商材の売上減等）			年度	新たに増減する売上高
（限界または下落傾向）既存売上	〈1〉		2024 年	
			2025 年	
			2026 年	
	〈2〉		2024 年	
			2025 年	
			2026 年	
	〈3〉		2024 年	
			2025 年	
			2026 年	
既存売上の改善対策	〈4〉	地域特産と組んだ地産地消の商品開発と地域高額土産物販売	2024 年	450
			2025 年	840
			2026 年	1,200
	〈5〉	キャンパー向けアウトドア手ぬぐいの OEM 先を拡大	2024 年	3,000
			2025 年	4,500
			2026 年	5,000
	〈6〉		2024 年	
			2025 年	
			2026 年	
新戦略・新規売上対策	〈8〉	酒蔵のブランディングとグッズ販売	2024 年	4,000
			2025 年	6,000
			2026 年	7,500
	〈9〉	海外の酒蔵のブランディングとグッズ販売	2024 年	2,000
			2025 年	3,000
			2026 年	4,500
	〈10〉	海外向け非手ぬぐい販売	2024 年	3,000
			2025 年	6,000
			2026 年	7,200

具体策連動 中期収支計画　続き

	科目	前年度実績	今期（24年度）予想	来期（25年度）予想	再来期（26年度）予想
原価	原材料・仕入（売上原価）	89,181	99,900	112,000	124,000
	外注費	0	0	0	0
	労務費	0	0	0	0
	その他製造原価	0	0	0	0
	原価計	89,181	99,900	112,000	124,000
	粗利合計	96,392	108,550	123,340	137,400
	平均粗利率	51.9%	52.1%	52.4%	52.6%
販売費および一般管理費	役員報酬（法定福利・福利厚生込）	7,520	7,520	7,520	7,520
	人件費（法定福利・福利厚生込）	34,108	36,800	46,200	50,300
	雑給	817	900	1,000	1,100
	荷造運賃	7,948	8,600	9,500	10,400
	広告宣伝費	7,615	10,200	10,100	11,200
	接待交際費	2,417	2,600	2,800	3,100
	旅費交通費	7,412	8,100	8,900	9,700
	通信費	2,278	2,400	2,600	2,800
	水道光熱費	959	1,000	1,100	1,200
	支払手数料	2,062	2,200	2,400	2,600
	地代家賃	4,258	4,500	4,800	5,200
	租税公課	1,856	2,000	2,200	2,400
	減価償却費	5,236	5,300	5,300	5,300
	消耗品費	2,307	2,500	2,700	2,900
	その他経費	8,638	9,200	10,400	11,400
	販管費合計	95,431	103,820	117,520	127,120
	営業利益	961	4,730	5,820	10,280
営業外	営業外支出				
	営業外収益				
	経常利益	961	4,730	5,820	10,280

(単位：千円)

クロス SWOT 分析の戦略と具体策に該当する仕入または粗利に関する概況・内容 （新商材・新規チャネル等で発生する原価や仕入、既存商材の売上ダウンに伴う仕入減、 または粗利率の変動も含む）			新たに増減する原価・仕入	
既存ビジネスでの原価増減	〈1〉	地域特産売上 アウトドア売上	2024 年	1,550
			2025 年	2,400
			2026 年	2,790
	〈2〉		2024 年	
			2025 年	
			2026 年	
新規売上での原価増減	〈3〉	酒蔵関連（国内）	2024 年	1,800
			2025 年	2,700
			2026 年	3,370
	〈4〉	酒蔵関連（海外）	2024 年	900
			2025 年	1,350
			2026 年	2,020
	〈5〉	非手ぬぐい売上（海外）	2024 年	1,260
			2025 年	2,520
			2026 年	3,020

クロス分析の戦略と具体策に該当する経費支出・削減の科目と金額に関する科目の概況と内容 （新対策で新たに発生する経費も含む）			新たに増減する経費	
既存ビジネスでの経費増減	〈1〉		2024 年	
			2025 年	
			2026 年	
	〈2〉		2024 年	
			2025 年	
			2026 年	
	〈3〉		2024 年	
			2025 年	
			2026 年	
新規売上での経費増減	〈4〉	海外向け Web 通販サイト拡充 PR 用動画制作	2024 年	2,000
			2025 年	1,000
			2026 年	1,000
	〈5〉	欧州現地社員を増員	2024 年	0
			2025 年	5,000
			2026 年	5,000
	〈6〉		2024 年	
			2025 年	
			2026 年	

中期行動計画（ロードマップ）

3か年中期方針および実施戦略 （3か年で構築する「商材」「顧客」「マーケティング」「組織」「コスト」）			成果の期限（年月）
商品	1	昔ながらの手ぬぐいを現代風にデザイン、演出やブランディングを国内企業や海外に提案	継続
	2	手ぬぐいをオブジェや装飾で人気のあるジャパネスクとして提案	2027年度から海外での建築系の売上増
	3		
顧客	4	既存の国内メーカーだけでなく、厚手の手ぬぐいニーズのあるアウトドア企業、厚手デザイン手ぬぐいを昔ながらのイメージブランドとして使用する酒蔵へ販路拡大	2026年度からアウトドア企業の取引拡大
	5	海外の建築家やデザイナー、建築デザイン会社へのアプローチ、生地改良でインテリア、アパレル商材として販売	2026年からインテリア、アパレル企業の取引拡大
	6		
マーケティング	7	海外のWeb通販の拡充	2024年度からWebサイトリニューアルオープン
	8	インテリア、アパレル関連イベント、展示会に出展	2027年度から海外でのインテリア、アパレル売上増
	9	SNS動画配信強化	2024年度から配信
組織	10	欧州現地社員を増員	2025年から活動開始
	11		
コスト	12	海外顧客向け販売売上を増加、また構成比率をアップさせ粗利益率を改善	海外売上拡大とともに改善
	13		

2024 年度		2025 年度		2026 年度		2027 年度	
上半期	下半期	上半期	下半期	上半期	下半期	上半期	下半期
海外での建築イベント、展示会への積極参加				海外、主に欧州で設計事務所数社とタイアップし、継続的な売上を確保			
独自のアウトドア企業をリサーチし、展示会に出展		アウトドア企業とスポット販売で取引開始		アウトドア企業チェーン数社に定番商品導入			
海外でのインテリア、アパレルイベント、展示会への積極参加				海外、主に欧州で設計事務所数社とタイアップし、継続的な売上を確保			
Webサイトの設計・作成・リニューアルオープン							
海外でのインテリア、アパレルイベント、展示会への積極参加				海外、主に欧州のデザイン会社、アパレル会社数社とタイアップし、継続的な売上を確保			
動画の企画・撮影・編集・配信							
候補者を選考、面談を実施し決定							

（12）単年度アクションプラン（300 〜 301 ページ参照）

　中期行動計画をさらに単年度に実行する行動として、具体的なスケジュールを作成した。

　実行アクションについては、月次の経営会議にて、業績の進捗状況と責任者・担当の行動実績をモニタリングする。

　計画未達の場合には、内容の精査および実行計画の再検討を行い、スケジュールの修正を行う。

【2024 年度、責任者・担当別実行アクション】
- 社長：欧州現地社員の候補者を選定して、面談を実施し採用を決定する。
- 工場長：販売計画を立案して進捗管理し、結果報告を行う。
- 営業事務担当：OEM 提携先、海外建築、インテリア、アパレル関連のイベントや展示会をリサーチして、リストアップする。
- デザイン担当：昔ながらの手ぬぐいを現代風にデザインして、演出やブランディングを国内企業や海外に提案する。
- Web 担当：海外 Web 通販サイトの設計・作成・リニューアルオープンを行う。また、キャンパー向け動画および酒蔵手ぬぐい専用動画の企画・撮影・編集・配信を行う。
- 広報担当：酒蔵リストへの情報を配信する。

（13）SWOT 分析の結果とその後の行動

　SWOT 分析を活用した根拠ある経営計画書を作成することで、A 社のやるべきことやその優先順位がより明確になり、また、実際に過去に取り組みペンディングになっていたことも整理された。

　これら項目をひとつずつ具体的な商材、取るべき行動、数値に落とし込み、すべてをモニタリングしていく。

　これらの結果として、A 社の成長スピードが一層加速するであろう。

　バイタリティと行動力を兼ね備えた社長のもとで、1 枚ずつ丁寧に想いを込めて生地を織りあげる日本の伝統を守る職人たちや人を惹きつけるデザイン力のあ

るクリエーターがそろう魅力たっぷりのA社。筆者自身がA社に活力をいただいた。

　最後に社長のコメントを紹介させていただく。

「頭の中にあるものを全部聞いていただきながら進めることができました。日常ではなかなか体系立てて整理する機会がありません。日々問題はいろいろ起こってきますし、従業員のことや取引先のことに優先順位を取られてしまいます。

　今回のSWOT分析により自分の考えていたことが整理できたし、そこにいろいろと、こうしたらいいよねと提案をしていただけた。新たな発見もありましたし、そういう意味ですごく参考になって、とてもありがたかったです」

モニタリング用アクションプラン

3か年中期方針および実施戦略(3か年で構築する「商材」「顧客」「マーケティング」「組織」「コスト」)			重要実施項目	責任者・担当
商品	1	昔ながらの手ぬぐいを現代風にデザイン、演出やブランディングを国内企業や海外に提案	前期からの継続事項	デザイン担当
商品	2	手ぬぐいをオブジェや装飾で人気のあるジャパネスクとして提案	海外建築イベント、展示会のリサーチ、リストアップ	営業事務担当
商品	2		イベント、展示会への参加	社長
商品	3			
商品	3			
顧客	4	既存の国内メーカーだけでなく、厚手の手ぬぐいニーズのあるアウトドア企業、厚手デザイン手ぬぐいを昔ながらのイメージブランドとして使用する酒蔵へ販路拡大	OEM販売のための提携先リサーチ	営業事務担当
顧客	4		キャンパー向け動画の企画・撮影・編集・配信	Web担当
顧客	5	海外の建築家やデザイナー、建築デザイン会社へのアプローチ、生地改良でインテリア、アパレル商材として販売	酒蔵リストへの情報配信	広報担当
顧客	5		酒蔵手ぬぐい専用動画の企画、撮影、編集、配信	Web担当
顧客	6			
マーケティング	7	海外のWeb通販の拡充	Webサイトの設計、作成、リニューアルオープン	Web担当
マーケティング	7			
マーケティング	8	インテリア、アパレル関連イベント、展示会に出展	海外インテリア、アパレル関連イベント、展示会のリサーチ、リストアップ	営業事務担当
マーケティング	8		イベント、展示会への参加	社長
マーケティング	9	SNS動画配信強化	動画の企画、撮影、編集、配信	Web担当
マーケティング	9			
組織	10	欧州現地社員を増員	候補者を選考、面談を実施し採用決定	社長
組織	10			
組織	11			
組織	11			
コスト	12	海外顧客向け販売売上を増加、また構成比率をアップさせ粗利益率を改善	販売計画、進捗管理、結果報告	工場長
コスト	12			
コスト	13			
コスト	13			

成果の期限 （年月）	2024 年度					
	4-5 月	6-7 月	8-9 月	10-11 月	12-1 月	2-3 月
―						
2024 年 7 月						
継続						
2024 年 7 月						
2024 年 9 月						
継続						
2024 年 9 月						
2024 年 9 月						
2024 年 7 月						
継続						
継続						
2024 年 3 月						
継続						

著者プロフィール

嶋田利広（しまだ・としひろ）
㈱RE-経営　代表取締役

経営コンサルタント歴 38 年。400 社の中小企業、会計事務所、病院福祉施設をコンサルティング。現在も毎月 13 社の経営顧問を 10 年以上継続。SWOT 分析・経営承継可視化の指導事業所数は 400 を超え、「中小企業 SWOT 分析の第一人者」「経営承継可視化の伝道師」と呼ばれる。毎年 100 名以上のコンサルタントや会計事務所が受講する「SWOT 分析スキル検定」「経営承継戦略アドバイザー検定」、コンサルタティング技術を公開するサブスク塾「RE 嶋田塾」を主宰。

2018 年 2019 年には北海道財務局、九州財務局にて「SWOT 分析を活用した経営計画書ノウハウ」の講演を実施。

京都大学経営管理大学院（EMBA）講師。銀行員コンサルティング塾塾長。

主な著書は『SWOT 分析を活用した根拠ある経営計画書事例集』『SWOT 分析コーチング・メソッド』『「事業承継見える化」コンサルティング事例集』『社長！そんな採用サイトでは絶対にいい人材は獲得できませんよ』（いずれも小社刊）など 15 冊以上。

〒 860-0833 熊本市中央区平成 3 丁目 9 番 20 号 2F

e-mail：consult@re-keiei.com

ホームページ：https://re-keiei.com/

無料電子書籍ダウンロードサービス：https://re-keiei.com/service/free-report.html

YouTube チャンネル：https://www.youtube.com/channel/UCTy_ms3Ctv4QCbm8kPTZoXw

奥村　啓（おくむら・あきら）
㈱パズルフード代表取締役社長　税理士

銀行員・会計事務所職員・経理社員・代表取締役・税理士という立場で企業の決算書と関わり、それぞれの立場で見え方が変わることを経験した。経営者としては、好況期において慢心せず、不況期においても平常心を失わないことを心がけて 10 年が過ぎた。財務諸表は仕訳の集合体であるが、仕訳を生み出しているのは日々の事業活動である。日々の取引仕訳が変わらなければ企業は変わらない。コロナで混迷が続く経済環境の下、少数の顧問先に業績改善の伴走支援をしたいと考え、MAS 業務に特化した会計事務所を開業した。

〒 183-0015 東京都府中市清水が丘 1-5-9-708

奥村啓税理士事務所

e-mail：okumuraebizou29@gmail.com

田中健太郎　（たなか・けんたろう）
i-consulting office 代表　中小企業診断士　IT ストラテジスト

東証一部上場の IT 企業にて営業として 19 年間勤務。主に会計システム、管理会計システム、販売管理システム、生産管理システムなど顧客の基幹業務システムを中心に業務改善・効率化を実現する。

2019 年、中小企業診断士として福岡県大野城市に i-consulting office を設立し、マーケティング支援や DX 支援、補助金に関するアドバイスを中心に 400 社以上の経営相談を実施。

現在、この「SWOT 分析マスターコース」で学んだ理論を活用した「4 回無料経営相談サービス」を軸に全国の顧客の課題解決を実施している。

e-mail：tanaka-kentarou2019@i-con-office.com

ホームページ：https://icon-office.com/

鎌田真行（かまだ・さだゆき）

社会保険労務士法人とよひら代表社員　特定社会保険労務士　中小企業診断士

北海道苫小牧市出身。大学卒業後、IT企業での勤務を経て、地域の活性化を志し地方公共団体に入庁。介護保険業務、企業誘致・地域企業への支援業務、経済産業省への派遣などを経験。

その後、より密接な立場での中小企業支援を目指し、札幌市の武田社会保険労務士事務所で、労務相談・手続業務・就業規則改定、経営計画策定・人事制度構築など、地域企業への支援を実施、コロナ禍では雇用調整助成金、事業再構築補助金などに対応した。同事務所を法人化し共同代表に就任。官民での経験を活かし、札幌市を中心に精力的に活動中。「従業員・顧客・世間（行政）」がすべて円滑に回ることを心掛けている。

〒062-0932 北海道札幌市豊平区平岸2条9丁目5番1–201号

e-mail：kamada@toyohira-sr.com

ホームページ：https://toyohira-sr.com

星野裕司（ほしの・ゆうじ）

城南コンサルティング㈱代表取締役　中小企業診断士

経営者の第2の頭脳（セカンドブレイン）として、課題解決のサポートをする経営コンサルタント。経営者の頭の中を整理しながら、ありたい姿と解決策を一緒に導き出し、事業計画に落とし込むスタイル。社内外に相談相手を持たず、孤独で不安な経営者の相談相手として全国で活動中。

人材育成にも注力し、経営者塾やコンサルタント養成講座などを主宰。コンサルタント養成講座の修了生は、当社パートナーコンサルタントとして中小企業の支援にあたり、補助金申請支援や経営計画の策定は、600社を超える。

著書に『地方創生でまちは活性化する』（同友館）『中小企業の未来を創る女性たち』（三恵社）がある。

〒150-0041 渋谷区神南1–23–14　リージャス渋谷公園通り3階

e-mail：hoshino@johnan-consulting.co.jp

ホームページ：https://johnan-consulting.co.jp

小宮　建（こみや・たけし）

小宮社会保険労務士事務所代表　社会保険労務士

大手飲料メーカーにて営業職を10年経験、新人賞（南関東地区）、グループ賞（全国3位）を獲得。営業予算の数値管理手法を活かした人事労務管理を得意とする。社会保険労務士事務所で実務経験を10年積んだ後、企業の人事総務部門を経験。また、会計事務所の給与計算・労務部門の設立メンバーとして関わり、取り扱った給与計算案件は延べ9,000案件。採用戦略や賃金設計の実績豊富。現在は、SWOT分析と根拠ある経営計画書作成支援の他、採用サイトコンテンツ・求人票コンサルティング、オートクルーズ経営®（組織コンサルティング）、オンライン販売戦略コンサルティングを中心に企業支援、また、パーソナルSWOT分析コンサルティングにも力を入れている。

〒231-0062 神奈川県横浜市中区桜木町2-2 港陽ビル3階

電話　045-550-5513

e-mail：contact@komiyaoffice.com

ホームページ：https://komiyaoffice.com/

読者特典（主要シート）

㈱RE−経営および㈱マネジメント社のメルマガ購読の登録をすると、本書で使われている「クロスSWOT分析のヒント」や「根拠ある経営計画書」のフレーム（Excel）を無料で入手できます。

① 「強み分析」の深掘りシート
② 「機会分析」のフレーム
③ 「脅威分析」のフレーム
④ 「弱み分析」のフレーム
⑤ 「積極戦略」のフレーム
⑥ 「致命傷回避・撤退縮小戦略」の検討フレーム
⑦ 「改善戦略」の検討フレーム
⑧ 「差別化戦略」の検討フレーム
⑨ 破局のシナリオ（損益計算）
⑩ 3か年経営改善基本方針
⑪ 具体策連動 中期収支計画フレーム
⑫ 中期行動計画（ロードマップ）
⑬ モニタリング用アクションプラン

下記サイトから入り、メルマガ登録されるとダウンロードできます。
https://mgt-pb.co.jp/keiei04/

SWOT分析を活用した【根拠ある経営計画書】事例集2

2024年 4月 5日 初 版 第1刷発行

著　者　　嶋田利広／奥村 啓／田中健太郎／鎌田真行／
　　　　　星野裕司／小宮 建
発行者　　安田喜根
発行所　　株式会社 マネジメント社
　　　　　東京都千代田区神田小川町 2-3-13（〒 101-0052）
　　　　　電話　03-5280-2530（代）　FAX　03-5280-2533
　　　　　ホームページ　https://mgt-pb.co.jp
　　　　　問い合わせ先　corp@mgt-pb.co.jp
印　刷　　中央精版印刷 株式会社

©Toshihiro SHIMADA, Akira OKUMURA, Kentaro TANAKA,
Sadayuki KAMADA, Yuji HOSHINO, Takeshi KOMIYA
2024　Printed in Japan
ISBN978-4-8378-0520-5 C0034
定価はカバーに表示してあります。
落丁・乱丁本の場合はお取り替えいたします。